全国职业教育教学指导委员会
“十二五”规划教材

职业院校
学生入学必读

ZHIYE YUANXIAO XUESHENG RUXUE BIDU

关继东 贺子宸／主编

中国林业出版社

图书在版编目(CIP)数据

职业院校学生入学必读/关继东，贺子宸主编.－北京：中国林业出版社，2015.7
全国职业教育教学指导委员会“十二五”规划教材
ISBN 978-7-5038-8057-5

Ⅰ.①职… Ⅱ.①关…②贺… Ⅲ.①高等职业教育－入学教育－教材 Ⅳ.①G718.5

中国版本图书馆CIP数据核字(2015)第155479号

中国林业出版社·教育出版分社
策划编辑：肖基浒 吴 卉
责任编辑：张 佳 吴 卉
电话/传真：83143561

出版发行 中国林业出版社(100009 北京市西城区德内大街刘海胡同7号)
E-mail：jiaocaipublic@163.com
电话：(010)83143500
http：//lycb.forestry.gov.cn
经 销 新华书店
印 刷 北京中科印刷有限公司
版 次 2015年7月第1版
印 次 2015年7月第1次印刷
开 本 850mm×1168mm 1/16
印 张 18.5
字 数 320千字
定 价 39.00元

编写人员

主　编

关继东（辽宁林业职业技术学院）

贺子宸（重庆师范大学）

副主编

贺建伟（国家林业局职业教育研究中心）

丛圆圆（辽宁林业职业技术学院）

赵晓光（辽宁林业职业技术学院）

丁学利（宁夏防沙治沙职业技术学院）

参　编（按拼音顺序排序）

曹轩峰（杨凌职业技术学院）

郭先根（福建林业职业技术学院）

郭　燕（山西林业职业技术学院）

林丽玲（福建生态工程职业技术学校）

李　淼（辽宁林业职业技术学院）

雷正玉（湖北生态工程职业技术学院）

莫春娇（广西生态工程职业技术学院）

饶　鑫（江苏农林职业技术学院）

司　阳（黑龙江林业职业技术学院）

田淮芳（安徽林业职业技术学院）

张云霞（云南林业职业技术学院）

前言

告别了中学时代的青年学子进入职业院校就读后，对一切都感到陌生，毕竟职业教育与普通基础教育是两种不同类型的教育，前者是就业教育，后者是普通文化基础教育。新生入校后往往会从校园环境、教育教学模式、学习生活方式和人际关系等诸方面明显感到不适应。那么，让学生尽快了解职业教育的特点、了解所学的专业和今后从事的行业，了解学校的规章制度，培养他们的职业精神和职业兴趣，引导他们积极参加学校的各种社团组织和社会实践活动，适应新的教育教学模式，学会学习，具备胜任未来工作的职业操守和职业能力，是所有职业院校都面临的课题。2014 年 12 月，教育部在《关于深化职业教育教学改革　全面提高人才培养质量的若干意见(征求意见稿)》中提出要强化职业精神培养。“要把提高学生职业技能和培养职业精神高度融合，重点培养敬业守信、精益求精、勤勉尽责等职业精神。要积极探索有效的教育载体，形成常态化、长效化的职业精神培育机制。要抓好实习实训环节，利用学生与社会、岗位实践密切接触的机会，引导学生践行交往礼仪、职业礼仪，增强学生安全意识、纪律意识。深入挖掘劳动模范和先进工作者、先进人物的典型事迹，教育引导学生牢固树立立足岗位、增强本领、服务群众、奉献社会的职业理想，增强对职业理念、职业责任和职业使命的认识与理解，增强职业荣誉感，养成良好的职业态度和职业操守。”可见，对职业院校的学生进行系统的职业精神、职业道德、职业理想、职业能力教育十分必要。为此，全国林业职业教育教学指导委员会于 2013 年 11 月在云南昆明召开的“十二五”行业规划教材编写提纲审定会上，通过了由主编提交的本书编写提纲。随后组织了全国 12 所高、中等职业院校的教师及学生管理人员参加了本书的编写工作。

本书立足学生，从入学报到、学籍注册、转学转专业、学习形式选择、上课实训、复习考试、日常生活、社团活动、社会实践、参军入伍、操行评定、升降级、退学休学、学生奖惩、档案建立、权益保障、学生保险、人身伤害、学生资助、择业求职、就业上岗等诸多环节，以通俗易懂的语言，向学生阐述了从入学到毕业所遇到的每个环节应该知道的知识，应该付诸行动的方法，应该依据的国家政策法规，应该了解的行业形势，应该遵守的行为规范，应该讲究的文明礼仪。具有很强的指导性、规范性、政策性、实用性、可操作性和可读性。适于学生自行阅读，也是学校对学生进行教育管理和专业教育的教材。

本书由辽宁林业职业技术学院关继东和重庆师范大学贺子宸任主编。主编负责拟定全书的编写提纲，并对各位参编的初稿进行大幅度的修改和加工润色。任务分工是：单元1由关继东编写；单元2由贺建伟和丁学利编写；单元3由李淼、莫春娇编写；单元4由丛圆圆、张云霞编写；单元5由雷正玉、司阳、林丽玲编写；单元6由赵晓光、饶鑫编写；单元7由曹轩峰、田淮芳、郭燕编写；单元8由贺子宸、郭先根编写。

由于编者水平所限，书中肯定有这样那样的缺点，甚至错误，敬请读者提出宝贵意见。

编　者

2015年4月5日于沈阳

目录

单元1

认知职业教育

当同学们跨进林业职业院校的大门的时候，会充满着许多好奇和疑问。最想知道的问题是职业院校是怎么回事？它和我们读过的中学在专业设置、课程设置、教学模式、教学管理上有什么不同，毕业后能胜任哪类性质的工作。学习本单元后，你会懂得职业教育是不同于普通教育的一个教育类型，它为我们掌握从事生产服务的技术技能，实现成功就业，放飞理想打开了宽敞的大门。

一、我国的职业教育

(一)什么是职业教育

人们在社会中，要从事一项工作作为自己的主要生活来源，这项工作就是职业。随着社会生产力的发展，社会分工水平也不断提高，所产生的职业也在不断地变化。职业教育就是让受教育者获得某种职业或生产劳动所需要的职业知识、职业技能和职业道德的教育。一个人要想实现职业理想和人生价值，为社会多做贡献，使自己的生活条件更宽松、家庭更幸福，就应该接受良好的职业教育。

职业教育是我国国民教育中针对普通教育而言的一个教育类型，其教育目的是培养应用人才和具有一定文化水平和专业技能的劳动者，与普通教育相比，职业教育侧重于实践技能和实际工作能力的培养。它包括学历教育和就业培训，学历教育包括中等和高等两个层次。中等职业教育有职业高中、中专和技校，高等职业教育有专科层次的职业技术学院、本科层次的技术应用型大学、研究生层次的专业硕士学位，我国完善的职业教育体系正在形成。

(二)我国职业院校的数量与规模

我国的职业教育主体是专科层次的高等职业教育和中等职业教育。截至2013年年底，全国中等职业教育共有学校1.23万所，其中，普通中等专业学校3577所，职业高中4267所，技工学校2882所，成人中等专业学校1536所。中等职业教育招生674.76万人，占高中阶段招生总数的45.06%；中等职业教育在校生1922.97万人，占高中阶段教育在校生总数的44%；中等职业教育毕业生674.44万人。全国高职(专科)院校1321所，全日制在校生平均规模为5876人。据2014年5月公布的数据，我国高等职业院校为1184所，在校生达900多万人，年招生规模超过310万人，占全国普通高校招生规模的一半。全国中等职业学校在校生达到2056万人，招生规模达860万人，超过普通高中招生规模。

(三)我国林科高职和中职学校概况

截至2013年年底，我国有独立设置的林业职业技术学院14所，中等林业(园林)职业学校24所，另有106所其他高等职业院校，和403所中等职业学校开办林科专业(表1-1~表1-4)。

表1-1　2013/2014学年初高等林业职业学校和其他高等职业学校林科分学校基本情况

单位：人

学校名称	毕业生数	招生数	在校学生数	毕业班学生数
总计	34 796	38 453	113 343	36 956
(一)高等林业职业学校	22 884	26 331	76 172	24 524
山西林业职业技术学院	1705	1709	5430	1652
辽宁林业职业技术学院	1464	1915	5661	1599
黑龙江林业职业技术学院	1912	2054	6383	2000
黑龙江生态工程职业学院	1690	2040	5143	1791
河南林业职业学院	—	113	113	—
安徽林业职业技术学院	1409	1051	3090	1069
福建林业职业技术学院	1601	2333	6286	1761
江西环境工程职业学院	2009	1820	6007	2072
湖北生态工程职业技术学院	2045	3629	8740	2420
广西生态工程职业技术学院	1922	2132	5526	1972
云南林业职业技术学院	1959	1825	6157	2166
甘肃林业职业技术学院	2671	2739	8483	2833
湖南环境生物职业技术学院	2857	2768	8531	2979
宁夏防沙治沙职业技术学院(林科专业)	—	203	622	210
(二)其他高等职业学校(林科)(106所)	11 912	12 122	37 171	12 432

表1-2　2013/2014学年初中等林业(园林)职业学校和其他中等职业学校林科分学校基本情况

单位：人

专业名称	毕业生数	招生数	在校学生数	毕业班学生数
总计	80 739	60 310	191 069	73 948
(一)中等林业(园林)职业学校	16 822	18 410	48 618	14 467
北京市园林学校	290	144	590	247

（续）

专业名称	毕业生数	招生数	在校学生数	毕业班学生数
天津市园林学校	135	96	1167	759
涿鹿县宝峰寺林业中学	96	114	564	274
内蒙古扎兰屯林业学校	2660	678	2906	1592
内蒙古大兴安岭林业学校	703	200	2418	1441
沈阳市园林学校	70	40	117	46
白山市林业职业高级中学	—	45	97	—
黑龙江省林业卫生学校	2633	2010	6397	410
朗乡林业局职业中学	20	15	62	16
黑龙江省伊春林业学校	1913	2116	4072	1701
黑龙江省齐齐哈尔林业学校	547	870	2196	1053
福建三明林业学校	1755	2311	6812	1822
河南省林业学校	462	877	2784	1255
广东省林业职业技术学校	1506	1780	4717	—
广西壮族自治区桂林林业学校	1036	762	2026	686
贵州省林业学校	798	4381	5911	767
普洱林业学校	136	170	399	184
陕西省榆林林业学校	561	870	1521	946
甘肃省庆城县太白梁林业中学	502	355	1643	708
甘肃省庆阳林业学校	1259	618	2582	540
新疆林业学校	242	313	1280	728
（二）高职院校及其他中等专业学校（林科）	63 917	41 900	142 451	59 481

表 1-3　2013/2014 初学年高等林业职业学校涉林专业基本情况　单位：人

专业名称	毕业生数	招生数	在校学生数	毕业班学生数
合计	5601	6217	18 065	5730
林业技术	1220	1455	4201	1288
园林技术	2514	2778	8030	2449
园林工程技术	356	356	930	314
森林资源保护	135	199	561	169
野生植物资源开发与利用	32	79	267	106

（续）

专业名称	毕业生数	招生数	在校学生数	毕业班学生数
野生动物保护	23	16	57	19
自然保护区建设与管理	36	26	107	41
森林生态旅游	392	251	891	348
林产化工技术	73	—	20	20
木材加工技术	162	125	584	208
家具设计与制造	63	85	237	82
雕刻艺术与家具设计	22	60	150	22
人造板自动化生产技术	—	2	79	12
家具卖场设计与管理	45	159	357	91
木工机械方向	22	—	31	22
高尔夫场地管理	19	37	91	23
林业信息技术	—	82	136	75
经济林培育与利用	82	28	82	29
森林防火指挥与通讯	—	48	48	—
林业经济信息管理	61	57	158	43
林业信息工程与管理	61	97	259	70
商品花卉	210	187	527	196
都市林业资源与林政管理	34	—	62	62
园林建筑	39	90	200	41

表 1-4　2013/2014 学年初中等林业(园林)职业学校和其他中等职业学校林科分专业基本情况

单位：人

专业名称	毕业生数	招生数	在校学生数	毕业班学生数
合计	72 335	47 441	163 113	67 861
现代林业技术	10 654	5340	19 654	8599
园林技术	34 091	26 465	88 521	32 467
园林绿化	11 350	6088	25 807	12 035
木材加工	4083	5026	11 105	6132
森林资源保护与管理	4421	1424	5645	3715
生态环境保护	411	243	608	137

（续）

专业名称	毕业生数	招生数	在校学生数	毕业班学生数
林产化工	—	30	135	—
其他林业类	7325	2825	11 638	4776

二、职业教育的特色

国家对职业教育的指导思想是坚持以立德树人为根本，以服务地方经济社会发展、行业建设和人的全面发展为宗旨，以促进就业为导向，适应技术进步和生产方式变革以及社会公共服务的需要，实行产教融合、校企合作，推动专业设置与产业需求对接，课程内容与职业标准对接，教学过程与生产过程对接，毕业证书与职业资格证书对接，职业教育与终身学习对接，培养数以亿计的高素质劳动者和技术技能人才。据此可以看出，与普通教育相比职业教育具有鲜明的特色，也是其他教育类型所不可替代的。

（一）培养目标特色

人才培养目标是学校人才培养的总原则与总方向，是对教育的质的规定性，是开展教育教学的基本依据。职业教育的培养目标，在2014年《国务院关于加快发展现代职业教育的决定》中已有清晰的表述："培养数以亿计的高素质劳动者和技术技能人才。"其中劳动者的素质是指劳动者的思想道德素质和劳动技术技能，包括劳动者的价值观、职业道德、敬业精神和科学文化知识、专业理论、操作技能及熟练程度等方面。技术是指为达到一定目的而采取符合该目的所要求的行动、方式、方法和手段，它的表现形式是生产工具、设备（硬件）、规则，生产使用的工艺、方法、制度（转件）等。技能是通过学习重复和反省而习得的体能、心能和社会能力，包括外显的动作技能，如生产、文艺、体育等技能，内隐的演算、写作等心智技能。简而言之，"必须怎么做"是技术，"如何做才能达到技术要求"是技能。技术是显性知识，能用文字、共识、图表来阐述和表达，其传承的载体是文字等符号工具。技能是隐性知识，"只可意会，无法言传或文传"的知识，其传承的载体是在操作中由模仿到熟练。技术以有无来衡量，技能则以熟不熟练来衡量。在现代社会，技术和技能是相互依存、密不可分的，二者互为前提，彼此作用，相互促进，已经内化为劳动者的综合能力。在生产和社会活动中，技术技能已成为现代劳动者素质中的主体内容。

现代社会对人才的需求是多种多样的，有些专家以生产或工作活动的过程和目标为标准，将社会所需要的人才类型分为学术型、工程型、技术型和技能型4种。学术型人才主要从事研究和发现客观规律的工作；工程型人才的任务是将工程原理转化为产品图纸或发展规划，即从事为社会谋取直接利益有关的规划、决策、设计等工作；技术型人才将工程型人才的劳动成果通过自己的劳动转化为物质形态（产品、工程等）或对社会有关方面（城市发展、旅游开发、经济发展、社会治安等）产生具体作用；技能型人才是指在一线掌握专门知识和技能，并在工作实践中能运用自己的技术和技能进行实际操作的人员。技术型人才和技能型人才都是从事生产第一线直接为社会谋取利益的工作，二者区别是在于技术型人才主要运用理论技术和智力技能来工作，而技能人才主要依据经验技术和动作技能来工作。技术型人才与技能型人才协同将完成了的设计、规划等转化为物质形态或具体运作。在我国的教育体系中，高校的学术硕士以上研究生教育是培养学术型人才，普通本科教育培养技术型人才。培养专业硕士的高职研究生教育是培养工程型人才，高职本科教育是培养技术应用型人才，高职专科教育是培养高素质技能型人才，中职教育是培养高素质劳动者和技能型人才。

（二）专业设置特色

专业，是指高等学校和职业学校按照社会职业分工、学科门类、科学技术和文化发展状况及经济建设与社会发展的需要，把学业分成门类，如林业专业、园林专业、木材加工专业等。专业是学校制订培养目标、人才培养方案，进行招生、教学、毕业生就业等项工作，为社会培养、输送各类人才的依据，也是学生选择学习方向、学习内容，进而形成自己某一专门领域的特长，为将来职业活动作准备的依据。职业教育的专业与普通高等学校的专业具有很大不同，可归纳为以下几点：

一是专业设置方面具有鲜明的地方性、行业性和市场性。专业设置是指专业的新建、开设、变更或取消，专业设置是职业学校区别于普通高等学校的主要标志，是职业教育组织构成的显著特点。职业学校专业的设置是依据学校所在地域或所属行业对职业人才的需求情况决定的（表1-5、表1-6）。当地经济建设和社会发展需要哪些方面的、哪些行业的技术技能型人才，就开设哪类专业，以满足产业结构调整、技术进步、社会发展和劳动力市场需要。

学校要将专业视为学校的产品，使之适销对路，做到以服务为宗旨，以就业为导向。

表1-5　高职林业类专业目录(2015年3月)

序号	二级专业类	专业名称	专业(技术技能)方向
1	森林资源类专业	林业技术	
2		森林资源保护	
3		经济林培育与利用	经济林培育
			经济林产品加工
4		野生植物资源保护与利用	
5		野生动物资源保护与利用	
6		林业调查与信息处理	
7	园林生态类专业	园林技术	园林植物造景
			园林规划设计
			园林植物生产与经营
			园林植物栽培与养护
8		自然保护区建设与管理	
9		森林生态旅游	
10	林业工程类专业	木材加工技术	人造板生产技术
			木制品生产技术
11		木工设备应用技术	
12		林业信息技术与管理	林业信息技术
			林业信息管理
			林业经济管理
13		森林防火指挥与通讯	

表 1-6 中等职业学校专业目录(2010 版)

专业编码	修读专业归类名称	专业(技能)方向
01 农林牧渔类		
0113	现代林业技术	森林培育、苗木生产与经营、森林病虫害防治、林政管理、森林生态旅游
0114	森林资源保护与管理	自然保护区管理、野生动植物保护、林地多种经营、森林保护与生态旅游
0115	园林技术	园林规划设计与施工、园林工程招投标与预决算、园林建筑工程、园林工程监理
0116	园林绿化	园林植物造景设计、苗木草坪生产与经营、园林植物栽培养护
0117	木材加工	板材制造、竹木材加工、竹木制品装饰

二是在专业划分上具有鲜明的职业属性。普通高等教育的专业大多是以学科体系分类为原则，以主干学科为基础设立的，侧重于学术性，且趋向于拓宽专业面，向综合性发展，如林学专业、森林保护专业、木材科学与工程专业等。职业教育的专业划分是建立在对职业特征研究的基础上，按照职业分工与职业岗位群对专门人才的要求设立的，强调职业性和综合职业能力的培养，一个专业是一组具有一致性的相关职业能力的职业群、岗位群、技术群，如林业技术专业包括林木种苗工、造林更新工、森林抚育工等职业。

职业教育专业划分采用职业分析法，即选择一组已有的或新出现的相关职业，分析这组职业所属的知识点、技能点，以及工作态度要求，根据职业环境和职业能力的同一性原则，重组各职业共同点，评审共同组织专业教学的可能性，归纳专业标准要素，以技能为核心综合析出新的专业名称。

三是在专业分类与专业名称上具有鲜明的行业性和职业性。为了便于教育行政部门和学校规划普通高等教育与职业教育专业建设、设置与调整专业，实施人才培养，安排招生就业，进行教育统计和信息处理，必须对众多的专业按一定的原则进行科类划分，划分后形成专业目录作为实行教育行政管理和学校教学工作的基本文件。在普通高等教育中，多按学科门类分为文、理、工、农、医药、师范、财经、政法、艺术、体育等科类。在职业教育中，是以产业、行业、职业岗位或技术领域为主要依据进行专业大类和专业类的划分，使其专业大类、专业类结构对应于我国的产业结构和经济格局，并从名称到专业内涵，强化了职业教育的专业与行业企业的对应关系。如高职专业划分为农林牧渔、交通运输、土建、旅游等近20个专业大类，下设近80个二级类，如农林牧渔大类下设农业技术类、林业技术类、畜牧兽医类、农林管理类等4个二级类。在林业技术类下设有林业技术、园林技术、木材加工技术、野生动物保护等若干专业。

在职业教育专业名称上，突出培养技术技能人才的特点，如林业技术、森林资源保护、野生植物资源开发与利用、自然保护区建设与管理、森林生态旅游、药用植物栽培加工等。为了增强专业的针对性，对于专业面较宽的专业可设立若干个专门化或专业方向，如园林技术专业下可设置园林植物景观设计、园林植物栽培养护等专门化方向等。

在与职业教育专业目录配套的《专业简介》上，每个专业都有“专业核心能力”“就业面向”“主要实践环节”“可考取的职业资格证书”等栏目，充分反映了职业教育的特点。

（三）课程特色

我们在中小学读书的时候，学习数学、语文、物理、化学、生物等课程，都是以传授知识为主，提高科学文化素质为目的的，这类课程属于学科课程。在职业学校里，除了这些文化基础课外，还要开设与将来就业的职业岗位有关的专业课以及为专业课服务的专业基础课。与普通高等学校不同的是，职业学校的专业基础课大多是围绕专业岗位需求选择教学内容，做到必需够用，不追求学科知识系统性，因而多为整合性的综合化课程，如园林类专业过去按学科式开设植物形态解剖、植物生理、土壤肥料学、气象学、园林生态学等多门专业基础课，各成体系，现在通过课程改革，将5门课程内容整合为《园林植物生长发育与环境》。围绕园林植物的生理生态与环境的各因子之间的关系，阐述园林生产上需要的基本知识和基本技能，使之更有针对性、职业性，提高了学生的分析问题和解决问题的能力。

职业学校的专业课是通过对该专业所覆盖的职业岗位群的工作任务和所需要的知识、技能和态度的分析而确定的，每门课程可覆盖至少一个职业岗位或一门技术，而非学科课程。如林业技术专业设置林木种苗技术、造林技术、森林经营技术、林业有害生物控制技术课程，分别对应林木种苗工、造林更新工、森林采伐工、林业有害生物防治员4个职业（工种）。每门课程的内容都是根据工作任务、工作过程进行编排的，并与职业标准相对接。课程内容中的知识是围绕工作任务的需要选择的，体现了以培养职业能力为主线的理念。

在课程名称上，与普通高等教育的学科课程不同，很少采用“××学”的名称，而是突出职业教育的职业性、实践性，如“林业政策与行政执法”“木质门窗设计与制造”“林业有害生物控制技术”“园林工程施工”等。

（四）教学模式特色

所谓教学模式，是指在一定教学思想或教学理论指导下，建立起来的较为稳定的教学活动的结构框架和活动程序。在普通高等学校，课程结构是先公共文化课，后专业基础课，再专业课的三段式，是以学科为中心，强调内容的科学性、系统性、完整性，在教学模式上采取理论课与实践课分离，开设顺序上是先理论课教学，后实践课教学。

在职业学校中，许多专业课实行“教学做一体化”的教学模式。就是将教学场所直接设在实训室、生产车间等，教学场所与生产场所对接，师生双方边教边学边做，理论和实践结合进行，直观和抽象交错出现，理论教学中有实践，实践过程中有理论教学，突出学生动手能力和专业技能的培养，能充分调动和激发学生学习兴趣，使教学过程和生产过程对接，从而培养学生的专业能力、方法能力和社会能力。根据不同专业课的性质，可采取项目教学、案例教学、任务驱动、角色扮演、模拟仿真训练、现场教学、顶岗实习等形式，如家具设计制造、园林设计、情境导游、播种育苗、林业检疫等内容都可采取“教学做一体化”教学模式。

（五）培养条件特色

职业教育培养技能型人才，双师型教师和实训基地非常重要，没有技能熟练的教师和实践场所、培养技能型人才则是一句空话。职业学校的教师队伍除了在编在岗专门从事教学工作的专任教师外，还有从行业、企业聘任的专业技术人员、能工巧匠等，承担学校专业课或实践课教学的技能型兼职教师，使学生实践能力培养符合职业岗位要求。对于校内在编在岗的专业课教师，要具备双师素质要求，不仅具有职业学校教师系列职称和教师职业的知识、素质和职业能力，还要具有所教专业的职业能力（包括劳动技能和职业文化），具有本专业或相关专业或相关职业岗位的相应技能、技术应用能力的上岗证、职业资格证、工种等级证、技师证、工程师职称，使之具有一定水平的实践能力和技术应用能力，确保职业教育的人才培养质量。

培训基地是学生进行工作过程实践学习与职业岗位技能训练的场所。实训基地有校内和校外之分，校内实训基地是由学校投资建设的依技能教学需要，按学生人数或学生分组作业安排而设计的实训机构或场地，如木材加工技术专业的家具制造车间、酒店管理专业的茶艺实训室、林业技术专业的苗圃、园林技术专业的园林景观设计室等。学生在校内实训基地完成专业基本技能训练或教学性实训。校外实训基地是学校与专业对口的企事业单位，通过契约方式，依法依需确定的社会性真实工作过程实践学习与职业岗位技能训练的实际工作场所，学生在此可以顶岗实习方式完成工作过程实践学习，在上岗操作的过程中熟悉其工作任务和技术规范，学习企业文化。高职学生应至少有累计半年的顶岗实习时间，中职学生应至少有累计一年的顶岗实习时间。

（六）人才培养质量要求特色

职业教育是培养能将专业知识和技能应用于所从事的专业或社会实践的、服务于生产一线的应用型专业人才。对于职业学校的学生，除了要具备普通教育所具备的知识、能力、素质结构外，更侧重于职业素养的培养。职业素养是人们在社会活动中需要遵守的行为规范，是职业的内在的要求，是一个人在职业过程中表现出来的综合品质。主要体现在职业技能、专业素质、职业道德、职业意识等方面。

职业技能是指从事某种职业所需要的技术和能力，是能通过练习而获得的。为强化职业技能的培养，国家在职业学校推行“双证书”制度。学生通过注册学籍，修完学校安排的全部课程，符合毕业条件后取得学历毕业证的同时，还要取得从事相应职业的职业资格证书，实现学历教育与职业资格培训的融通。职业资格包括从业资格和执业资格。从业资格是政府规定专业技术人员从事某种专业技术性工作的学识、技术和能力的起点标准，如林业行业的林木种苗工、花卉园艺师、林业有害生物防治员等职业资格证书等；执业资格是政府对某些责任较大、社会通用性强、关系公共利益的专业技术工作实行的准入控制，是专业技术人员依法独立开业或从事某种专业技术工作学识、技能的必备标准，如执业药师等。

专业素质是职业教育培养目标中的核心素质要求，是职业教育较之普通教育的主要特色。它包括对新技术的接受和理解能力、职业的适应能力、质量意识、安全意识、节能环保意识、时间观念、经济观念、提出合理化建议的能力等。专业素质是专业知识、专业能力的综合和升华。

职业道德是指在特定的职业范围内的特殊道德要求，是一般道德原则在职业活动中的具体体现。职业教育的学生从业后作为拥有某一行业领域的知识和能力的专门人才，应该成为遵守本行业职业道德的表率。因此，职业学校要以立德树人为根本，培养学生的职业道德素养。职业道德的基本要求是“爱岗敬业、诚实守信、办事公道、服务群众、奉献社会”二十个字。

职业意识是作为职业人所具有的意识，过去叫做主人翁精神，它是每一个人从事自己所工作岗位的最基本的，也是必须牢记和自我约束的职业要素。职业意识由就业意识和择业意识构成，前者指人们对自己从事的工作和任职角色的看法，后者是指人们对自己希望从事的职业。职业意识的培养与养成，需要通过系列的专业化学习和训练的实践活动来得以实现，因为在实验实训、顶岗实习的过程中，能够了解某种职业的社会要求，有针对性地调节自己的活动，向着职业需要的方向去发展。在专业实践中要重点培养的职业意识有企业文化意识、敬业意识、奉献意识、创新意识、竞争意识、合作意识、质量与效率意识等。

根据职业教育对人才培养的质量要求，职业学校多实行校企合作的办学模式，工学结合的人才培养模式，顶岗实习、行动导向等教学模式来提高学生的职业素养。在人才培养质量评价上，侧重实践教学的考核，考核内容除专业知识外，还要考核学生的工作能力、劳动态度、安全文明生产执行情况和团结协作精神。对学生实训的操作过程和实习产品，将产品标准、定额标准、操作规范、安全标准作为考核评价标准。考核评价主体由过去的教师单一评价主体发展为学生个人评价、小组评价、企业人员评价、教师评价等多元评价主体，使评价结果更客观，人才培养质量更适于企业需要。

单元 2

了解林业

当你跨进林业类职业院校之时，意味着将来你会从事林业这一行业。要从事林业，首先必须了解林业行业的工作对象和工作内容，知道我国林业资源和林业事业建设情况，林业改革的大政方针和发展远景。通过本单元的学习使我们能够认识林业，热爱林业，坚定从事林业工作的信心，为我国的绿色事业奉献我们的聪明才智。

一、初识林业行业

(一)林业行业的概念

俗话说，“三百六十行，行行出状元”。所谓行业，是在产业大类之下细分的结果，一般是指其按生产同类产品，或是有相同工艺过程，或是提供同类劳动服务的经济活动类别，如我们常说的服装行业、机械行业、金融行业、移动互联网行业等。林业是以森林为主要经营对象的特殊行业，它既从事商品性生产，又从事非商品性生产，是社会经济的重要基础产业，承担着满足经济社会发展对林产品需求的重任，又是生态环境建设的社会公益性事业，承担着改善生态环境、保障国土生态安全的历史重任。另外，行业一词在汉语中是一个纵横交错的概念，前述的分类是以产品类别从纵向对行业分层划分，但也以职业性质与技术与能力为标准横向划分，如会计行业、管理行业、营销行业、秘书行业等，行业之间有交叉现象。林业在国民经济行业分类中属于农林牧渔业门类的林业行业大类，包括林木的培育和种植、木材和竹林的采伐运输及林产品的采集等，它囊括了林木从采种、育苗、营造、抚育、管理、采伐、运输的一系列生产过程。与林业行业密切相关的还包括林业旅游与生态服务、林业管理与技术服务、木材加工与木制品制造、野生动植物利用等行业。这些都是林业院校毕业生就业所面向的行业。

(二)涉林行业分类

我国2002年颁布的国民经济行业分类，将经济活动划分为20个门类、95个大类、396个中类和913个小类。现将涉林的行业分类列入表2-1。

表2-1 涉林的行业分类

门类	大类	中类	小类	类别名称
A				**农、林、牧、渔业**
	01			**农业**
		012		蔬菜、园艺作物的种植
			0122	花卉的种植

（续）

门类	大类	中类	小类	类别名称
		013		水果、坚果、饮料和香料作物的种植
			0131	水果、坚果的种植
	02			**林业**
		021		林木的培育和种植
			0211	育种和育苗
			0212	造林
			0213	林木的抚育和管理
		022		木材和竹材的采运
			0221	木材的采运
			0222	竹材的采运
		023	0230	林产品的采集
	03			**畜牧业**
		034	0340	狩猎和捕捉动物
	05			**农、林、牧、渔服务业**
		052	0520	林业服务业
C				**制造业**
	19			**木材加工及木、竹、藤、棕、草制品业**
		191		锯材、木片加工
			1911	锯材加工
			1912	木片加工
		192		人造板制造
			1921	胶合板制造
			1922	纤维板制造
			1923	刨花板制造
		193		木制品制造
			1931	建筑用木料及木材组件加工
			1932	木容器制造
		194	1940	竹、藤、棕、草制品制造

（续）

门类	大类	中类	小类	类别名称
	20			**家具制造业**
		201	2010	木质家具制造
		202	2020	竹、藤家具制造
	21			**造纸及纸制品业**
		211	2110	纸浆制造
	25			**化学原料及化学制品制造业**
		256		专用化学产品制造业
			2563	林产化学产品制造
	35			**专用设备制造业**
		352		化工、木材、非金属加工专用设备制造
			3524	木材加工专用设备制造
		357		农、林、牧、渔专用机械制造
			3573	营林及木竹采伐机械制造
			3576	农、林、牧、渔机械配件制造
			3579	其他农、林、牧、渔机械制造及机械修理
H				**批发和零售业**
	62			**零售业**
		629		无店铺及其他零售
			6294	花卉零售
L				**租赁和商务服务业**
	71			**商务服务业**
		718	7180	旅行社
N				**水利、环境和公共设施管理业**
	77			**环境管理业**
		771		自然保护
			7711	自然保护区管理
			7712	野生动植物保护
	78			**公共设施管理业**
		782	7820	城市绿化管理
		783		游览景区管理
			7831	风景名胜区管理
			7832	公园管理

二、我国的森林资源

(一)森林及其效益

森林是大家耳熟能详的名字，西汉《淮南子》一书中就有“木丛曰林”的记载。它是以乔木为主的具有一定面积和密度的木本植物群落，它既受环境的制约，又影响和改造环境，是陆地上最大的生态系统，起着维持地球生态平衡的重要作用。森林具有巨大的经济效益、生态效益和社会效益。日常生活中使用的木材，吃的干果和食用菌等都来自于森林，是最直接的经济效益。森林的生态效益体现在涵养水源、保持水土、防风固沙、保护农田、调节气候、改善环境、净化大气和水体、防治污染和降低噪音等方面。森林的社会效益是指由于森林的存在而对人类的身心健康、社会文化和精神文明等方面起到促进和提高的作用，包括美学效益、心理效益、游憩效益、纪念效益、科学效益、教学效益等。森林所形成的特殊小气候对人的身体有着良好的影响，使人精神放松，增进人体健康；同时能提高人类文化素养，为人们提供旅游休憩的场所，提高人们的生活质量。总之，森林是人类生存和发展的基础，是国家强盛、人民富裕的象征，没有森林就没有人类，更没有人类文明。

(二)森林资源及分布

森林资源包括森林、林木、林地以及依托森林、林木、林地生活的野生动物、植物和微生物，但主体是成片的森林。描述森林资源最常用的指标是森林覆盖率和森林面积、森林蓄积量。森林覆盖率是指一个国家或地区森林面积占土地面积的百分比，它表明一个国家或地区森林资源的丰富程度和生态平衡状况，是反映林业生产发展水平的主要指标。森林面积包括郁闭度(森林中乔木树冠遮蔽地面的程度，以十分数表示)0.20以上的乔木林地面积和竹林面积，国家特别规定的灌木林地面积、农田林网以及村旁、路旁、水旁、宅旁(简称“四旁”)林木的覆盖面积。森林蓄积量是指一定森林面积上存在着的林木树干部分的总材积，以立方米为单位，它是反映一个国家或地区森林资源总规模和水平的基本指标之一，它证明一个国家或地区林业生产发展情况，反映森林资源的丰富程度，也是衡量森林生态环境优劣的重要依据。

全国第八次森林资源清查(2009—2013年)数据显示，全国森林面积2.08

亿公顷，森林覆盖率21.63%，森林蓄积量151.37亿立方米；天然林面积1.22亿公顷，天然林蓄积122.96亿立方米；人工林面积为0.69亿公顷，人工林蓄积24.83亿立方米。和世界相比，我国森林面积居俄罗斯、巴西、加拿大、美国之后，列第5位，森林蓄积量居巴西、俄罗斯、加拿大、美国、刚果(民)之后，列第5位，人工林面积居世界首位。森林覆盖率远低于全球31%的平均水平，列世界第139位。从人均占有量看，我国人均森林面积只有0.145公顷，仅为世界人均占有量的1/4，人均蓄积为10.15立方米，只有世界人均占有量的1/7。木材消耗的对外依存度为43.6%，可见，我国的森林资源总量明显不足。

我国的森林资源在历史上是极其丰富的，由于长期经历封建统治，连年战乱以及人口繁衍、土地垦殖，毁林开荒、乱砍滥伐，近百年来又受帝国主义侵略，肆意掠夺，森林资源屡遭摧残破坏，致使森林资源在历史长河中日渐减少。由于这些历史原因，加之自然灾害、人为活动和地区经济发展不均衡等因素，我国森林资源的地理分布极不均衡。大部分森林集中分布在主要江河流域和山地丘陵地带。从地域分布看，总的趋势是东南部多，西北部少；在东北、西南边远省(自治区、直辖市)及东南、华南丘陵山地森林资源分布多，而辽阔的西北地区，内蒙古中西部、西藏中西部以及人口稠密、经济发达的华北、中原及长江、黄河下游地区，森林资源分布极少。

在我国十大流域中，森林资源集中分布在长江、黑龙江、珠江、黄河、辽河、海河、淮河等七大流域，这七大流域占国土资源面积近一半，森林面积和森林蓄积分别占全国的69.64%和64.22%，其中长江流域、黑龙江流域的森林面积、森林蓄积约占全国的一半。珠江流域森林覆盖率最高，达49.25%。长江流域森林蓄积最大，占全国的26.69%，而黄河、海河、淮河流域低于全国平均水平。

我国主要林区有东北内蒙古林区(包括大兴安岭、小兴安岭、完达山、张广才岭、长白山)、西南高山林区(包括云南、四川、西藏的部分地区)、东南低山丘陵林区(包括江西、福建、浙江、安徽、湖北、湖南、广东、广西、贵州、四川等全部或部分县市区域)、西北高山林区(包括新疆的天山、阿尔泰山，甘肃的祁连山、白龙江、子午岭，陕西的秦岭、巴山等)和热带(海南)林区。这五大林区占国土面积的四成，森林面积占全国七成以上，森林蓄积占全国九成以上。森林覆盖率以东北内蒙古林区最高，西南高山林区最低；森林面积以东南低山丘陵林区最多，西北高山林区最少；森林蓄积以西南高山林区最多，以西北高山林区最少。在五大林区中，东北内蒙古林区、西南高山林区、西北高山林区的天然林面积比重在86%以上，蓄积比重在94%以上，其中东北内蒙古林区天然林面积比重达92.14%，蓄积比重达94.76%。东南低山丘陵林区、热带林区的人工林比重较大，其中东南低山丘陵林区比重达43.03%，蓄积比重达33.45%。

三、森林生态系统恢复的重点工程

自改革开放以来，我国相继启动了17个林业重点工程，有力地推动了造林绿化事业的发展。为了彻底改变我国的生态面貌，维护国土生态安全，建设美丽中国，国家林业局对这些工程进行系统整合后，归并为六大林业重点工程。即天然林资源保护工程、退耕还林工程、三北及长江流域等重点防护林体系建设工程、津京风沙源治理工程、野生动植物保护及自然保护区建设工程、重点地区速生丰产林基地建设工程。其中前4个项目为生态恢复为主的项目，第5个为物种保护项目，第6个为林业产业项目。下面介绍3个生态恢复项目。

(一)天然林资源保护工程

森林按照起源，可以分为天然林和人工林两类。天然林是指天然下种，人工促进天然更新或非人工林采伐后萌生形成的森林和灌木林。人工林是指人工植苗、直接播种及人工林采伐后萌生形成的森林及灌木林。天然林是我国森林资源的主体，占森林资源林分总面积的64%，占林分总蓄积的83.2%。天然林资源森林类型多样，在我国分布广阔，多分布在我国的大江大河的源头和重要山脉的核心地带，以及西藏林区、自然保护区和森林公园，这部分占我国天然林总面积的61%。天然林是木材及林产品的主要生产基地，是生物多样性保护的最大栖息地，在我国国民经济建设、生态环境建设和国民生活质量等方面发挥着巨大作用。

森林按功能可分为生态公益林和商品林。生态公益林是指以保护和改善人类生存环境、保持生态平衡、保存物种资源、科学实验、森林旅游、国土保安等需要为主要经营目标的森林和灌木林。商品林是指以生产木材、薪炭、干鲜果品及其他工业原料为主要经营目标的森林和灌木林。生态公益林又根据保护程度的不同将其划分为重点保护的生态公益林(简称重点公益林)和一般保护的生态公益林(一般公益林)。将大江大河源头、干流、一级支流及生态环境脆弱的二级支流中的第一层山脊以内的范围，大型水库、湖泊周围和高山陡坡、山脉顶脊部位及破坏容易恢复难的森林划定为重点公益林。集生态需求与持续经营作用于一体的生态公益林划定为一般公益林。在地势较平缓、立地条件较好、森林采伐后对生态环境不产生重大影响的地区划定为商品林经营区。天然商品林是以提供经济效益为主，兼顾其他效益的森林，主要指占我国森林面积46.2%的天然次生林。

天然林资源保护工程是指从根本上遏制生态环境恶化，保护物种多样性，促进社会、经济的可持续发展为目标的国家中长远计划工程。包括三个层次：全面停止长江上游、黄河上中游地区天然林采伐；大幅度调减东北、内蒙古等重点国有林区的木材产量；由地方负责保护好其他地区的天然林。工程计划调减木材产量1991万立方米，管护森林14.15亿亩*，分流安置富余职工74万人。工程范围为云南、四川、重庆、贵州、湖南、湖北、江西、山西、陕西、甘肃、青海、宁夏、新疆(含生产建设兵团)、内蒙古、吉林、黑龙江(含大兴安岭)、海南、河南等18个省(自治区、直辖市)的重点国有森工企业及长江、黄河中上游等地区生态地位重要的地方森工企业、采育场和以采伐天然林为经济支柱的国有林业局(场)、集体林场。目前确定的工程重点是国有林区，即指分布于东北、西北和西南的黑龙江、吉林、内蒙古、陕西、甘肃、新疆、青海、四川、重庆和云南等10个省(自治区、直辖市)归国家所有的成片天然林林区。目前，我国将把所有天然林都纳入保护范围，全面停止天然林商业性采伐。工程区17.32亿亩森林得到有效保护。工程计划到2050年，达到天然林资源得到根本恢复，基本实现木材生产以利用人工林为主，林区建立起比较完备的林业生态体系和合理的林业产业体系，充分发挥林业在国民经济和社会可持续发展中的重要作用。

自1998年工程实施以来，15年间已累计完成人工造林310.83万公顷，飞播造林341.27万公顷，新封山育林807.65万公顷。年均减少天然林采伐1760万立方米，累计减少天然林消耗4.25亿立方米。天保工程区项目实施单位年末人数为182.72万人，其中在岗职工60.47万人，在岗职工年平均工资24 736元。在岗职工参加基本养老保险52.73万人，参加基本医疗保险55.42万人。

---

* 1亩=1/15公顷。

(二)退耕还林工程

退耕还林工程就是从保护和恢复生态环境出发，将水土流失严重的耕地，沙化、盐碱化、石漠化严重的耕地以及粮食产量低或不稳定的耕地，有计划、有步骤地停止耕种，因地制宜地造林种草，恢复植被。

工程建设范围包括北京、天津、河北、山西、内蒙古、辽宁、吉林、黑龙江、安徽、江西、河南、湖北、湖南、广西、海南、重庆、四川、贵州、云南、西藏、陕西、甘肃、青海、宁夏、新疆等25个省(自治区、直辖市)及新疆生产建设兵团，共1897个县(含市、区、旗)。根据因害设防的原则，按水土流失和风蚀沙化危害程度、水热条件和地形地貌特征，将工程区划分为10个类型区。同时，根据突出重点、先急后缓、注重实效的原则，将长江上游地区、黄河上中游地区、京津风沙源区以及重要湖库集水区、红水河流域、黑河流域、塔里木河流域等地区的856个县作为工程建设重点县。此项工程1999年开始试点，2002年正式启动。

工程建设的目标和任务是：到2010年，完成退耕地造林1467万公顷，宜林荒山荒地造林1733万公顷(两类造林均含1999—2000年退耕还林试点任务)，陡坡耕地基本退耕还林，严重沙化耕地基本得到治理，工程区林草覆盖率增加4.5个百分点，工程治理地区的生态状况得到较大改善。

退耕还林的主要政策规定有：国家无偿向退耕农户提供粮食、生活费补助、种苗造林补助费；国家保护退耕还林者享有退耕地上的林木(草)所有权，承包经营权期限可以延长到70年等。截至2013年年底，中央累计投入3542亿元，退耕还林工程累计完成造林面积2580.62万公顷，直接惠及3200万农户和1.24亿农民，工程建设取得了显著的生态效益、经济效益和社会效益。2014年新一轮重点地区退耕还林还草总体方案正式启动，提出到2020年将全国具备条件的坡耕地和严重沙化耕地约4240万亩退耕还林还草。

(三)三北及长江流域等重点防护林体系建设工程

该工程于1979年启动建设，2050年结束，是我国涵盖面最大、内容最丰富的防护林建设工程，囊括了三北地区(东北、西北、华北)、沿海、珠江、淮河、太行山、平原地区和洞庭湖、鄱阳湖、长江中下游地区的防护林建设。整个工程包括：三北防护林体系建设四期工程、长江流域防护林体系建设二期工程、珠江流域防护林体系建设二期工程、沿海防护林体系建设二期工程、太行山绿化二期工程、平原绿化二期工程。工程涉及28个省(自治区、直辖市)的1696个县，计划造林2267万公顷，管护森林7187万公顷。截至2013年年底，工程累计完成造林4940.76万公顷，工程区森林面积持续增加，林种树种结构不断优化，防灾御灾能力有效增强。特别是三北防护林体系建设工程，30多年来，累计完成造林保存面积2647万公顷，建设区森林覆盖率由5.05%提高到12.4%，大大改善了生态环境。

四、湿地生态系统的保护与恢复

(一)我国湿地资源概况

湿地系指天然或人工形成的沼泽地等常有静止或流动水体的成片浅水区，还包括在低潮时水深不超过6米的水域。湿地与森林(地球之肺)、海洋(地球之心)并称全球三大生态系统，称为地球之“肾”。我们知道的湖泊、河流、沼泽(森林沼泽、藓类沼泽和草本沼泽)、滩地(河滩、湖滩和沿海滩涂)、盐湖、盐沼以及海岸带区域的珊瑚礁、海草区、红树林和河口等都属于湿地范畴。湿地占地球表面积仅有6%，却为地球上20%的已知物种提供了生存环境。湿地具有维持生态平衡、涵养水源、净化水质、蓄洪防旱、调节气候、补充地下水、控制土壤侵蚀和维护生物多样性等重要生态功能。如果换成货币，1公顷湿地生态系统每年创造的价值高达1.4万美元，是热带雨林的7倍，是农田生态系统的160倍。

我国8公顷以上的湿地约5360.26万公顷，湿地率为5.58%，占世界湿地面积的10%，居亚洲之首，世界第四，仅次于俄罗斯、加拿大和美国。我国50%湿地分布在青海、西藏、内蒙古、黑龙江4省(自治区)。我国也是世界上湿地类型最丰富的国家之一。从寒温带到热带，从草原到山地、高原，从沿海到内陆都有湿地发育。湿地类型包括近海与海岸湿地(579.59万公顷)、河流湿地(1055.21万公顷)、湖泊湿地(859.38万公顷)、沼泽与沼泽化湿地(2173.29万公顷)、人工湿地(674.59万公顷)等5大类28种类型。

由于对湿地价值认识的不足，经济发展与湿地保护的关系处理不当，我国的湿地破坏形成了面积缩减、功能退化、生物物种减少的三大危险趋势，严重影响着我国生态安全。新中国成立以来，我国湿地退化和丧失速度惊人。据统计，我国滨海湿地累计丧失119万公顷，占全国滨海湿地总面积的50%。

全国围垦湖泊面积达到130万公顷以上，湖泊消失1000多个。被誉为“千湖之省”的湖北省，面积在100公顷以上的湖泊，消失了477个。据2003年对通江湖泊调查，长江中下游原有的100多个通江湖泊，只剩下洞庭湖、鄱阳湖两个。由于长期不合理的开发利用和工业排放，造成许多重要湿地受到污染，湿地植被减少，湿地功能退化。调查显示，全国2/3以上的湖泊受到氮、磷等物质的污染；太湖、云南滇池等10%的湖泊富营养化污染严重；全国七大水系中63%的河段因严重污染丧失了饮用水的功能。湿地功能的退化还造成土地荒漠化加剧，干旱、洪涝灾害频发。湿地的萎缩和严重污染，对生物物种的保护构成严重威胁。湿地中动物物种量最大的是鱼类和鸟类，调查显示，我国洪湖湿地鱼类由20世纪50年代的100多种，减少到目前的50多种。

（二）我国的湿地保护工作

为了保护地球之肾，中国政府于1992年7月31日正式加入了全球第一个环境公约即《湿地公约》，并将中国湿地保护与合理利用列入《中国21世纪议程》和《中国生物多样性保护行动计划》优先发展领域。2000年，国务院17个部门联合颁布了《中国湿地保护行动计划》，明确了中国湿地保护的指导思想和战略任务。2003年，国务院批准了《全国湿地保护工程规划（2004—2030年）》，规划描绘了我国湿地保护工程建设的发展蓝图。2004年，国务院办公厅发出了《关于加强湿地保护管理的通知》，这是中国政府首次就湿地保护纳入国家议事日程的明确声明。2013年5月，首部国家层面的湿地保护部门规章《湿地保护管理规定》出台，从而湿地保护有了“护身符”。2013年，国家林业局首次划定到2020年全国湿地总面积不低于8亿亩的湿地保护红线，这条红线是规范和限制湿地开发利用、维护生态平衡的着力点。2014年，国家建立了湿地补贴政策，投入资金16亿元，实施湿地补贴项目268个。

国家重要湿地、湿地自然保护区、湿地公园、湿地保护小区等共同构成了我国的湿地保护体系。目前，截至2014年年底，我国已建立570多个湿地自然保护区和900多个湿地公园。其中，国际重要湿地已经达到46个，总面积达405.9万公顷；国家湿地公园总数达570多个，总面积230万公顷，有效保护湿地149万公顷。我国共有2324.32万公顷湿地得到了不同形式的保护，湿地保护率由2003年的30.49%提高到2012年底的43.51%。

根据国务院批准的《全国湿地保护工程规划（2004—2030年）》发展蓝图，以东北湿地区、黄河中下游湿地区、长江中下游湿地区、滨海湿地区、东南华南湿地区、云贵高原湿地区、西北干旱湿地区以及西藏高寒湿地区等八大湿地区为重点，通过湿地及其生物多样性的保护与管理、湿地自然保护区建设、污染控制、退化湿地恢复治理、湿地资源可持续利用等措施，到2030年，使全国湿地保护区达到713个，国际重要湿地达到80个，完成湿地恢复工程140.4万公顷，在全国建成53个国家湿地保护与合理利用示范区，使90%以上天然湿地得到有效保护。

五、荒漠生态系统的治理与修复

(一)我国土地荒漠化现状

荒漠是指植被稀少或缺水干旱地区，荒漠生态系统是地球上最耐旱的，以超旱生的小乔木、灌木和半灌木占优势的生物群落与其周围环境所组成的综合体。荒漠可分为岩漠、砾漠、沙漠、泥漠、盐漠等多种类型。

土地荒漠化，又称土地沙漠化、土地退化、沙漠化，是由于气候变化和人类不合理的经济活动等因素，使干旱、半干旱和具有干旱灾害的半湿润地区的土地发生了退化。全球荒漠化的土地占整个地球陆地面积的1/4，受荒漠化影响的国家有100多个，受影响的人口约有10亿人。中国是世界上荒漠化影响严重的国家之一，荒漠化土地面积为267.4万平方千米，占国土面积的27.9%，主要分布在北纬30°附近，涉及18个省(自治区)的471个县旗，且每年以1万平方千米的速度扩展。近4亿人口受到荒漠化的影响。我国荒漠化类型主要分为风蚀荒漠化、水蚀荒漠化、冻融荒漠化及土壤盐渍化。其中以大风造成的风蚀荒漠化面积最大，达160.7平方千米，占16.7%，主要分布在干旱、半干旱地区。据统计，20世纪70年代以来仅土地沙化面积每年增加2460平方千米。土地沙化给大风起沙制造了物质源泉，因此，北方地区沙尘暴频繁，且强度大、范围广。荒漠化产生的自然因素是全球变暖，北半球日益严重的干旱、半干旱化趋势；人为原因主要是土地滥垦与不适宜的种植业发展，过度放牧与不科学的草场管理，滥伐森林与地表植被破坏，水资源开发利用缺乏统一管理等。

(二)我国土地石漠化现状

石漠化是热带、亚热带湿润、半湿润气候条件和岩溶极其发育的背景下，受人为活动的干扰，使地表植被遭受破坏，导致土壤严重流失，基岩大面积暴露或砾石堆积的土地退化现象，是荒漠化的一种特殊形式。我国石漠化主要发生在以云贵高原为中心，北起秦岭山脉南麓，南至广西盆地，西至横断山脉，东抵罗霄山脉西侧的岩溶地区。该地区国土面积107.1万平方千米，岩溶面积45.2万平方千米，岩溶地区石漠化土地总面积达1200多万公顷，占溶岩土地面积的26.5%，占区域国土面积的11.2%。涉及湖北、湖南、广东、广西、重庆、四川、贵州和云南8个省(自治区、直辖市)455个县5575个乡。该区域是珠江的源头，长江水源的重要补给区，也是南水北调水源地、三峡库区，生态区位十分重要。石漠化是该地区最为严重的生态问题，影响着珠江、长江的生态安全，制约着区域经济社会的可持续发展。

(三)我国防治荒漠化的成就与对策

1996年，我国正式加入《联合国防治荒漠化公约》，2002年，《中华人民共和国防沙治沙法》开始实施。我国相继实施了三北防护林、京津风沙源治理、退耕还林、退耕还草、草原保护、小流域综合治理等一系列生态建设工程，对重点地区和薄弱环节进行集中治理，推动了全国沙区生态状况的持续好转，全国中度、重度和极重度沙化土地面积持续减少，沙化程度减轻，局部地区的水土流失得到有效控制，土壤侵蚀规模大幅度下降，年入黄河泥沙减少3亿多吨。

1999年以来，岩溶地区通过实施生态工程项目，人工造林种草和保护植被对遏制石漠化扩展发挥着主导作用，其次调整农村能源结构和农村人口迁移减轻了土地承载压力，以及实施农业工程和农业技术措施等。截至2011年年底，岩溶地区石漠化土地面积比2005年96万公顷减少了7.4%，平均减少16万公顷，平均缩减率为1.27%。

我国于2013年颁布实施《全国防沙治沙规划(2011—2020年)》的防止荒漠化对策，将采取保护现有植被加强林草建设，合理调配水资源保护生态用水，控制人口增长实行生态移民，改变畜牧业生产方式优化土地利用面积，调整产业结构，改变能源结构等，到2030年，荒漠化地区60%以上适宜治理的荒漠化土地得到不同程度整治，重点治理区的生态环境将开始走上良性循环轨道。

(四)国家沙漠公园

根据《全国防沙治沙规划》提出的“有条件的地方建设沙漠公园，发展沙漠观光旅游”的要求，我国在2013年首次建立宁夏沙坡头国家沙漠公园试点后，2014年这项工作再次提速，全国新批复32个国家沙漠公园，国家沙漠公园建设取得突破性进展。

国家公园是一种资源保护与开发利用实现双赢的先进管理模式，是让生态环境与旅游消费共存的国际惯例和普遍适用的规律，其目的是既维持和保护原生态系统，又要让该系统满足人们休闲、健康、旅游的需求。

沙漠公园是国家公园的一种类型，是以沙漠景观为主体，以保护荒漠生态系统为目的，在促进防沙治沙和保护生态功能的基础上，合理利用沙区资源，开展公众游憩、旅游休闲和进行科学、文化、宣传与教育活动的特定区域。沙漠公园主要包括沙地保育区、宣教展示区、沙漠体验区、服务管理区等功能区域，实行分区管理。

（五）京津风沙源治理工程

京津风沙源治理工程是为固土防沙、改善和优化京津及周边地区生态环境状况，减轻风沙危害，紧急启动实施的一项具有重大战略意义的生态建设工程。

一期工程自2002年开始启动。工程区西起内蒙古的达茂旗，东至内蒙古的阿鲁科尔沁旗，南起山西的代县，北至内蒙古的东乌珠穆沁旗，涉及北京、天津、河北、山西及内蒙古等五省（自治区、直辖市）的75个县（旗）。工程区总人口1958万人，总面积45.8万平方千米，沙化土地面积10.12万平方千米。一期工程到2012年，累计完成营造林752.61万公顷，其中退耕还林109.47万公顷。主要措施为封沙育林、退耕还林、造林、草地治理、小流域治理、生态移民等。

2013年，启动了二期工程，工程区范围扩大至包括陕西在内的6个省（自治区、直辖市）138个县（旗、市、区），总投资达877.92亿元人民币。主要任务包括加强林草植被保护和建设，提高现有植被质量和覆盖率，加强重点区域沙化土地治理，遏制局部区域流沙侵蚀，稳步推进易地搬迁37.04万人，降低区域生态压力等。

京津风沙源治理工程实施12年来累计完成治理总面积达1027.06万公顷，其中林业工程685.45万公顷，草地治理237.26万公顷，小流域治理104.35万公顷。

到2022年，一期工程建设成果得到有效巩固，工程区内可治理的沙化土地得到基本治理，总体上遏制沙化土地扩展趋势，生态环境明显改善，生态系统稳定性进一步增强，基本建成京津及华北北部地区的绿色生态屏障，京津地区沙尘天气明显减少，风沙危害进一步减轻。整个工程区经济结构继续优化，可持续发展能力稳步提高，林草资源得到合理有效利用，全面实现草畜平衡，草原畜牧业和特色优势产业向质量效益型转变取得重大进展；工程区农牧民收入稳定在全国农牧民平均水平以上，生产生活条件全面改善，走上生产发展、生活富裕、生态良好的发展道路。

六、野生动植物资源与自然保护区建设

(一)我国野生动植物资源现状

我国幅员辽阔，地貌复杂，湖泊众多，气候多样。丰富的自然地理环境孕育了无数的动植物种类。使我国成为世界上野生动植物种类最为丰富的国家之一，物种丰富程度居北半球第一位。据统计，我国约有脊椎动物6482种，占世界种数的10%以上。其中兽类581种，鸟类1332种，爬行类412种，两栖类295种，鱼类3862种。许多野生动物属于我国特有或主要产于我国的珍稀物种，如大熊猫、金丝猴、朱鹮、普氏原羚、白唇鹿、褐马鸡、黑颈鹤、扬子鳄、蟒山烙铁头等；有许多种属于国际重要的迁徙物种以及具有经济、药用、观赏和科学研究价值的物种。我国还有高等植物3万多种，仅次于马来西亚和巴西，居世界第三位，其中特有植物种类1.7万种。这些珍贵的野生动植物资源既是人类宝贵的自然财富，也是人类生存环境中不可或缺的重要组成部分。

但是，随着我国人口的快速增长及经济的高速发展，对野生动植物资源的需求和压力不断增大，对野生动植物生存条件的破坏、开发利用和环境污染等行为的加剧，使许多野生动植物严重濒危。初步统计，我国现有300多种陆栖脊椎动物处于濒危状态，珍稀濒危植物有银杉、珙桐、银杏、百山祖冷杉、香果树等。

(二)野生动植物保护及自然保护区建设工程

为进一步加大野生动植物及其栖息地的保护和管理力度，提高全民野生动植物保护意识，加大对野生动植物保护及自然保护区建设的投入，促进其

持续、稳定、健康发展，并在全国生态环境建设和国民经济中发挥更大的作用，1999 年 10 月国家林业局组织有关部门和专家对今后 50 年的全国野生动植物及自然保护区建设进行了全面规划和工程建设安排。2001 年 6 月由国家林业局组织编制的《全国野生动植物保护及自然保护区建设工程总体规划》得到国家发展计划委的正式批准，这标志着中国野生动植物保护和自然保护区建设新纪元的开始。

根据国家重点保护野生动植物的分布特点，将野生动植物及其栖息地保护总体规划在地域上划分为东北山地平原区、蒙新高原荒漠区、华北平原黄土高原区、青藏高原高寒区、西南高山峡谷区、中南西部山地丘陵区、华东丘陵平原区和华南低山丘陵区共 8 个建设区域。根据规划，工程建设分三个阶段进行。2001—2010 年为第一阶段、2011—2030 年为第二阶段、2031—2050 年为第三阶段。拯救一批国家重点保护野生动植物，扩大、完善和新建一批国家级自然保护区和禁猎区。到建设期末，使我国自然保护区数量达到 2500 个，总面积 1.728 亿公顷，占国土面积的 18%。形成一个以自然保护区、重要湿地为主体，布局合理、类型齐全、设施先进、管理高效、具有国际重要影响的自然保护网络。截至 2014 年，该项目已取得显著成效。

(1)野生动物资源稳定增加

60% 的大熊猫栖息地和约 70% 的野生大熊猫个体在保护区内得到严格保护，朱鹮、金丝猴、鹤类、雉类等野生动物栖息地生境总体上逐步恢复、改善和优化，使 80% 以上国家重点保护野生动物野外种群处于稳定或稳中有升状态。进一步加大了对濒危野生动物的拯救繁育力度，大熊猫圈养种群数量达 375 只，朱鹮人工种群显著增长，扬子鳄、虎、金丝猴、藏羚羊等 50 多种野生动物繁育种群持续扩大，并成功实施了大熊猫、朱鹮、野马、麋鹿、梅花鹿、瑶山鳄蜥、扬子鳄、塔里木马鹿、黄腹角雉、丹顶鹤 10 种濒危野生动物放归自然，且实现了自然繁殖，逐步建立起新的野外种群。

(2)野生植物资源保护成效逐渐显现

迁地保护了 1000 多种珍稀或濒危、特有野生植物，建立野生植物种质资源保育基地 400 多处，成立了苏铁种质资源保护中心和兰科植物种质资源保护中心，分别收集保存苏铁类 240 余种、兰科类植物 900 余种。针对松茸、雪莲、珙桐、肉苁蓉、红豆杉、珍稀兰科植物等市场需求较大的珍稀野生植物扶持开展人工培育技术研究和种源建设。建立珍稀野生植物培植基地 280 处，使 1000 余种野生植物建立了稳定的人工种群；对五唇兰、杏黄兜兰等我国特有的濒危兰科植物以及德保苏铁、华盖木、西畴青冈等极度濒危物种开展了回归自然的前期准备和试验。

（3）自然保护区网络进一步完善

野生动植物主要栖息地、分布地、湿地得到较好保护，珍稀濒危物种拯救成效显著。林业系统建立了各级各类自然保护区 2163 处，总面积约 1.24 亿公顷，约占国土面积的 13%，其中国家级自然保护区 344 处，涵盖了我国 90% 的陆地生态系统类型、85% 的野生动植物种类、65% 高等植物群落以及 300 多种重点保护野生动物和 130 多种重点保护野生植物的栖息地，形成了稳定的自然保护区网络。

七、林业灾害预防

（一）林业生物灾害

林业生物灾害是指森林、林木及林产品遭受微生物、动物、植物侵害而使其经济、生态及社会功能受到损害的事件，它属于自然灾害范畴，也具有人为灾害特征。我国是世界上林业有害生物灾害最严重的国家。据统计，我国林业有害生物达 8000 余种，其中主要林业有害生物有 295 种，包括从国（境）外传入 35 种、本土 260 种。造成严重危害的害虫有 86 种，病原物 18 种，有害植物 37 种，有害鼠（兔）12 种。年均发生面积 1160 多万公顷，其中乔木林有害生物成灾面积占林业灾害总面积的 50.69%，是森林火灾面积的 3 倍。林业有害生物灾害的危害主要体现在三方面：一是严重影响林业生产，造成重大经济损失。据测算，林业有害生物年经济损失高达 1100 亿元。二是造成大量的碳排放，影响林业应对气候变化。据统计，仅松林线虫病一项每年造成的木材损失达 1700 万立方米，导致大量的碳排放。三是造成国际贸易摩擦，影响我国商品出口，如欧美等一些国家以舞毒蛾、星天牛等林业有害生物为由，设置贸易壁垒，限制我国有关产品出口，影响我国产品出口竞争力，给我国经济发展造成重大影响。

经过多年的努力，我国的林业有害生物防治工作发展迅速。一是法律法规不断健全，专门制定了《森林病虫害防治条例》《植物检疫条例》等一系列法律法规。二是机构体系不断完善。全国已建立林业有害生物防治检疫站 3081 个，建立国家级中心测报点 1000 个，全行业从业人员 2 万余人，防治体系基本形成。三是一些重大危险性有害生物防治取得初步成效。仅2013年全国完成林业有害生物防治720.5万公顷，主要林业有害生物成灾率控制在0.5%以下，无公害防治率达到85%以上，松材线虫病、美国白蛾等重大林业有害生物危害得到控制。

我国的林业有害生物防治工作与世界林业发达国家相比仍有很大差距，存在着基础设施薄弱、防治手段落后、科技含量低、应对突发和大面积灾害能力不强等问题。据专家预测，随着造林绿化步伐的加快，人工林面积的快速增长，加之全球变暖，局部气候异常，经济发展和全球经济一体化进程的加快等原因，我国林业有害生物将进入新的高发期，防治工作将面临前所未有的挑战。2011年，国家制定了《全国林业有害生物防治建设规划(2011—2020年)》，计划到2020年，林业有害生物成灾率控制在0.4%以下，无公害防治率达到85%以上，灾害测报准确率达到90%以上，种苗产地检疫率达到100%，主要有害生物常发区监测覆盖率达到100%。

(二)森林火灾

森林火灾是失去控制的森林燃烧，是一种突发性强、破坏性大、处置救助较为困难的自然灾害。森林大火不仅烧死、烧伤林木，直接减少森林面积，而且严重破坏森林结构和森林环境，高强度大火还能引起低洼林地沼泽化及低价值森林的更替，导致森林生态失去平衡，森林生物量下降，生产力减弱，野生动物减少，甚至造成人畜伤亡。全世界每年平均发生森林火灾20多万次，烧毁森林面积约占全世界森林总面积的0.1%以上。我国1988年以后，全国平均每年发生森林火灾7600多起，受灾森林面积9.4万多公顷，因灾伤亡近200人。1987年5月6日黑龙江大兴安岭发生特大森林火灾，过火面积达100多万公顷，直接经济损失4.5亿元人民币，烧死210人，烧伤226人。

发生火灾区域，引起森林大火的火源在我国98%是由生产和生活用火等人为火源引起的，只有1%~2%是雷击火等自然火源引起。

我国坚持“预防为主，积极消灭”的森林防火工作方针，发布了《森林防火条例》，制定了全国森林防火中长期发展规划，建立了从国家到省、地、县(市)四级森林防火组织指挥体系。截至2013年年末，全国共有各级森林防火指挥部办事机构3355个，有工作人员2.1万人；专业、半专业森林消防队2.1万支，人员64.7万人。森林防火基础保障能力大大提高，目前，我国共建有防火瞭望台1.9万座，森林火险要素监测站1657个，防火公路139万千米，防火隔离带137万千米，有防火电台27.3万部，防火专用车7.9万辆，扑火机具1250多万台。2014年，全国发生森林火灾3637起，受害森林1.88万公顷，伤亡112人。

根据《全国森林防火中长期发展规划》，要强化森林火灾预防、扑救、保障三大防灾减灾应急体系建设。到2015年，实现卫星监测成果30分钟内发布，当日火灾扑灭率达到98%，重点治理区域森林火情瞭望监测覆盖率和森林防火通讯覆盖率分别达到90%和95%以上，森林火灾受害率稳定控制在1%以下。

八、我国的林业产业

(一)我国产业的划分

产业是指一切生产物质产品和提供劳务活动的集合体，包括农业、工业、交通运输业、邮电通讯业、商业饮食服务业、文教卫生业等部门。根据社会生产活动历史发展的顺序可将产业结构划分为三类。产品直接取自自然界的部门称为第一产业，包括农、林、牧、渔业(不含农、林、牧、渔服务业)；对初级产品进行再加工的部门称为第二产业，包括采矿业(不含开采辅助活动)、制造业(不含金属制品、机械和设备修理业)、电力、热力、燃气及水生产和供应业、建筑业等；为生产和消费提供各种服务的部门称为第三产业，即服务业，包括除第一、第二产业以外的其他各业。

由于第三产业包括的行业多，范围广，根据我国的实际情况，第三产业可以分为两大部门：一是流通部门，二是服务部门。具体又可以分为四个层次：第一层次是流通部门，包括交通运输、仓储及邮电通讯业，批发和零售贸易、餐饮业；第二层次是为生产和生活服务的部门，包括金融、保险业，地质勘查业，水利管理业，房地产业，社会服务业，农、林、牧、渔服务业，交通运输辅助业，综合技术服务业等；第三层次是为提高科学文化水平和居民素质服务的部门，包括教育、文化艺术及广播电影电视业，卫生、体育和社会福利业，科学研究业等；第四层次是为社会公共需求服务的部门，包括国家机关、政党机关、社会团体以及军队、警察等。

我国目前第一产业分为4大类；第二产业分为2个门类36个大类；第三产业为15个门类47个大类。其中，林业为第一产业；家具制造业和木材加工业为第二产业；农、林、牧、渔服务业为第三产业。

(二)林业产业特征

林业产业是以森林资源为基础，以获取经济效益为目的，以技术和资金为手段，有效组织和提供各种物质产品和非物质服务的行业。林业产业主要包括林木种植业、经济林培育业、花卉培育业、木材采运业、木材加工业、人造板制造业、木浆造纸业、林产化学加工业、林副产品采集加工业、森林旅游业等。林业产业作为重要的基础产业，除具有一般产业的共同属性外，还有自身的四大特征，即资源的可再生性，产品的可降解性，三大效益的统一性，一、二、三产业的同体性。可见，林业产业是一个涉及国民经济第一、第二和第三产业多个门类，涵盖范围广，产业链条长，产品种类多的复合产业群体，是国民经济的重要组成部分，在维护国家生态安全，促进农民就业，带动农民增收，繁荣农村经济等方面，有着非常重要和十分特殊的作用。

(三)我国林业产业现状

我国是世界上林产品生产、加工、消费和进出口大国，直接从事林业产业生产的人员遍及城乡。2014 年，全国林业产业实现总产值 5.256 万亿元，比 2013 年增长 11.1%。其中，木竹加工及产品制造业、经济林产品种植与采集业产值均突破 1 万亿元。广东、山东、福建、广西、浙江、江苏等省(自治区)林业产值均超过 3000 亿元。全国林产品进出口贸易额达 1380 亿美元，比 2013 年增长 9.5%。全国经济林产量 1.49 亿吨，油茶种植面积 5664 万亩，其中油茶产量达 51.8 万吨，产值 420 亿元，花卉种植面积 1841 万亩，木材产量 8178 万立方米，人造板产量 2.58 亿立方米。经济林产品、竹及竹制品、人造板、纸和纸板、松香等主要林产品的产量居世界第一。出口的人造板、木质地板和家具等为主的木材加工产品，几乎占美国市场的半壁江山。以木材为主的林产品不仅为生产提供了重要原材料，而且在很大程度上丰富和满足了生活消费。同时，林业产业有力地支持和促进了相关产业的发展，创造了大量城市就业机会，为满足国民经济建设、带动生态建设、提高生活质量方面做出了重要贡献。

多年来，林业产业发展迅速，但积淀的问题也十分突出。一是林业产业的森林资源支撑较弱，原料林基地建设缓慢，质量不高、效益较差，人造板企业自有原料林基地的不到 30%；二是林业产业的整体素质不高，经济增长方式粗放，林业的科技贡献率不高；三是林产品科技含量低、品牌意识薄弱，我国林产品国际知名品牌寥寥无几；四是林业机械制造业水平总体落后，高端林产品的加工机械主要依赖进口；五是林产品低端化，落后产能庞大的问题长期存在，尤其是人造板质量参差不齐，总体质量不高。

（四）林业产业发展思路与目标

我国在“十二五”期间，继续壮大林业产业规模。

第一，将大力发展绿色富民产业，包括大力发展油茶、核桃等木本粮油和特色经济林产业。大力发展林下经济，鼓励推广林药、林菌、林菜、林牧等立体开发、循环利用模式，实现长中短有机结合，上中下综合利用，林农牧复合经营，提高林地综合利用率和产出率，促进农民在较短时间内增收致富。加快发展森林旅游业，大力培育竹产业，加快培育花卉苗木生产，积极推进野生动植物繁育利用业，大力发展沙产业。

第二，加快木材战略储备生产基地建设，全面提高基地木材产出率，立足国内解决我国木材需求、建立一批木材基地县和国家木材战略储备基地、保障木材安全为目标，加强基础设施建设，力争使单位面积木材年生长量达到一般人工林的2倍左右。

第三，大力提升林产工业，包括加快木材加工产业结构调整，着力提高林产化工业水平，大力发展林纸一体化。

第四，发展林业战略性新兴产业，包括加快生物质能源林基地建设，积极培育林业生物产业、新能源产业和新材料产业。

到“十二五”末期，我国的商品林年产量将达到1亿立方米，人工林商品林供应率达到70%左右，主要经济林产品总产量将达到2亿吨，产值7000亿元；林业生物质能源占我国可再生能源比例达到2%；森林旅游累计接待游客18亿人次，产值7000亿元。到2020年，林业总产值将达到9万亿元，比2010年翻两番。

（1）野生动植物栽培利用方面

国家林业局拟选择林药植物和观赏植物作为培育发展的重点，实施优先开发和重点扶持。华北地区，重点选择肉苁蓉等物种进行培育利用；东北地区，重点选择黄檗、刺五加、人参、刺参、五味子等物种进行培育利用；华东地区，重点选择石斛、金线莲、罗汉松、重楼、红豆杉、兰花等物种进行培育利用；中南地区，重点选择杜仲、沉香、金花茶、兰花、红豆杉等物种进行培育利用；西南地区，重点选择甘松、川贝母、石斛、川木香、滇紫草、红景天、胡黄连、秦艽、兰花等物种进行培育利用；西北地区，重点选择肉苁蓉、甘草、黄芪、雪莲、软紫草、阿魏、锁阳等物种进行培育利用。到2020年，在全国建成2000个具有一定规模的野生植物培育利用产业发展基地，培育500家龙头企业和一批富有创新活力的中小企业，培育利用年产值达2000亿元以上。

(2)木本油料产业方面

木本油料产业的发展总目标是："力争到2020年，建成800个油茶、核桃、油用牡丹等木本油料重点县，建成一批标准化、集约化、规模化、产业化示范基地，木本油料种植面积从现有的1.2亿亩发展到2亿亩，年产木本食用油150万吨左右。"

(3)优势特色经济林方面

力争到2020年，优势特色经济林种植面积达2480万公顷，产品年产量达到3650万吨，优质产品率达到80%以上，果品加工比例达到30%以上，规划区内农民来自优势特色经济林年收入达到3000元。

(4)林下经济方面

力争到2020年实现林下经济产值和农民林业综合收入稳定增长，全国发展林下种植面积约1800万公顷，实现林下经济总产值1.5万亿元的目标。

打造一批各具特色的林下经济示范基地，实施品牌战略；重点扶持一批林下经济龙头企业，形成"龙头企业+专业合作组织+基地+农户"的生产经营格局；到2020年末参与林下经济的农民人数达到1.6亿人，来自林下经济人均年收入达到800元，培育出一批高素质的技术管理人才。

(五)我国的森林旅游业

森林旅游是指以森林旅游资源为主体，以森林、湿地、荒漠等多种类型的旅游资源为依托，在特定的森林等自然生态地域为旅游者提供游览观光、休闲度假、狩猎探险等产品与服务的特色旅游活动，是满足人们回归大自然愿望的一种特殊旅游方式。我国开展森林旅游的主体有森林公园、湿地公园、森林和野生动物类型及湿地类型自然保护区、国有林业局(场)所属林区、生态文明教育基地、沙漠景观旅游区、森林(沙生、水生)植物园、野生动物园、野生动物养殖场、狩猎场等。

目前，我国已建成各级森林公园达3000处，其中国家级超过800处，湿地公园、沙漠公园3681个，林业系统自然保护区2174处，国家生态文明教育基地30多个，还有大面积的沙漠景观旅游区，植物、野生动物园和狩猎场等不同形式的森林旅游目的地，为森林旅游的发展提供了丰富的自然资源基础和广阔的发展空间，也为公众增强生态保护意识，提升生态文明素养提供了宣传教育场所。

经过多年建设，我国基本形成了以森林公园为主体，森林公园、湿地公园和自然保护区旅游小区、林业观光园及其他类型森林旅游景区协同发展的森林旅游发展体系。各类旅游目的地的基础设施渐具规模。以森林公园为例，目前全国森林公园共拥有旅游道路超过7.4万千米，旅游车(船)总数超过3.7万台(艘)，接待床位80多万张，接待餐位140余万个。据统计，2014年全国森林旅游游客达8.5亿人次，森林旅游和林业休闲服务业年产值5965亿元人民币，占林业总产值的12.6%，森林旅游已成为中国林业第三产业中的主导产业。

2014年4月，国家林业局印发了《全国森林等自然资源旅游发展规划纲要(2013—2020年)》，计划到2020年，实现各类森林等自然资源旅游目的地总数达到9000处，规划设计9个林业旅游区和11条特色森林等自然资源旅游节。旅游人数达16亿人次，创社会综合产值达1万亿元，规划期内累计新增直接就业150万人，间接就业600万人，将森林等自然资源旅游培育成林业支柱产业，在满足城乡居民日益增长的生态空间需求的同时，成为展示美丽中国、传播生态文明的重要窗口。

(六)重点地区速生丰产用材林基地建设工程

重点地区速生丰产用材林基地建设工程，是我国六大林业重点工程之一。2002年8月正式启动，按照工程规划，根据森林分类区划的原则，在现有速生丰产用材林基地建设的基础上，主要选择在400毫米等雨量线以东，优先安排600毫米等雨量线以东范围内自然条件优越，立地条件好(原则上立地指数在14以上)，地势较平缓，不易造成水土流失和对生态环境构成影响的热带与南亚热带的粤桂琼闽地区、北亚热带的长江中下游地区、温带的黄河中下游地区(含淮河、海河流域)和寒温带的东北、内蒙古地区，具体建设范围涉及河北、内蒙古、辽宁、吉林、黑龙江、江苏、浙江、安徽、福建、江西、山东、河南、湖南、湖北、广东、广西、海南、云南等18个省(自治区)的1000个县(市、区)。

工程建设总规模为1333万公顷。其中，浆纸原料林基地586万公顷，人造板原料林基地497万公顷，大径级用材林基地250万公顷。总投资为718亿元。

整个工程建设期为2001—2015年，分两个阶段，共三期实施。

根据每公顷年平均生长量15立方米计算，全部基地建成后，每年可提供木材13 337万立方米，可支撑木浆生产能力1386万吨、人造板生产能力2150万立方米，提供大径级材1579万立方米。能提供国内生产用材需求量的40%，加上现有森林资源的采伐利用，国内木材供需基本趋于平衡。

（七）全国木材储备基地建设

目前，我国人工林保存面积超过10.4亿亩，居世界首位。但人工林木材产量1.55亿立方米，仅占全国木材总产量的46%，人工林人均木材供给量仅相当于人均年木材消费量的30%。我国人均0.76亩的人工林面积、1.8立方米的蓄积量，不能保障占全球20%的人口年人均0.38立方米的木材消费需求。近期可增加进口替代。长远来看，要按照“总量平衡、结构优化、进口适度、持续经营”的目标原则，立足发挥南方地区水、光、热条件优越的优势，做大做强木材储备生产基地，经过30年的努力，实现生产高效集约、资源永续利用的木材安全格局。

2012年，福建、广西、广东、湖南、云南、河南、江西等7省（自治区）率先开展木材战略储备基地示范建设，安排中央投资2.28亿元建设林木战略储备基地141.9万亩。截至2012年年底，7个示范省（自治区）共完成建设任务135.35万亩，占计划任务的95.4%。

2014年，木材储备生产基地建设省由7个扩大到15个。木材储备生产基地建设，优选中近熟林资源，划定国家储备林1500万亩，主要以松类、杉木、栎类、桉栲类等13个树种（组）为主，人工林林分平均蓄积量高出全国平均蓄积水平40%以上。重点储备培育大径级用材林1200万亩，改培储备乡土珍稀树种300万亩。2014年，木材储备生产基地建设已完成投资超过10亿元，建设木材基地600万亩。

九、我国的林业体制改革

(一)林业分类经营

林业分类经营是根据社会对生态和经济的需求，按照对森林多种功能主导利用的方向的不同，将森林五大林种相应划分为生态公益林和商品林两大类，分别按各自的特点和规律进行监督、管理和指导经营的一种林业管理体制和经营模式。实行商品林、公益林分类经营管理，在制定林地保护利用规划的基础上，依法把立地条件好、采伐和经营利用不会对生态平衡和生物多样性造成危害的区域中的森林和林木，划定为商品林；把生态区位重要或生态脆弱区域的森林和林木，划定为公益林。对公益林和商品林分别采取不同的管理体制、经营机制和政策措施。公益林按照公益事业进行管理，以政府投入为主吸引社会力量共同建设，提高森林管护质量和森林生态价值、景观价值；商品林将按照基础产业进行管理，主要由市场配置资源，发挥市场在配置资源中的基础作用，政府给予必要的扶持。凡纳入公益林管理的森林资源，政府给予所有者或经营者合理补偿。公益林建设投资和森林生态效益补偿基金，按照事权划分，分别由中央政府和地方政府承担。据 2008 年森林资源清查结果显示，全国公益林面积占 52.41%，商品林占 47.59%。

(二)集体林权制度改革

我国有林地面积为 18 138.09 万公顷，森林按林地权属主要有国有林地、集体林地，其中集体林地占 60.05%。长期以来，集体林权制度虽然数次改革，但产权不明晰、经营主体不落实、经营机制不灵活、利益分配不合理等问题仍普遍存在，制约了林业的发展。为进一步解放和发展林业生产力，发展现代林业，增加农民收入，建设生态文明，2008 年，中共中央国务院决定在全国全面推进集体林权制度改革，要求在 5 年左右的时间基本完成明晰产权、承包到户的改革任务，在此基础上，进一步深化改革，进行林权抵押贷款、林业保险、林业合作组织建立和发展等配套改革。

集体林权制度改革主要内容有四个方面：

(1)明晰产权

在坚持集体林地所有权不变的前提下，依法将林地承包经营权和林木所有权，通过家庭承包方式落实到本集体经济组织的农户，确立农民作为林地承包经营权人的主体地位。

(2)放活经营权

实行商品林、公益林分类经营管理。依法把立地条件好、采伐和经营利用不会对生态平衡和生物多样性造成危害区域的森林和林木，划定为商品林；把生态区位重要或生态脆弱区域的森林和林木，划定为公益林。对商品林，农民可依法自主决定经营方向和经营模式，生产的木材自主销售。对公益林，在不破坏生态功能的前提下，可依法合理利用林地资源，开发林下种养业，利用森林景观发展森林旅游业等。

(3)落实处置权

在不改变林地用途的前提下，林地承包经营权人可依法对拥有的林地承包经营权和林木所有权进行转包、出租、转让、入股、抵押或作为出资、合作条件，对其承包的林地、林木可依法开发利用。

(4)保障收益权

农户承包经营林地的收益，归农户所有。征收集体所有的林地，要依法足额支付林地补偿费、安置补助费、地上附着物和林木的补偿费等费用，安排被征林地农民的社会保障费用。经政府划定的公益林，已承包到农户的，森林生态效益补偿要落实到户；未承包到农户的，要确定管护主体，明确管护责任，森林生态效益补偿要落实到本集体经济组织的农户。

截至2013年年末，全国确权集体林地1.8亿公顷，占集体林地总面积的97.7%，发林权证面积1.76亿公顷，林改以来，共有9076.94万农户领到了林权证，占涉及林改农户的60.53%。

(三)国有林场和国有林区改革

新中国成立初期，为了加强生态建设和森林资源利用，由国家投资建立了一批国有林场和国有林区。国有林场是在集中连片的国有宜林荒山荒地建立的专门从事营造林和森林管护的事业单位，全国现有国有林场4855个，分布在31个省的1600多个县(市、区)，大多地处江河两岸、水库周边、风沙前线、黄土丘陵、硬质山区等区域。国有林区是新中国成立之初为了生产木材和管理森林，分别在东北、内蒙古、西南、西北森林资源丰富的地区建立的。黑龙江、吉林、云南、四川、青海、陕西、甘肃、新疆、内蒙古9省(自治区)建立了138个国有林业局，其中87个国有林业局组成了重点国有林区。

国有林场和国有林区在维护国家生态安全、木材安全、物种安全、粮食安全，促进国家经济建设等方面作出了重大贡献，但是也付出了沉重代价，面临的困难和问题日益严重。

长期以来，国有林场和国有林区管理体制不顺，经营机制僵化，投入渠道不畅。国有林场主要承担保护培育森林资源任务，虽为事业单位却实行企业化管理，经费自收自支，“不城不乡、不工不农、不事不企”，没有明确的支持政策和稳定的公共财政投资渠道。国有林区产权虚置，政事企不分，林区经济发展长期过度依赖森林资源消耗，导致可采资源枯竭、森林和湿地面积减少、自然生态系统严重退化、产业结构单一、经济转型困难，陷入“资源危机、经济危困”窘境。国有林场和国有林区还普遍面临着资源管理弱化、基础设施落后、债务负担沉重、职工生活困难等问题，推进国有林场和国有林区改革势在必行。

2015 年 2 月 8 日，中共中央国务院印发了《国有林场改革方案》和《国有林区改革指导意见》，明确了国有林场和国有林区改革的指导思想、总体目标、基本原则。改革的思路和目标很明确，一是保护生态，明确生态功能定位，以保护森林资源、维护生态功能作为改革的出发点和落脚点，切实保护好森林、湿地等自然生态系统，确保森林资源总量持续增加、生态功能持续增强、生态产品生产能力持续提高。二是保障民生，着力改善林场林区基础设施和生产生活条件，积极发展替代产业，优化产业结构，拓宽职工就业渠道，妥善安置富余职工，完善社会保障机制，确保职工就业有着落、基本生活有保障。三是创新体制，理顺各方关系，实现政企事分开，强化政府的社会管理和公共服务职能，剥离国有林场和森工企业承担的社会管理和办社会的职能，创新内部管理机制，完善国有林场和国有林区的社会管理体制和森林资源监管体制，转变发展方式。通过改革，林场和林区可望增加森林面积 1 亿亩以上，增加森林蓄积量 10 亿立方米以上，并全面停止天然林商业性采伐。2020 年前要全面完成改革任务。

国有林场改革的重点主要有 3 个方面：

(1)明确功能定位

将国有林场主要功能明确定位于保护培育森林资源、维护国家生态安全。

(2)合理界定属性

分三类界定国有林场的属性：第一类，原为事业单位的国有林场，主要承担保护和培育森林资源等生态公益服务职责的，继续按公益服务事业单位管理，从严控制事业编制；第二类，原为事业单位的国有林场，基本不承担保护和培育森林资源而主要从事市场化经营的，推进转企改制，暂不具备转企改制条件的，剥离企业经营性业务；第三类，目前已经转制为企业性质的国有林场，原则上保持企业性质不变，或探索转型为公益性企业，确有特殊情况的，可以由地方政府根据本地实际合理确定其属性。

（3）创新管理机制

在内部管理上，科学核定国有林场事业编制，用于聘用管理人员、专业技术人员和骨干林业技能人员，经费纳入同级财政预算。实行以岗位绩效为主要内容的收入分配制度，经营性活动实行“收支两条线”。公益林管护积极引入市场机制，可以通过合同、委托等方式面向社会购买服务。明确森林资源监管主体，由国家、省、市林业部门分级监管，对林地性质变更、采伐限额等强化多级联动监管。将森林资源考核结果作为综合考核评价地方政府和有关部门主要领导政绩的重要依据，对国有林场场长实行森林资源离任审计。实施森林资源经营管理制度，启动森林资源保护和培育工程，合理确定国有林场森林商业性采伐量，建立森林资源有偿使用制度。

国有林区改革的重点也主要有3个方面：

（1）有序实施“一停一转”

在黑龙江停伐试点的基础上，有序停止国有林区天然林商业性采伐，积极推进森林科学经营，加快发展林业产业，转变林区发展方式。这标志着重点国有林区从开发利用转入全面保护的新阶段。

（2）逐步推进“一分一建”

即逐步推进政企事分开，逐步建立精简高效的国有森林资源管理机构。剥离企业的社会管理和办社会职能，移交给地方政府承担。按照“机构只减不增、人员只出不进”原则，实施森工企业改制，通过多种方式逐年减少管理人员，最终实现合理编制和人员规模，逐步整合规模小、人员少、地处偏远的林场所。

（3）积极推进“两项创新”

即积极创新森林资源的管护机制和监管体制。森林资源管护凡能以购买服务方式实现的，要面向社会购买。重点国有林区的森林资源产权归国家所有，由国务院林业主管部门代表国家行使所有权、履行出资人职责。

十、我国林业生态建设面临的形势与展望

（一）我国经济发展进入新常态

1. 新常态的特征

我国经济从10%左右的高速增长转向7%左右的中高速增长，经济发展从要素驱动、投资驱动转向创新驱动，经济发展动力正在发生变化。

2. 新常态呈现的新趋势

模仿型排浪式消费基本结束，个性化、多样化消费渐成主流；传统产业相对饱和，但新技术、新业态等投资机会大量涌现；高水平引进来、大规模走出去正在同步发生；要素的规模驱动力减弱，经济增长将更多依靠人力资本质量和技术进步；环境承载能力已经达到或接近上限。

3. 新常态面临的新挑战

经济增速下行，就业压力凸显，传统产业快速收缩，新的动力难以很快形成，多种风险可能集中释放。

4. 新常态带来的新机遇

为全面深化改革注入了新动力，为调整产业结构提供了新契机，为加强技术创新增添了新压力，为提升生态承载力提出了新要求，为改善生态环境腾出了新空间。

（二）新常态下林业发展的优势

新常态下，发展生态林业、民生林业有着巨大的优势和潜力。

1. 消费需求

生态需求已成为社会的主导需求之一，人们对改善生态的愿望越来越迫切，对生态产品的需求越来越旺盛，尤其是林产品种类繁多、绿色环保，符合个性化、生态化的消费趋势，具有巨大的消费潜力。

2. 投资需求

我国生态建设与保护的投资需求巨大。2014年，中央财政投入林业的资

金1517亿元，涉林贷款2083亿元。按照46.5亿亩林地计算，平均每亩只有77.4元，再加上8亿亩湿地和39亿亩荒漠化土地，平均每亩仅为38.5元。同时，林区基础设施极为薄弱，有着巨大的投资需求。特别是对生态建设与保护的投资，形成的是非常稀缺的生态资本和绿色资源，这已成为新常态下投资的战略重点之一。

3. 市场空间

无论是国内还是国际，对林产品的需求都十分强劲。经济越发展，人们生活水平越高，对林产品的需求量越大。2002年，我国消费木材1.83亿立方米，2013年达到5.22亿立方米，增加近2倍，对外依存度急剧上升到47.7%。同时，全球林产品消费量也大幅增加，林产品有着巨大的国际市场。

4. 就业潜力

我国GDP每增长一个百分点，能够带动130万～150万人就业。据研究，1998—2011年居民休闲消费每增加1亿元，与之相关的就业人数就增加4826人。我国有3681个森林公园、湿地公园、沙漠公园和2174个林业自然保护区，森林旅游和林业休闲服务业年产值5965亿元，仅占林业产业总产值的12.6%，增长潜力和就业空间很大。从产业结构看，林业产业属于生态产业、生物产业、碳汇产业，是产业转型升级中国家鼓励发展的产业，不仅可以促进绿色增长、绿色外贸、绿色就业，而且可以为我国二氧化碳减排提供战略支撑，还可以为发展生物质能源、生物制药和新材料提供重要基础。特别是木变油等技术的突破和竹缠绕复合管道新材料的应用，为维护国家能源安全和资源安全开辟了新渠道。

5. 区域发展

发展林业可以加快边远地区、少数民族地区和革命老区发展，增加贫困人口收入，促进区域经济平衡发展和城乡之间协调发展，让欠发达地区人民群众共享改革发展成果。

(三)林业生态建设的目标

党的“十八大”把生态文明建设同经济、政治、文化、社会建设一起作为建设美丽中国和建设中国特色社会主义事业的五位一体总体布局之一。美丽中国是时代美、社会美、生活美、百姓美、环境美的总和，其中环境优美宜居是美丽中国的显著标志，绿色是美丽中国的基色色调和核心元素，建设美丽中国必须坚持以绿色为本。生态文明的理念就是尊重自然、顺应自然、保护自然，人与自然和谐相处，发展林业是建设生态文明的重要基础、重要途径和首要任务。林业在生态文明建设中承担着保护自然生态系统、实施重大生态修复工程、构建生态安全格局、推进绿色发展、建设美丽中国、为应对全球气候变化做贡献等六大职责。

紧紧围绕美丽中国、实现中华民族永续发展的宏伟目标，按照中央提出的“要把发展林业作为建设生态文明的首要任务”的要求，到2020年森林覆盖率达到23%以上，森林蓄积量达到150亿立方米以上，湿地保有量达到8亿亩以上，自然湿地保护率达到60%，新增沙化土地治理面积达到20万平方千米，林业产业总产值达到10万亿元，义务植树尽责率达到70%，构筑坚实的生态安全体系、高效的生态经济体系和繁荣的生态文化体系，切实担当起生态文明建设赋予林业的历史使命。为了适应生态文明建设对新时期林业发展提出的更高要求，国家林业局组织编制了《推进生态文明建设规划纲要（2013—2020年）》(以下简称《纲要》)，成为今后一个时期推进生态文明建设、指导和引领林业发展的纲领性文件。

（四）林业生态建设的基本框架

1. 构建十大国土生态安全屏障

在“两屏三带多点”的国土生态安全战略框架下，着力构建东北森林屏障、北方防风固沙屏障、东部沿海防护林屏障、西部高原生态屏障、长江流域生态屏障、黄河流域生态屏障、珠江流域生态屏障、中小河流及库区生态屏障、平原农区生态屏障和城市森林生态屏障等十大国土生态安全屏障，稳固生态基础、丰富生态内涵、增加生态容量，为生态文明建设提供安全保障。

2. 培育和发展十大绿色富民产业

以林业资源优势为基础，以市场需求为导向，优化配置林业生产力布局，重点培育和发展木材及其他原料林培育、木本粮油和特色经济林产业、森林旅游、林下经济、竹产业、花卉苗木产业、林产工业、林业生物产业、野生动植物繁育利用产业、沙产业等十大绿色富民产业，构建惠民、富民的绿色产业经济发展框架，为生态文明建设提供经济活力。

3. 构建五大体系

紧紧围绕生态林业和民生林业两条主线，《纲要》提出着力构建国土生态空间规划体系、重大生态修复工程体系、生态产品生产体系、维护生态安全的制度体系和生态文化体系，全面推进生态文明建设。

(1)国土生态空间规划体系

根据党的“十八大”加快实施主体功能区战略和《全国主体功能区规划》要求，构建国土生态空间规划体系，完善森林保护、湿地保护、荒漠治理、生物多样性保育四大空间规划，进一步提升林业在生态保护与建设中的主体地位。

(2)重大生态修复工程体系

继续以大工程推动全国自然生态系统的修复与恢复，重点实施天然林资源保护，退耕还林，三北防护林体系建设五期，沿海防护林体系建设，长江、珠江流域及农田防护林体系建设，湿地保护与恢复，京津风沙源治理二期，岩溶地区石漠化综合治理，全国野生动植物保护及自然保护区建设，全国极小种群野生动植物拯救保护十大生态修复工程。

(3)生态产品生产体系

增加生态产品的有效供给，发展绿色富民产业，增强林业碳汇功能。

(4)维护生态安全的制度体系

完善生态安全法制体系，修订完善并研究制定一批法律法规、部门规章和规范性文件，推动地方制定相应的实施性法规。健全生态文明制度体系，逐步建立健全绿色核算制度、国土生态空间开发分级控制和生态保护制度、生态补偿制度、生态监测评估体系和重点生态功能区生态考评制度、生态保护责任追究制度和生态破坏处罚制度等。

(5)生态文化体系

培育生态文明价值体系，将生态文明融入社会主义核心价值体系，在全社会树立生态文明理念。强化生态文化传承创新和宣传实践，建立生态文化数据库，加强生态文化体系理论研究和宣传力度。

4. 开展十项重大行动

为实现林业推进生态文明建设的战略目标和任务，在推进生态文明建设进程中，《纲要》着重突出开展十项重大行动。

(1)生态红线保护行动

科学划定林地和森林红线、湿地红线、沙区植被红线、物种红线 4 条生态红线，保证全国林地面积不低于 46.8 亿亩，森林面积不低于 37.4 亿亩，森林蓄积量不低于 200 亿立方米；全国湿地面积不少于 8 亿亩；全国治理和保护恢复植被的沙化土地面积不少于56万平方千米；确保各级各类自然保护区严禁开发，确保现有濒危野生动植物得到全面保护，维护国家物种安全。严格守住生态红线，推进生态用地可持续增长。

(2)重点生态功能区建设行动

实施区域性生态保护和修复，加快编制国家重点生态功能区生态保护与建设规划，指导和规范各功能区的生态保护和建设工作。加快推进生态功能区生态保护和修复，加强林业禁止开发区保护和管理，构建以重点生态功能区以及重大生态修复工程为核心的综合生态监测评估体系。

(3)森林保育和木材储备行动

加强重点林木良种基地建设和种质资源保护，加强森林经营，加快国家木材战略储备基地建设，强化森林保护，确保实现森林面积和森林蓄积增长目标，维护国家木材安全。

(4)湿地修复行动

加强湿地保护与恢复，科学构建湿地保护网络体系，积极推进湿地保护法制建设，全面深化湿地保护国际交流与合作，提高湿地保护、管理和合理利用能力，使我国自然湿地得到良好保护，逐步恢复湿地生态功能。

(5)沙化土地封禁行动

对暂不具备治理条件的，以及因保护生态需要不宜开发利用的连片沙化土地实行封禁保护，划建沙化土地封禁保护区，开展封禁设施建设和监管能力建设，妥善安置农牧民生产生活，促进荒漠植被自然修复。

(6)物种拯救行动

加强极小种群野生植物拯救保护、重点野生动物保护和野生动物疫源疫病防控，使95%以上的极小种群野生动植物和国家级自然保护区以外80%的重要生境得到保护。

(7)城市林业建设行动

大力开展森林城市创建活动，积极推进绿色城镇化，通过创建森林城市，增加城市绿色元素，绿化、美化、净化城市环境，打造宜居城市，提升人民生活品质，保障城镇化绿色发展。

(8)美丽乡村建设行动

大力开展村庄绿化美化活动，积极推进兴林惠民，发挥林业生态、经济、社会综合效益，绿化美化乡村环境，促进农民就业增收，维护农村社会稳定。

(9)木本粮油发展行动

加大高产稳产木本粮油树种的培育和推广，实行标准化生产和管理，推进加工体系建设和强化产品质量安全，重点建设油茶、核桃、油橄榄、板栗、枣等木本粮油生产基地。

(10)生态文明宣教和林业信息化行动

开展生态文明宣教活动，夯实生态文明建设基础，通过开展生态文明宣教和生态文明单位创建活动，使全民生态文明意识普遍增强，生态文明观念广泛传播。加快构建智慧林业管理体系，充分利用物联网、云计算、大数据、移动互联网等新一代信息技术，推进智慧林业建设，努力提升林业信息化服务水平。

(五)我国林业工作的总要求

林业要适应新常态、实现新发展，必须始终坚持改善生态、改善民生的根本任务不动摇，坚持发展生态林业、民生林业的旗帜方向不走偏，坚持服务大局、服务基层的职责使命不放松，以更大的拼劲、更强的韧劲，坚定不移地推进林业改革发展。当前和今后一个时期，全国林业工作的总体要求是：深入贯彻落实党的十八大和十八届二中、三中、四中全会精神，认真学习领会习近平总书记系列重要讲话精神，牢固树立中国特色社会主义生态观，坚持以建设生态文明为总目标，以改善生态、改善民生为总任务，以全面深化林业改革为总动力，紧紧围绕建设美丽中国，认真实施《推进生态文明建设规划纲要》，创新林业体制机制，转变林业发展方式，完善生态文明制度，加快依法治林进程，着力解决生态林业、民生林业建设中的重大问题，加快推进林业治理体系和治理能力现代化，充分释放生态林业、民生林业强大功能，为全面建成小康社会、实现中华民族伟大复兴的中国梦不断创造更好的生态条件。

通过本节的学习，我们对林业会有一个初步的了解，在党中央的正确领导下，我们深信在不久的将来，我国的林业事业将会出现蓬勃发展的新局面，林业职业也将会成为人们羡慕的职业之一。正如新中国第一位林业部长梁希先生所讲的那样：“无山不绿，有水皆清。四时花香，万壑鸟鸣。替河山装成锦绣，把国土绘成丹青。新中国的林人，同时也是新中国的艺人。”林业是绿色的事业，林业人是最值得骄傲的人。

单元 3

学籍管理规定

我们知道，作为一名公民要有国籍，作为一名党派成员要有党籍，作为一名军人要有军籍，作为一名学生也要有作为某校学生的学籍。“籍”意为登记隶属关系的簿册，学籍就是登记学生姓名的册子，专指作为某校学生的一种法律上的身份或资格。学生一旦按规定获得了某所学校的学籍，就享有使用该学校提供教育教学资源，参加学校教育教学计划安排的各项活动，完成学校规定学业后获得相应学历证书的权利；同时也有履行遵守学校管理制度，按规定缴纳学费及相关费用，刻苦学习，遵守学生行为规范的义务。本单元给大家介绍学籍管理的有关规定。

一、入学与注册

学籍管理是学校学生管理的重要组成部分，它关系到学生的学习资格、学习状态及结果的认定。教育部2005年3月25日颁布了《普通高等学校学生管理规定》，2010年5月13日又颁发了《中等职业学校学生学籍管理办法》，各学校根据本校实际再制定实施细则。

学籍管理的范围比较广泛，主要涉及入学与注册、纪律与考勤、休学与复学、转学与退学、颁发学历证书和学位证书、奖励与处分等管理活动。自2001年开始，学籍管理已逐渐实行电子注册制度。未进行电子注册的学生，毕业时不能获得国家承认的毕业证书。

（一）入学报到

按国家和省级有关部门招生规定录取的新生，持录取通知书及本人身份证或户口簿，按学校有关要求和规定的期限到校办理入学手续。因故不能按期入学者，应当向学校请假。未请假或者请假逾期者，除因不可抗力等正当事由以外，视为放弃入学资格。

新生报到时，向学校交纳学费、住宿费、预收的教材费等。学费的收取标准是按年生均教育培养成本的一定比例，由学校提出经学校所在地的省级人民政府批准后实施的。学费按学期或学年收取，中等职业学校从2012年秋季学期起免收学费。

新生入学后，学校在三个月内按照国家招生规定对其进行复查。复查合格者予以注册，取得学籍。复查不合格者，由学校区别情况，予以处理，直至取消资格。复查内容主要包括：

①是否符合国家招生规定，即是否符合报考条件，是否参加招生统一考试，保送生、推免生是否符合条件，是否经过省级招办录取、备案等；

②新生体检复查，身体情况是否符合国家关于高、中等学校学生的体检标准或要求。

发现对于弄虚作假、徇私舞弊取得学籍的，如报名、考试、录取过程作假、作弊；他人帮助作假、作弊；入学复查时发现有作假、舞弊行为；虽已经取得学籍但发现有作假、舞弊行为，处理没有时间限制，一经发现查实，学校应当立即取消其学籍。对情节恶劣的弄虚作假、徇私舞弊行为，学校应视其具体情形提请教育行政部门、纪检、监察和司法部门予以查究。

对患有疾病的新生，经学校指定的二级甲等以上医院诊断不宜在校学习的，可以保留入学资格一年。保留入学资格者不具有学籍。在保留入学资格期内经治疗康复，可以向学校申请入学，由学校指定医院诊断，符合体检要求，经学校复查合格后，重新办理入学手续。复查不合格或者逾期不办理入学手续者，取消入学资格。复查合格取得学籍的，予以进行学籍注册。

（二）新生学籍电子注册

新生学籍电子注册，是指高校通过学籍学历信息管理平台，在网上核对新生录取信息。未进行学籍电子注册的新生，将不能获得学籍，毕业时不能获得国家承认的毕业证书。新生办理入学手续后，应当按照学校规定时间进入学校制定系统填写并认真核对相关个人信息。新生录取信息内容包括：考生号、姓名、性别、民族、出生日期、身份证号、入学年月；录取院校、专业、层次[本科、专科（高职）、预科]，录取类型（统考、单招、保送等）。新生学籍电子注册应于每年的 11 月底前完成。

录取工作结束，教育部将全国录取新生数据分发至学校所在地省级教育行政部门，学校向所在地省级教育行政部门核对本校新生名单后予以注册，省级教育行政部门将注册新生数据报教育部门审核备案。普通高等学校和省级教育行政部门分别在各指定网站公布已注册新生学籍信息，学生可进入网站查询本人学籍注册情况。省、校两级网站中无学生信息者即无学籍，不能获得国家承认的学历证书。中国高等教育学生信息网（学信网）（http：//www. chsi. com. cn）是教育部指定的学籍、学历查询唯一网站。学生可按规定要求登录网站查询学籍。

（三）学年电子注册

教育部 2008 年 10 月颁布了《关于普通高等学校学生学年电子注册的通知》（教学司[2008]21 号），规定自 2008 年起实行普通高等学校学籍、学年电子注册制度。

学生学年电子注册，是指高校通过学籍学历信息管理平台，对在校各年级学生新学年学籍注册、上一学年学籍变动和奖惩等情况进行电子标注。

学生学年电子注册，是对在校学生新学年学习资格的认定，是加强高校学生在校期间全过程规范化、信息化的管理与监控。每学期开学，学生应当按学校规定办理注册手续(一般要求为每学期开学两周内办理注册手续)，如在规定时间仍未完成办理注册手续的，无论是否在校，均视为自动放弃学籍，作自动退学处理。学生学年电子注册内容包括在校生新学年注册和上学期学籍变动、学籍记载、学籍注销，以及学生取得的其他证书的标注。

学年电子注册应于每学年第一学期开学后一个月内完成。学籍注销应在学籍处理后15个工作日内完成，注册的学籍信息通过中国高等教育学生信息网对学生提供查询。

2014年11月15日，教育部发布中等职业学历教育学生学籍电子注册试行办法(教职成〔2014〕12号)，中等职业教育学生也开始实行新生学籍电子注册和每学期的学籍电子注册。

二、学生学籍档案

(一)学籍档案的作用

学生学籍档案是学生在校期间形成的，反映学生德、智、体及家庭政治、经济状况的个人档案材料。它记录了学生个人成长的整个过程，是学校考察、录选、培养、教育学生过程中形成的第一手资料。当学生步入社会，学生学籍档案将转换成人事档案。人事档案是我国人事管理制度的一项重要特色，它是个人身份、学历、资历等方面的证据，与个人工资待遇、社会劳动保障、组织关系紧密挂钩，具有法律效用，是记载人生轨迹的重要依据。如果没有档案，个人的一些权益就得不到保障。

(二)学籍档案的内容

学生学籍档案中记载并保存下列材料：

①招生材料：招生录取材料，主要是高中学籍材料，如高中毕业生登记表、学年鉴定表、高考报名登记表、填报志愿表、高考体检表等。

②学习材料：即学习成绩表(卡)、学生在校期间各学期主修、选修和辅修各门类课程的成绩单(表)，包含德育考评成绩。

③学籍材料：学生学籍卡，学籍变动情况，如休学、退学、转学、转专业、出国、死亡等材料证明。

④毕业材料：学生实习成绩鉴定表、毕业论文（设计）成绩鉴定表、综合鉴定表（整个大学期间总的评定）、毕业生登记表、毕业体检表、毕业生就业报到证等各类材料。

⑤奖励材料：学生在校学习期间获得的校级以上表彰奖励活动中形成的各种材料，如三好学生、优秀学生干部、优秀团员、优秀团干部、优秀毕业生、专项奖学金等评审证明材料。

⑥处分材料：学生在校期间违反校规校纪，触犯国家法律等形成的各类处分材料。

⑦贷款材料：学生在校期间享受国家助学贷款证明材料，如助学贷款登记表和各种辅助材料。

⑧组织材料：学生在校期间加入中国共产党、共产主义青年团或其他党派、团体等组织材料。

⑨更正材料：相关部门提供的更改姓名、民族、出生日期、入党入团时间等材料，个人申请、组织审查报告及所依据的证明材料、上级批复等材料。

⑩入学录取通知书、学生入学体检表、军训登记表等。

⑪学生参加社会实践登记表。

⑫有工作经历的个人人事档案材料。

⑬可供组织及社会录用人才时参考的其他材料。

（三）学籍档案填写要求

新生入学后，学校就开始为学生建立学籍档案。每位新生要填写新生入学登记表，记载学生的个人基本信息，主要内容包括：姓名、性别、年龄、民族、籍贯、出生年月日、身份证号、政治面貌、专业、班级、联系方式、家庭住址、父母及家庭成员情况、生源学校等。

在填写时，要用黑色墨水钢笔或黑色签字笔书写。姓名书写要准确，不能写同音字；曾用名也要填写。个人不能随意改名，户口、身份证、学籍卡上的姓名应一致，各种表格上的姓名、出生年月应一致。照片要求是免冠近照；反映父母、亲属政治面貌、工作单位、住址、邮编、电话等基本情况的文字材料要真实清楚。学生档案放在学校教务处管理。

三、教育形式与修业年限

（一）教育形式

职业教育的教育形式按在校的学习时间分为全日制和非全日制。全日制的教育形式是指学生在国家规定的修业年限内，全日在校学习的教育形式。采取全日制教育形式的学校称为全日制学校。非全日制的教育形式是指学生在规定的修业年限内，部分时间在校学习，其他利用业余时间进行学习，或者全部利用业余时间进行学习的教育形式，如自学考试、函授、远程教育、广播电视大学、夜大、职工大学等。

（二）学年制

在全日制学历教育的学校中，多实行学年制的教学管理制度，即以读满规定的学习时数和学年、考试合格为毕业标准，又称学年学时制。其学年和学时数根据不同专业的培养目标，既规定一定的修业年限，又规定一定的学时数。每一学年的课程，包括必修课程和选修课程的门类和教学时数，都有严格的规定，以确保人才培养的规格和质量。

（三）学分制

学分制是与学年制对应的教学管理制度，把规定的毕业最低总学分作为衡量学生学习量和毕业标准。学分制有两种比较成熟的类型，一种是完全学分制，把必须取得的毕业学分作为毕业标准，它要求按照培养目标和教学计划中各门课程及教学环节的学时量，确定每门课程的学分，设置必修课和选修课，规定各课程的比例，以及准予学生毕业的最低总学分。另一种是学年学分制，学年学分制既保留了学年制计划性强、专业分类严密完整的特性，又具有学分制的某些长处，如在对课程的选修方面，给予学生一定范围的自由度等。学分制的最大优点是以弹性的教学计划和学制代替了刚性的教学计划和学制，允许学生根据自己的能力与兴趣安排个人的修学计划和选择课程，甚至可以随时改变专业。

(四)弹性学制

弹性学制作为一种现代教学管理制度，它是在学分制的基础上演变而来的，是学分制的另类发展和表现，与学分制相辅相成。这种教学管理方式，能让学生根据自己的学习兴趣、学习能力、学习时间，自行安排自己的学习年限的一种弹性学习制度，具有以下特点。

1. 学习时间的伸缩性

弹性学制则是以基本修业年限为参考，允许学生提前毕业或延后毕业。学生可以在修业年限内缩短1年(提前毕业)或延长1~2年(延后毕业)完成学业。基础扎实、学习能力强、肯钻研、学有余力的拔尖学生，有缩短学习年限提前毕业的可能；而基础知识掌握较差，学习有困难的学生可以放慢学习进度，少选课，通过延长在校修业的年限，减轻学习负担，最终取得毕业。

学校考虑到人才培养的计划性和专业学习的连续性，弹性学制的修读年限不是任意无限期缩短或延长，而是以学历教育的基本修业年限为依据，确定学生修读的最短及最长年限。专科教育为2~5年，本科教育为3~7年(也有学校为8年)。允许学生在该年限的最大弹性限度内自由选择学习进度。对于中职教育，初中毕业起点或具有同等学力人员学习时间原则上为3~6年，高中毕业起点或同等学力人员，原则上为1~3年。

2. 学习过程的实践性

学生可结合自己的实际情况安排学习时间和方式，即自由选择学习时间和方式，分阶段完成本专业制订的课程体系。如学生可选择勤工俭学、工学交替(如一些家庭困难学生)，或因身体状况暂时休学，或申请停学外出创业，或其他原因造成未在基本规定年限内修满教学计划规定学分的学生，可以分阶段完成学业。

3. 学习自由度的选择性

课程学习的内容、学习时间、学习进度、学习的方式方法，甚至学习的专业方向、上课教师等，学生可根据自己的喜好进行自主选择安排，也可以选择修辅其他专业课程。当然，这种自主选择是在专业课程体系的基础上进行的。

1999年6月颁布的《中共中央国务院关于深化教育改革 全面推进素质教育的决定》中指出：“高等学校和中等职业学校要创造条件实行弹性的学习制

度，放宽招生和入学的年龄限制，允许分阶段完成学业。”

（五）修业年限

全日制职业教育的基本修业年限，对于中等职业教育，只要招收初中毕业生或具有同等学力者，基本学制以 3 年为主，招收普通高中毕业生或同等学力者，基本学制以 1 年为主。实行学分制的学生，提前毕业一般不超过 1 年，推迟毕业一般不超过 3 年。

专科层次的职业教育为 2～3 年，本科层次的职业教育为 4～5 年。

四、课程考核

（一）形成性考核和终结性考核

课程是指所有学科（教学科目）的总和，或学生在教师指导下各种活动的综合，它是人才培养的“施工蓝图”。

考核，即考察审核，是指学生课程学习过程的测评和课程学习效果的综合评定，以及与教学目标的核对与考证。

职业院校的课程考核分形成性考核和终结性考核。课程形成性考核是指依据一定的标准，按照一定的程序和方法，定期或不定期地对学生课程学习过程和状况进行考核和评价，并将考察和评价的结果作为给定学生课程学业成绩依据的过程。课程形成性考核按类型划分，主要有平时作业考核、平时课程学习表现考核、阶段性成绩测验考核、专业设计的大作业考核、实践性作业考核等。

终结性考核是在学完某门课程或某个重要部分之后进行的旨在评价学生是否达到教学目标要求的概括性水平较高的测试和成绩评定。一般通过期末各门课程的考核考试、毕业考试、毕业实习、毕业设计、综合性实验考核等形式进行。

（二）考核方式

课程考核一般分为考试和考查两类。考试亦称测评，考试注重了解目前水平，即知识能力所达到的水准。考查，指依据一定的标准检查、衡量的过程，目的是评定或审核，考查则注重了解某一方面的能力与素质形成的结果与高度，如对知识的掌握，运用知识能力，掌握技能的熟练程度与过程等。

考试一般是在完成教学过程中的一个阶段之后进行，主要有期中、期末、学年和毕业考试。方式有笔试(开卷或闭卷)、口试、实物考试和实际操作考试等。考查是属于平时日常检查的一种考核方式，主要有课堂复习提问、检查书面作业、黑板演练和演示、独立作业和小测验、实践或操作性作业、作品产品评价、日常观察等。

对于学生思想品德的考察、鉴定，以《学生行为准则》为依据，采取个人小结，师生民主评议等形式进行。

(三)考核成绩评定

课程考核成绩通常采用综合评定方式，即根据平时成绩(包括平时测验、期中考试、作业、课堂讨论、课堂表现、论文、考勤等)和期末考试成绩综合评定。平时成绩占30%~60%，期末考试成绩占40%~70%。课程考核采取五级评分制或百分制记分。以百分制计分的，60分为及格，及格及以上取得该门课程的学分。五级评分制为优、良、中、及格、不及格。实训(实验)教学课程、考查课程、操行评定一般都采用五级分制，考试一般采用百分制。课程考核和各种教育环节考核的成绩都记入学生成绩册和学生管理档案，并在毕业时归入本人档案中。

采取弹性学习形式的中等职业学校学生的专业能力评价可以视其工作经历、获得职业资格证书情况，折并相应学分或免于相关专业技能课程考试、考查。

(四)成绩不及格的处理

学生在校修读期限内，每学期或每学年，学校都有规定的要修读的课程和应修的学分数。对于考核成绩不及格的课程，要进行补考。学生缺课累计超过该门课程总学时数的1/3或未交作业达到作业量1/3的，不得参加该课程考核，必须重修。因故不能参加考核的课程，经学校批准可缓考。学生在课程考核中违纪作弊的，所考核课程的成绩作废并视情节给予处分。除开除学籍者外，经教育表现好的，在毕业前可对该课程给予补考或辅修机会。实行学年制毕业的学生课程考核不及格并达到一定门数要做降级或退学处理。学业成绩优秀的学生，经本人申请，学校审批后，可以参加高一年级的课程考核，合格者可以获得相应的成绩或学分。学生可以根据学校有关规定，申请辅修其他专业或选修其他专业课程。学生根据校际间协议可以跨校修读课程，并将其修读课程成绩或学分由本校审核后予以承认。

五、学籍异动

学籍异动是指学生学籍变动，包括留学、降级、休学、复学、保留入学资格、退学、转学、转专业等。学生学籍异动的申请经学籍管理部门批准后，出具学校正式文件，由教务处汇总学籍异动情况，定期在教育部的在校生数据库中进行异动处理，并报省教育厅审核备案。学籍异动的学生，毕业时按异动后的学籍信息取得学历证书并进行学历证书电子注册；未按规定程序办理学籍异动的学生，学校、教育行政部门不予承认，不能颁发相应的学历证书。

（一）转专业

学生本人入校后申请转专业，一般需要符合下列条件：

①学生确有特长，转专业更能发挥其专长；

②学生入学后因患某种疾病或生理缺陷，经县级以上医院证明不宜在原专业学习，但尚能在本校其他专业学习；

③学生确有某种特殊困难或非本人原因，如学生留级或休学，复学时原专业已停止招生，不转专业则无法继续学习。

另外，已经享受免学费政策的涉农专业学生原则上不可转入其他专业，特殊情况应当经省级教育行政部门批准。毕业年级学生不得转专业。采用弹性学习形式的学生原则上不可转专业。

转专业应由学生本人提出申请，设有院系的学校，要经转出专业院系同意并经转入院系审核认可，最后由学校或学校教学管理部门批准。跨专业大类转专业，原则上在一年级第一学期结束前办理；同一专业大类内转专业原则上在二年级第一学期结束前办理。

（二）转学

学生一般应在被录取学校完成学业。高等学校学生因患有某种疾病或生理缺陷及确有特殊困难（如学生不服当地水土，家庭发生变故等）无法继续在本校学习的可以申请转学。有下列情形之一的不可转学：

①入学未满一学期的；

②由招生时所在地的下一批次录取学校转入上一批次学校、由低层次学历转为高学历层次的；

③招生时确定为定向、委托培养的；

④应予退学的；

⑤其他无正当理由的。

中等职业学校学生因户籍迁移、家庭搬迁或个人意愿等原因可以申请转学。但在中等职业学校学习未满一学期的不予转学，毕业年级学生不予转学，休学期间不予转学。普通高中学生转入中等职业学校，其学习时间不得少于一年半。另外，采用弹性学习形式的学生原则上不予转学。中等职业学校学生转学由学生本人和监护人提出申请，经转出学校同意，再向转入学校提出申请，经转入学校同意后办理转学手续。对跨省转学的学生，由转入、转出学校分别报所在市级和省级教育行政部门备案。高等学校学生转学，经两校同意，由转出学校报所在地省级教育行政部门确认转学理由正当，可以办理转学手续；跨省转学者由转出地省级教育行政部门商转入地省级教育行政部门，按转学条件确认后办理转学手续。须转户口的由转入地省级教育行政部门将有关文件抄送转入校所在地公安部门。

（三）休学与复学

所谓休学，是指具有某校学籍的学生因某种原因暂时中断学业，待休学原因排除之后，再复学继续学习的学籍管理制度。

学生因工作和自主创业需要分阶段完成学业，因病（需提供县级以上医院病情诊断证明书），因参军服兵役等需要休学，可由学生本人和监护人提出申请，学校审核同意，报教育行政部门备案。学生休学期间保留学籍，计入在校年限。学生休学期限、次数由所在学校规定。因学生依法服兵役而休学的，其学籍保留至退役后一年。

学生休学必须办理休学手续，否则失去其学籍。学生休学应当离校，回父母或自己家庭或工作单位所在地，学校保留其学籍。休学期间不得返校上课考试。

学生休学期间，尽管仍然具有学籍，但不享受在校学习学生的待遇，即不参加奖学金、三好学生评选，不享受副食补贴、学杂费减免、助学贷款和勤工助学等待遇。休学学生患病，其医疗费按学校规定处理。

学生休学期满，如果要继续学习，应当在学期开学前于学校规定的时间内提出复学申请，经学校复查合格，方可复学。

(四)退学

学生具有下列情形之一的，对其做退学处理：

①不及格课程达到一定门数或者一定学分数。

②休学期满，无特殊情况未在学校规定的时间内(中职学生规定为本学期开学两周内)提出复学申请，办理复学手续，或提出复学申请，但经学校复查不合格者，如在休学期间发生严重违法违纪行为，丧失作学生资格的。中职学生规定为连续休学两年，仍不能复学的给予退学处理。

③学生在学期间，经学校指定医院诊断所患疾病或伤残后果较为严重，继续学习将会加重病情，影响健康且完不成学业，如精神类疾病；伤残严重，经治疗后学习生活仍不能自理等。

④学生因各种原因不能上课者，未按照学校的有关规定办理离校请假手续，连续两周没参加学校教学活动者。中职学生一学期旷课累计达90课时的，或擅自离校两周以上的给予退学处理。

⑤超过学校规定期限未注册而又无正当理由的。入学注册是进入学校取得学生资格即学籍的认可，学期注册既是学籍的延续，又是学期学习的再认可。学生在学校规定的时间内未注册而又无正当理由即视为自动放弃学籍，学校将给予退学处理。

⑥本人申请退学的。

学校对学生做出退学处理，要由校长会议决定。校长会议包括校长办公会或由校长委托或由学校制度规定的由相应校领导主持召开的会议。学校做出退学处理决定后，应当出具退学决定书并送交学生本人，同时报学校所在地省级教育行政部门备案。

退学的学生，按学校规定期限办理退学手续离校，档案、户口退回其家庭户籍所在地。

(五)升级、留级和降级

学生在学完本学年学校教学计划规定的课程或取得相应学分，学业成绩合格给予升级。学生每学年第二学期学业成绩不合格，而需要到下一年级就读的，叫做留级；学生因每学年第一学期学业成绩不合格，而需要到下一年级就读的，叫做降级。学生入学第一学期学业成绩不合格，一般可跟原班试读，不做降级处理。学业成绩达到几门不及格做降级处理，由学校规定。学生留、降级前考核成绩达到"合格"以上水平的课程，允许免学，已取得的有关学分仍然有效。做留、降级处理的学生，应当按照再读年级所在班级学费标准缴纳学费。

(六)注销学籍与学生个人信息变更

学籍是学生在校学习资格的认可。退学、取消学籍、开除学籍、死亡等及其他原因，应注销学籍。注销学籍由学校学籍管理部门办理，并根据要求上报教育厅备案和更新电子注册信息。凡是被注销学籍并已上报教育厅备案和更新电子注册信息的将无法再恢复。学籍实行全国联网，旧的学籍没有注销，新的学籍无法注册。

已注册的学生(含注册毕业学生)的各项信息主要包括学生姓名、性别、出生日期、家庭住址、身份证号码、户口性质等需要修改的属于信息变更，应当由学生本人或监护人提供合法身份证明等相关资料，学校修改后报教育行政部门备案。

六、奖励与处分

(一)学生奖励

学生在校表现突出可以得到学校、省(自治区、直辖市)、国家有关部门的表彰和奖励。奖励的条件和种类分为两大类：一是综合荣誉奖励，其条件是在德、智、体、美等方面全面发展；二是单项荣誉奖励，其条件是在思想品德、学业成绩、科技创造、锻炼身体及社会服务等方面表现突出。奖励的层次分为学校、省(自治区、直辖市)和国家有关部门三级表彰和奖励。

学生奖励形式有两种：以荣誉为主的精神奖励和以奖学金为主的物质奖励。荣誉性奖励的方式有：口头表扬、通报表彰、授予"三好学生"等荣誉称号。对授予荣誉称号的学生，应发给荣誉证书(或奖状、奖章)，并视其情况，可以发给奖品和奖金。

（二）学生处分

1. 处分的原因

学生未按要求履行义务，偏离了基本行为规范和教育目的，发生违法、违规、违纪行为，就要受到相应的警示或警戒，即批评教育直至纪律处分。

学生违法、违规、违纪行为包括以下情形：

①触犯国家刑律，被依法追究刑事责任；

②触犯国家刑律，但尚未构成犯罪，或构成犯罪但依法不予追究刑事责任；

③违反国家其他法律、法规和规章；

④违反学校管理制度。

2. 处分的种类

学生纪律处分的种类分为警告、严重警告、记过、留校察看、开除学籍5种。

（1）警告

警告是学校对犯有轻微违法、违规、违纪行为的学生提出告诫，使其认识行为错误的一种纪律处分。警告是学生处分中最轻的一种，含有处分和教育的因素在内，一般适用于违法、违纪、违规较为轻微，对社会和学校教育教学秩序危害程度不大的行为。

（2）严重警告

严重警告也是通过警告，使违法、违规、违纪的学生认识本身的行为错误。作为“严重”警告，其适用的对象尽管也是违法、违规、违纪较为轻微的行为，但是，这些行为比单纯的警告所适用的行为要严重一些。

（3）记过

记过，即登记过失，其适用对象是做出较为严重的违法、违规、违纪行为的学生。从纪律处分的力度来看，记过居于中间层次，比警告和严重警告处分的力度要重，而比留校察看和开除学籍处分力度要轻。

（4）留校察看

留校察看针对的对象是违法、违规、违纪情节严重，但尚未达到开除学籍处分条件的行为。对做出这种行为的学生，在予以处分的同时，保留学籍，以观后效。关于留校察看的期限，一般以半年或一年为宜。学校可根据学生的实际表现，提前或延后解除“留校察看”。延后解除的，应由学校做出延长“留校察看”的决定，到期末做出延后解除规定的，应视为自动解除。

（5）开除学籍

开除学籍是所有纪律处分中最严厉的一种，其适用对象是做出十分严重的违法、违规、违纪行为的学生。由于学生一旦被处以开除学籍处分，就失去了在本校继续学习的资格，涉及学生接受高中等教育的权利。

学生有下列情形之一，学校给予开除学籍处分：

①违反宪法，反对四项基本原则，破坏安定团结，扰乱社会秩序的。

②触犯国家法律，构成刑事犯罪的。

③违反《中华人民共和国治安管理处罚法》受到处罚，性质恶劣的。主要包括：扰乱公共秩序的行为；妨害公共安全的行为；侵犯他人人身权利的行为；侵犯公私财产的行为；妨害社会管理秩序的行为；违反消防管理的行为；违反交通管理的行为；违反户口或者居民身份证管理的行为；卖淫、嫖宿暗娼，介绍或者容留卖淫的行为；违反政府规定，种植罂粟等毒品原植物的行为；赌博或者为赌博提供条件的行为；制作、复制、出售、出租或者传播淫书、淫画、淫秽录像或者其他淫秽物品的行为等。对凡有以上行为，且性质恶劣，受到严重处罚的学生，学校可给予开除学籍处分。

④由他人代替考试、替他人参加考试、组织作弊、使用通讯设备作弊及其他作弊行为严重的。这里所讲的考试，主要是指国家、地方政府及其授权机构组织的全国性或者区域性考试，以及其他各级各类教育考试和学校组织的考试。在上述各级各类学校考试中的作弊行为，严重影响到学生诚信及良好道德品质的形成，影响到正常的教育教学秩序和教育目的的实现，因此考试作弊情节严重的，可给予开除学籍处分。

⑤剽窃、抄袭他人研究成果，情节严重的。

⑥违反学校规定，严重影响学校教育教学秩序、生活秩序以及公共场所管理秩序，侵害其他个人、组织合法权益，造成严重后果的。

⑦屡次违反学校规定受到纪律处分，经教育不改的。

学校对学生做出开除学籍处分决定要由校长会议研究决定。被开除学籍的学生，由学校发给学习证明。学生按学校规定期限离校，档案、户口退回其家庭户籍所在地。

3. 纪律处分的程序

由于处分涉及学生的权益，为保护学生的合法权益，使学校的处分决定合法合理，学校在对学生做出处分决定之前，应当听取学生或其他代理人的陈述和申辩，并认真做好笔记。结束时，拟受处分学生或其代理人应在笔录上签字。如果拒绝签字，由主笔人写出文字说明。

学生在陈述和申辩之后，根据笔录整理成书面报告，并附笔录原件，送指派部门。审批部门应根据学生或其代理人的陈述和申辩，作如下处理：

①属认识偏差或无正当理由的，责成学生所在院(系)做好工作。

②与事实和定性确有偏差的，应予复查和补证或重新取证。

③学生的申辩材料及相关报告应归入学生处分材料，作为学生处分报告的附件。对学生正式做出处分决定时，应审阅学生的申辩材料。

对学生做出处分，应由学校出具处分决定书，并及时送交本人。无法直接送交的，学校可以参照《民事诉讼法》的有关规定。处分决定书一经送达即产生效力，被处分人申诉或寻求法律救济的期限，从送达之日起计算。开除学籍的处分决定书还要报学校所在地省级教育行政部门备案。

处分决定书应说明以下内容：

①处分；

②处分事实，即处分所针对的违法、违规、违纪的事实；

③处分理由，即为什么要实施处分；

④处分依据，即依据什么实施处分。此外，处分决定书还要说明并告知学生，如果对处分决定有异议，可在规定期限内向受理机构提出申诉。

学生受警告、严重警告、记过、留校察看处分的，经过一段时间的教育，能深刻认识错误、确有改正进步的，应当撤销其处分。学生受到校级及以上奖励或处分，学校将及时通知学生或其监护人。对学生的奖励、记过以上的处分材料，归入学校文书档案和存入本人学籍档案。中职学校学生学籍管理办法规定，学生处分撤销后，处分决定和有关材料从学生个人学籍档案中移除。

七、毕业与结业

1. 学业证书类型

《中华人民共和国教育法》第二十一条规定："国家实行学业证书制度。经国家批准设立或者认可的学校及其他教育机构按照国家有关规定，颁发学历证书或者其他学历证明。"我国的学业证书包括学历证书和非学历性证书，均具有法律效力。学历证书是学业证书的主体，是学制系统内实施学历教育的学校或者其他教育机构，对完成学制系统内一定阶段的学习任务的受教育者所颁发的文凭，分毕业证书、结业证书、肄业证书3种。凡经正式注册取得学籍的学生，学完教学计划规定的全部课程，考试成绩合格，准予毕业，可获得毕业证书，对于学完教学计划规定的全部课程，但有一门以上课程不及格但不属于留级范围，未达到毕业标准的，发给肄业证书，意为学习期满结束学业；对于具有正式学籍，其学历达到一年以上，而未完成整个阶段学习任务中途退学者，可发给肄业证书。非学历证书是学制系统外的教育机构对完成一定阶段的学习任务的受教育者颁发的学业凭证。非学历性学业证书包括成人高等教育试行的专业证书和其他各种培训、学习计划完成后颁发的培训证书、写实性学业证书、职业技术教育施行的技术等级资格证书等。

2. 取得毕业资格证书的基本条件

高等学校学籍管理规定，同时具备下列两个条件予以毕业：

①毕业生应当在学校规定的修业年限内完成教育教学计划规定的内容并达到毕业要求，即考核及格；

②毕业生应当在德、智、体诸方面达到毕业要求，即应当符合《高等教育法》所规定的德、智、体素质的要求。

中等职业学校学籍管理规定，达到下列3个条件准予毕业：

①思想品德评价合格；

②修满教学计划规定的全部课程且成绩合格，或修满规定学分；

③顶岗实习或工学交替实习鉴定合格。另外规定：学生如提前修满教学计划规定的全部课程且达到毕业条件，经本人申请，学校同意，可以在学制规定年限内提前毕业。

3. 结业与肄业

学生在学校规定的学习期限内修完教学计划规定的内容，未达到毕业要求，一般是有少数课程(一般是1～2门)不及格但不属于留级范围，或未修满规定的学分又不宜留校继续修读，由学校发给结业证书。中职学校学籍管理规定对于思想品德不合格者，发给结业证书。

学生结业后，是否可以就不及格的课程重新补考或者重修，毕业设计或论文及答辩不符合学校要求的，是否可以重新进行毕业设计或撰写毕业论文并进行论文答辩，按学校的规定办理。如果结业后允许补考、重修或重做毕业设计、毕业论文答辩的，合格后学校应发给毕业证书。毕业证书中的毕业时间，按发证日期填写。

因各种原因，学生未能完成学校教育教学计划所规定的内容而退学，在这种情况下，作为学生的一项权利，学校应当为其颁发记载实际学习年限的证书，即肄业证书。

学生取得肄业证书的条件：

①在校修业1学年以上，对于未达到1学年者，学校则可根据实际情况进行处理，例如出具学生在校学习成绩单或证明等，中职学校学籍管理规定："对未完成教学计划规定的课程而中途退学的学生，学校应当发给学生写实性学习证明"；

②因各种原因退学而不是休学，对处于休学期间的学生不能颁发肄业证书。

4. 学位证书

学位是标志被授予者的受教育程度和学术水平达到规定标准的学术称号，象征着一定的身份。经在高等学校或科学研究部门学习和研究，考试合格后，由有关部门授予国家和社会承认的专业知识学习资历。我国目前的学位是专指博士、硕士和学士3种学位。取得大学本科、硕士研究生、博士研究生学历的，符合学位授予条件的，由学位授予单位颁发相应学士、硕士、博士学位证书。取得本科学历的学生，以后通过在职人员学位申请，符合相应学位授予条件可授予相应学位，但其学历仍为本科，不能称为硕士研究生学历或博士研究生学历。

5. 辅修专业证书

高等学校学生在完成本专业学业同时，辅修其他专业达到该专业辅修要求的发给辅修专业证书，而不是辅修专业毕业证书。因为学生所辅修的专业内容，只是该专业教学计划的一部分，而不是全部。如果只辅修其他专业的部分课程，则只能发给辅修成绩单或辅修证明。

6. 学历证明书

学生的毕业、结业、肄业证书和学位证书遗失或者损坏，经本人申请，学校核实后应当出具相应的学历证明证书。证明书与原证书具有同等效力。学历证书和学位证书不能补发，这项规定既是为了维护学历证书的严肃性和权威性，同时也是根据我国高校领导体制的实际而做出的。因为学历证书和学位证书必须由学校的法人代表——校长签发，而我国高校的校长是不断更换的，继任校长不能再签发已由前任校长签发的证书。

7. 高等教育学历证书电子注册

自 2001 年起，教育部实行高等教育学历证书(含毕业、结业证书)电子注册制度。学历证书经注册后予以承认的时间为证书颁发时间；学历证书未经注册的，国家不予承认。自 2007 年起，教育部又逐渐实行学籍、学年电子注册与学历证书电子注册相衔接，经过学籍、学年电子注册的学生获得的毕业证书才能进行学历证书电子注册，国家才予以承认。

高等教育学历证书注册工作实行国家、省(自治区、直辖市)、学校或其他教育机构三级管理。高等学校或其他教育机构负责印制、填写、颁发毕(结)业证书，对按国家招生规定录取的每届毕(结)业生颁发证书结束后，于每年 7 月 15 日以前将证书信息报所在省(自治区、直辖市)教育行政部门；省(自治区、直辖市)教育行政部门对毕(结)业证书进行审核并予以注册，于每年 8 月 15 日前将注册的毕(结)业证书信息汇总报教育部备案；教育部对经省(自治区、直辖市)已注册的毕(结)业证书进行审核备案；经审核备案的毕(结)业证书进入全国高等教育学历证书档案库，供社会网上查询。

高等教育毕(结)业证书电子注册内容主要有：姓名、性别；出生日期、照片；学习起止年月；专业、层次、学制、毕(结)业、学习形式；学校名称、校(院)长姓名及证书编号。

普通高等教育毕业证书内容与电子注册内容基本一致。包括：

①姓名、性别、出生日期、学习起止年月；
②专业、层次(博士、硕士、本科、专科、第二学士学位)，毕(结)业；
③学习形式(普通全日制等)；
④本人近期免冠正面照片并骑缝加盖学校钢印；
⑤学校名称及印章，校(院)长签名；
⑥发证日期及证书编号。

单元 4

校园组织生活及行为规范

职业教育是以培养适应社会发展和经济建设需要的有良好职业道德和职业技能的职业人为宗旨，因此，要求同学们在校期间除学好专业技术外，还要开展丰富多彩的活动培养自己的职业素质，养成文明礼貌意识和遵守纪律的习惯，克服不良生活行为，培养人际交往能力和团结协作精神。本单元就学生的日常行为规范、校园组织生活及人际交往等方面作一介绍，相信你会在新的大家庭里如鱼得水，度过美好的时光，留下难忘的记忆。

一、校园学生组织

(一)学生班级

学生入学后都会被学校编到一个班级里。班级是学校的基本单位，也是学校行政管理的最基本组织，整个学校教育功能的发挥主要是在班级活动中实现的。

每个班级的人数即班级规模，不同层次、不同类别的学校规模有差异。按照高等学校一般要求教师教学课时量每周7课时和学生课时应为每周21课时的规定，合理的班级规模应是合格师生比中学生人数的3倍。在农林类高等院校中生师合格比是18∶1，则合理的班级人数应是54人。如果班级规模达到或超过限制招生的生师比中(农林院校为22∶1)学生人数的3倍，则是极不合理的班级规模。中等职业学校合格生师比规定为20∶1，合理班级规模应为60人。

中等职业学校每个班级设有一名班主任，高等学校几个班级设有一名辅导员。班级设班委会，是班级集体的核心，受院系学生会领导。班委会一般任期一年，班级根据需要可设有班长、副班长、学习委员、生活委员、劳动卫生委员、文艺委员、体育委员等管理岗位。班干部的产生一般在新生入校后经过一段时间考察，由学生自荐，同学们民主选举产生。班干部要求思想品德好，有群众威信，有工作能力，有一定特长，有服务奉献和集体意识。班级干部既是管理者又是被管理者。

班级要有健全的规章制度，包括学习制度、卫生轮值制度、考勤登记制度、课堂纪律制度、评先奖优制度、民主议事制度以及各种岗位责任制。班级规章制度的建立要体现全面性、可行性和可操作性，便于监督执行。

班级要有班级文化。班级文化是班级所有或部分成员共有的信念、价值观、态度的复合体。它以班级成员的言行倾向、班级人际环境、班级风气等为其主体标识，以班级的墙报、黑板报、活动角及教室内外环境布置等为其物化反映。班级中全体成员的群体意识、舆论风气、价值取向、审美观念、制度文化和精神风貌的反映，是班级文化的核心与灵魂。班级文化可分为“硬文化”和“软文化”。“硬文化”是环境方面的建设，如教室的墙壁、四角的布置，教室中座位的排列，教室卫生的保持等；“软文化”是班级精神的体现，如班旗、班歌、班徽设立，各种教育活动的开展、制度建设等，从而形成良好的班风。

(二)学生会

在大、中专院校中都设有学生会，在高等院校的各系(或学院)还设有系(院)学生会。学校学生会是在学校党委和上级学联的领导下，在学校团委的指导下开展工作的，全校学生自己的群众性组织。学生会是学生之家，是为学生们的学习、生活提供全方位关怀的大家庭，是沟通学校和学生之间的桥梁纽带，代表全体学生的声音，组织开展健康有益、丰富多彩的课外活动和社会服务。学生会本着“自我教育、自我管理、自我服务”的方针，实施自己的工作职能。学生会的权力机构学生委员会和执行机构主席团由全校(系、院)学生代表大会或学生大会选举产生，每届任期1～2年。学生会选举主席1人、副主席若干人，主持学生会日常工作，根据工作需要可设办公室、宣传部、学习部、文艺部、社会实践部、勤工俭学部、卫生部、生活部、体育部、女生工作部、社团部、对外联络部等。各部可设部长一人和副部长若干人，办公室设主任。

学生会的全国机构是中华全国学生联合会，简称全国学联。

(三)共青团

共青团是中国共产党领导的先进青年的群众组织，是广大青年在实践中学习中国特色社会主义和共产主义的学校，是中国共产党联系青年群众的桥梁和纽带，是国家的重要社会支柱之一，也是中国共产党的得力助手和后备军。

年龄在14周岁以上，28周岁以下的中国青年，承认团的章程，愿意参加团的一个组织并在其中积极工作，执行团的决议和按期交纳团费的，可以申请加入团组织成为一名共青团员。大、中专院校学生绝大多数在入学前都加入了团组织。

学校的班级设有班级团支部，系(院)一般设团总支，学校设团的基层委员会。支部委员会、总支部委员会由团员大会选举产生，其中大、中专学校学生支部委员会每届任期一年，学校团的委员会由团员大会或代表大会选举产生，每届任期3～5年。班级团支部一般设支部书记、组织委员和宣传委员。团的各级领导干部要做团员和青年的表率，模范地履行团员的各项义务，政治上要坚强，学习要刻苦，工作要勤奋，作风要扎实，品德要高尚。

团总支对于模范履行团员义务，表现突出的学生团员、学校团委及上级团委可授予优秀共青团员，优秀学生团干部等荣誉称号。对于不执行团的决议，违反团章的团员，学校团委可以给予警告、严重警告、撤销团的职务、留团察看(6 个月或 1 年)甚至开出团籍的处分。

在入学前没有加入团组织的适龄青年学生，应积极申请加入团组织。由本人向所在班级团支部递交入团申请书，并由本支部两名团员或保留团籍的党员做介绍人。支委会对申请人经过研究后，认为他已具备团员条件，即发给入团志愿书，由本人填写，经支部大会讨论通过后，由学校团委批准，然后举行入团宣誓仪式。

(四)学生党支部

学生党支部是高等学校中国共产党的基层组织，是由学生党员组成的学生群体，是党组织在学生中的“战斗堡垒”和“政治核心”。班级中有三名党员的可以设党支部，每届任期两年或三年。

年满 18 周岁的学生，承认党的纲领和章程，愿意参加党的一个组织并在其中积极工作、执行党的决议和按期缴纳党费的，可以申请加入中国共产党。入党程序大致为：

①申请人自愿向团支部所在党支部递交入党申请书；

②经过支委会或党员大会讨论确定为入党积极分子，并指定 1～2 名党员为培养联系人对其进行培养考察；

③积极分子至少每季度向党支部进行一次思想汇报；

④表现优秀的积极分子由党支部选送进业余党校学习；

⑤团支部向党支部推荐党校结业学员作为发展对象；

⑥经党支部确定为发展对象后，进行政治审查和群众调查；

⑦合格的发展对象由党支部向校党委递交预审材料，并广泛征求意见；

⑧学校党委预审合格后发给《入党志愿书》，党支部召开预备党员接收大会；

⑨学校党委指定专人同发展对象谈话；

⑩学校党委审批通过后为中共预备党员；

⑪由学校党委或党支部组织预备党员向党旗宣誓；

⑫一年后符合党员条件的转正为正式中共党员。

(五)学生社团

学生社团是指大、中专院校有正式学籍的在校学生为了实现会员的共同意愿和满足个人兴趣爱好的需求，自愿组成的，按照其章程开展活动的群众性学生组织。学生社团是校园文化建设的重要载体，是第二课堂的引领者。学生社团必须自觉接受学校团委、各院系团委指导和日常管理工作，必须遵守宪法、法律以及学校各项规章制度。社团活动不得妨碍学校各类正常工作和教学、生活秩序。学生社团不得从事以营利为目的的经营性活动。学生社团的基本任务是：适应社会发展需要，适应教育改革及学生成长成才的需要，积极开展健康有益、丰富多彩的理论学习、学术科技、文化娱乐、社会实践、志愿服务、体育竞技活动，促进学生德、智、体、美、劳全面发展。

大学校园有许多同学参加了学生社团。通过参加社团活动，可以使学生在交际能力、处理事务的能力、判断能力等多方面成熟起来，同时可以把课本上所学的知识与实际结合起来，通过实践而证明自己的能力。

按照社团的性质和特点，可分为理论学习型社团、学术科技型社团、兴趣爱好型社团、公益型社团。理论学习型社团是以理论学习研究、青年思想分析、探讨社会热点为目的的社团，如社会问题研讨会、马列主义研讨会等；学术科技型社团是围绕专业学习，探索专业学术科技领域，提高学生学习水平和创新能力的社团，如 IT 爱好者协会、家具设计协会；兴趣爱好型社团是以开阔视野，培养情趣、爱好，促进学生多方面发展，丰富课余文化生活为目的的社团，如文学社、话剧社、诗词社、跆拳道俱乐部、吉他协会等；公益型社团主要是以进行一些社会服务、实践公益类活动为内容而结成的学生社团，主要利用课余和闲暇时间进行环境保护、义务劳动、献血、植树造林、扶贫、支教、社会调查等社会公益服务活动，具体还可分为专业技术服务型和体力劳动服务型，通过公益活动学习社会、服务社会使自己得到锻炼提高，如家电维修组、志愿者协会等。

二、校园人际交往

校园人际交往是指在校园内、同学之间、师生之间一种交流信息、沟通情感、施加影响的双向互动的活动。通过人际交往，建立各自的信息流通和传递网络，互取所需，互相促进，最终实现个人和社会的价值目标，形成和谐相处、平等友爱的良好人际关系。大、中专院校学生的人际关系包括同学关系、家庭关系和社会关系，其中校内的师生关系、同学关系是影响人生发展的最重要的人际关系。

(一)校园人际交往的艺术

进入大、中专院校后，面对新的校园环境，同学们来自四面八方，每人的经济、文化背景不同，生活习惯和行为习惯也不同，学校对学生的管理方式也和中学不一样，在新的环境下如何处理和同学、老师之间的关系是一个新的课题。

个人在交往中要本着真诚、守信、宽容的原则。真诚就是为人处世不但要与人为善，有团结友爱的愿望，而且相处中要说真话、做实事；守信就是言必行、行必果，按时、按质、按量地兑现自己对别人的诺言、约定；宽容就是宽厚、容忍、心胸宽广、忍耐性强。

在交往中要克服以自我为中心、嫉妒、自卑等心理障碍。以自我为中心就是为人处世总是以自己的需要和兴趣为中心，总关心自己的利益得失，无视别人的烦恼和痛苦。例如，同学在宿舍睡觉你却把收音机声音开得很大或进入宿舍把门撞得咚咚响；自己买零食闷头大吃却无视周围同学；同学有困难你却袖手旁观；自己喜欢某个歌星总在宿舍说个不停；取得一点成绩就傲视一切等。嫉妒就是对于超过自己的人心怀不满，常常不择手段地败坏别人的名誉，诋毁别人的成绩，为别人的发展设置种种障碍。自卑就是总以为自己处处不如人家，别人瞧不起自己，以致自己都看不起自己。自卑心理应通过挖掘自己的长处和个人努力提高自己的自信心。

在与他人交往中要主动、热情、面带微笑；不羞怯；不冷漠；性格开朗；要学会赞美别人，善于发现别人的闪光点；要认真听别人的讲话，不要轻易打断别人的讲话；与人讲话要言简意赅，不啰嗦；日常生活遇到矛盾要避免争执，要冷静，采取合适的场合和途径化解矛盾。

(二)建立和谐的师生关系

和谐良好的师生关系是尊师爱生、教学相长的关系，是一种民主、平等、互敬、互爱的和谐而亲近的关系。老师是学生的良师益友，关心尊重、爱护学生，为学生传道、授业、解惑。人来到世上除了父母的养育之恩，就是老师的传授之德。学生要尊重老师，在任何场合都要对老师有礼貌，见到老师要主动打招呼问好；主动帮老师擦黑板；下课时请老师先行；要专心致志听老师讲课；课外多请教老师，在请教与讨论中学习知识，学习老师的治学方法、分析解决问题的能力，在这些教学交往中增进了解，和谐师生关系；对于老师的缺点，要婉言指出；对老师的误解和对自己评价欠公正，应积极沟通，让老师理解，不应当面顶撞和背后议论；在学习和生活中有困惑，可找班主任或辅导员倾诉，诉求解决问题的方法。

（三）建立友爱的同学关系

茫茫人海，短暂人生，四面八方的同学相聚在一个班级是一种缘分，要珍惜同学之间的友谊。同学之间在思想、生活、工作和学习各个方面要互相关心、互相帮助、互相勉励。当同学之间产生矛盾时，要善于实事求是处理，切忌主观片面性。道听途说、猜想都不是指责别人的理由。双方都有责任时要先做自我批评。与同宿舍同学相处时，要善于关心同学，主动做卫生值日工作。自己的个人行为如上网、唱歌等不要影响同学的休息和学习。在班级里，要有集体荣誉感，关心班集体，积极参加集体活动，热心为班级同学服务，建立团结融洽的人际关系。另外，还要处理好高低年级、同级同学的关系和同乡同学的关系，不应成立脱离班集体的同乡会组织。

（四）建立健康的异性友谊

异性交往是反映社会文明程度的标准，大、中专学生的校园异性交往可以促进异性间相互了解，获得异性的信赖和友谊。男性与女性在智力、情感、个性等方面都有差异。异性交往可以使差距较大的个性互相渗透，个性互补，使性格更加豁达开朗，情感体验更加丰富，意志也更加坚强。

男女同学间交往要做到得体、大方，清除紧张情绪。交往中过分紧张、局促，说话时词不达意，面红耳赤，容易导致对方的误解。

男女同学之间的交往要树立明确纯正的交往动机，把握交往的“度”，以免使对方产生误解或自作多情，错把友谊当爱情而自寻烦恼。友谊是在开放状态下进行的，一个人可以有多个异性朋友，而爱情具有“秘密性”和“排他性”，要准确把握。

在异性交往过程当中，有些人难免会碰出爱情的火花，在高等学校管理中没有不允许男女同学谈恋爱规定，但男女双方要理智对待爱情，树立正确的恋爱观，不能把爱情当儿戏，用恋爱方式消除自己精神的空虚和课余的寂寞，以给他(她)人造成伤害。男女之间要在对对方的性格、爱好、家庭有充分了解的基础上，明确恋爱关系。在相处中要把握性爱与情爱的分寸，要对自己和对方负责，为未来的家庭和社会负责。要把主要精力放在学习上，合理安排谈恋爱的时间和场所，感情交谈和学习进步要形成互动，学习上要互相促进、互相帮助。

当遇到失恋时，要下决心摆脱失恋苦恼。见异思迁、不懂得尊重感情、视亲情为儿戏的人，是不值得留恋的。可以通过参加集体活动、体育锻炼、刻苦学习、向朋友倾诉等方式早日摆脱失恋的痛苦，重新面对新的生活。

另外，处理好师生、同学关系外，自己远离父母家庭求学外地，几个月或一个学期才能回家一次，父母的牵挂和思念是可想而知的。要在闲暇时间经常给父母打电话问安，假期回家要多陪陪父母亲人，帮助父母做力所能及的家务，对邻居亲友要谦虚有礼，切忌傲气十足。

三、学生礼仪与行为规范

(一)学生应履行的义务

职业院校的学生作为受教育者在享有自己合法权利的同时，还应当履行相应的义务。

1. 遵守宪法、法律、法规

作为学生，首先是一名社会成员，因而同所有公民一样，必须履行遵守国家宪法、法律、法规的义务。同时，作为受教育者，还必须履行遵守教育法律、法规的义务。

2. 遵守学生行为规范，尊敬师长，养成良好的思想品德和行为习惯

中职学生要遵守教育部颁发的《中专学生日常行为规范》，高等学校学生要遵守《高等学校学生行为准则》。这两部规章制度，集中体现了国家对大、中专学生在政治、思想、品德等方面的基本要求。为此，学生应积极努力，自觉提高自身素质，养成良好的政治素质、道德品质、行为品质和心理素质。

3. 努力学习，完成规定的学习任务

这是学生特定义务。作为学生，要完成学校规定的学习任务，要充分发挥学习的主动性和积极性，刻苦学习，牢固掌握所学知识，成为社会主义现

代化建设的有用人才。

4. 遵守所在学校或者其他教育机构的管理制度

这条义务是第一条义务的具体表现和延伸。学校或其他教育机构依照法律法规设立的管理制度，是建立正常的、规范的教育秩序所不可缺少的措施，学生有义务遵守学校的一切规章制度，成为自觉遵守学校规章制度的好学生。

5. 按规定缴纳学费及有关费用。

目前，高中等职业教育属于非义务教育，学生应按政府有关部门批准的收费种类和标准交纳学费、住宿费等学杂费。

(二)高等学校学生行为准则

1. 志存高远，坚定信念

努力学习马克思列宁主义、毛泽东思想、邓小平理论和“三个代表”重要思想，学习习近平总书记系列重要讲话精神，面向世界，了解国情，确立在中国共产党领导下走社会主义道路、实现中华民族伟大复兴的共同理想和坚定信念，努力成为有理想、有道德、有文化、有纪律的社会主义新人。

2. 热爱祖国，服务人民

弘扬民族精神，维护国家利益和民族团结。不参与违反四项基本原则、影响国家统一和社会稳定的活动。培养同人民群众的深厚感情，正确处理国家、集体和个人三者利益关系，增强社会责任感，甘愿为祖国为人民奉献。

3. 勤奋学习，自强不息

追求真理，崇尚科学；刻苦钻研，严谨求实；积极实践，勇于创新；珍惜时间，学业有成。

4. 遵纪守法，弘扬正气

遵守宪法、法律法规，遵守校纪校规；正确行使权利，依法履行义务；敬廉崇洁，公道正派；敢于并善于同各种违法违纪行为作斗争。

5. 诚实守信，严于律己

履约践诺，知行统一；遵从学术规范，恪守学术道德，不作弊，不剽窃；自尊自爱，自省自律；文明使用互联网；自觉抵制黄、赌、毒等不良诱惑。

6. 明礼修身，团结友爱

弘扬传统美德，遵守社会公德，男女交往文明；关心集体，爱护公物，热心公益；尊敬师长，友爱同学，团结合作；仪表整洁，待人礼貌；豁达宽容，积极向上。

7. 勤俭节约，艰苦奋斗

热爱劳动，珍惜他人和社会劳动成果；生活俭朴，杜绝浪费；不追求超越自身和家庭实际的物质享受。

8. 热爱生活，强健体魄

积极参加文体活动，提高身体素质，保持心理健康；磨砺意志，不怕挫折，提高适应能力；增强安全意识，防止意外事故；关爱自然，爱护环境，珍惜资源。

（三）中职生日常行为规范

1. 自尊自爱，注重仪表

①维护国家荣誉，尊敬国旗、国徽，会唱国歌，升降国旗、奏唱国歌时要肃立、脱帽、行注目礼，少先队员行队礼。

②穿戴整洁、朴素大方，不烫发，不染发，不化妆，不佩戴首饰，男生不留长发，女生不穿高跟鞋。

③讲究卫生，养成良好的卫生习惯。不随地吐痰，不乱扔废弃物。

④举止文明，不说脏话，不骂人，不打架，不赌博。不涉足未成年人不宜的活动和场所。

⑤情趣健康，不看色情、凶杀、暴力、封建迷信的书刊、音像制品，不听不唱不健康歌曲，不参加迷信活动。

⑥爱惜名誉，拾金不昧，抵制不良诱惑，不做有损人格的事。

⑦注意安全，防火灾、防溺水、防触电、防盗、防中毒等。

2. 诚实守信，礼貌待人

①平等待人，与人为善。尊重他人的人格、宗教信仰、民族风俗习惯。谦恭礼让，尊老爱幼，帮助残疾人。

②尊重教职工，见面行礼或主动问好，回答师长问话要起立，给老师提意见态度要诚恳。

③同学之间互相尊重、团结互助、理解宽容、真诚相待、正常交往，不以大欺小，不欺侮同学，不戏弄他人，发生矛盾多做自我批评。

④使用礼貌用语，讲话注意场合，态度友善，要讲普通话。接受或递送物品时要起立并用双手。

⑤未经允许不进入他人房间、不动用他人物品、不看他人信件和日记。

⑥不随意打断他人的讲话，不打扰他人学习、工作和休息，妨碍他人要道歉。

⑦诚实守信，言行一致，答应他人的事要做到，做不到时表示歉意，借他人钱物要及时归还。不说谎，不骗人，不弄虚作假，知错就改。

⑧上、下课时起立向老师致敬，下课时，请老师先行。

3. 遵规守纪，勤奋学习

①按时到校，不迟到，不早退，不旷课，不缺课。

②上课专心听讲，勤于思考，积极参加讨论，勇于发表见解。

③认真预习、复习，主动学习，按时完成作业，考试不作弊。

④积极参加生产劳动和社会实践，积极参加学校组织的其他活动，遵守活动的要求和规定。

⑤认真值日，保持教室、校园整洁优美。不在教室和校园内追逐打闹喧哗，维护学校良好秩序。

⑥爱护校舍和公物，不在黑板、墙壁、课桌、布告栏等处乱涂改刻画。借用公物要按时归还，损坏东西要赔偿。

⑦遵守宿舍和食堂的制度，爱惜粮食，节约水电，服从管理。

⑧正确对待困难和挫折，不自卑，不嫉妒，不偏激，保持心理健康。

4. 勤劳俭朴，孝敬父母

①生活节俭，不互相攀比，不乱花钱。

②学会料理个人生活，自己的衣物用品收放整齐。

③生活有规律，按时作息，珍惜时间，合理安排课余生活，坚持锻炼身体。

④经常与父母交流生活、学习、思想等情况，尊重父母意见和教导。

⑤外出和到家时，向父母打招呼，未经家长同意，不得在外住宿或留宿他人。

⑥体贴、帮助父母长辈，主动承担力所能及的家务劳动，关心照顾兄弟

姐妹。

⑦对家长有意见要有礼貌地提出，讲道理，不任性，不要脾气，不顶撞。

⑧待客热情，起立迎送。不影响邻里正常生活，邻里有困难时主动关心帮助。

5. 严于律己，遵守公德

①遵守国家法律，不做法律禁止的事。

②遵守交通法规，不闯红灯，不违章骑车，过马路走人行横道，不跨越隔离栏。

③遵守公共秩序，乘公共交通工具主动购票，给老、幼、病、残、孕及师长让座，不争抢座位。

④爱护公用设施、文物古迹，爱护庄稼、花草、树木，爱护有益动物和生态环境。

⑤遵守网络道德和安全规定，不浏览、不制作、不传播不良信息，慎交网友，不进入营业性网吧。

⑥珍爱生命，不吸烟，不喝酒，不滥用药物，拒绝毒品。不参加各种名目的非法组织，不参加非法活动。

⑦公共场所不喧哗，瞻仰烈士陵园等相关场所保持肃穆。

⑧观看演出和比赛，不起哄滋扰，做文明观众。

⑨见义勇为，敢于斗争，对违反社会公德的行为要进行劝阻，发现违法犯罪行为及时报告。

(四)校园各场合学生礼仪与行为规范

1. 教室

上课带好上课所需教材及资料，提前进入教室；衣着得体，不穿三角裤头、背心、拖鞋等进入教室；因特殊情况迟到者应先喊“报告”，得到老师允许后方可进入教室；老师宣布上课时，全班应迅速起立，向老师问好或行注目礼，待老师答礼后再坐下；认真听课，姿态端正，做好笔记；手机调至震动状态，不接打电话；当老师提问时应先举手，待老师示意后站起来回答问题，不能插话；老师未宣布下课时，不得忙于收拾书本，要继续听课；下课时全体同学起立，与老师互道“再见”；值日生课间擦黑板，离开教室关闭教室照明、电风扇和电教设备；不要在教室墙壁、课桌上乱写乱画；不在上课时吃东西、玩手机；不乱扔杂物和乱吐痰，保持教室卫生；下课和走动时轻移桌椅，避免发生嘈杂声影响其他班级学习；在教室自习时，需要和其他同学讨论时最好用耳语，不要影响其他同学学习。

2. 图书馆、阅览室

学生到图书馆、阅览室学习要注意着装整洁、规范，不穿三角裤头、背心、拖鞋；不抢占座位，如果临时离开座位，回来时发现他人落座，应该自己再找位子坐，如留有书本时座位被他人占据，可礼貌地轻声协商，相互理解；在室内交谈要轻声，轻轻走动，入座起身也要轻，保持室内肃静；手机应关闭或静音，确需接打电话到室外再接打；不要在室内睡觉，不宜带零食吃；阅览书刊杂志要看一本取一本，不能同时占用多份书刊，阅完放回原处；不要在书上涂画，更不允许撕页，刻挖书刊，确需某些资料可复印获取；离开时要将桌椅归到原位。

3. 宿舍

自觉遵守宿舍管理各项规章制度，服从管理、主动配合有关人员检查；遇到停水停电等突发事件时要保持安静和冷静，通过学生干部或管理、值班人员及时解决问题，严禁起哄滋事，严防发生意外。

宿舍内同学间要加强团结，互相关心，互相爱护，互相帮助；相邻宿舍的同学要互相尊重、友好交往。

遵守作息制度，按时起床，按时就寝，晚间迟归宿舍要主动进行登记；在自习或别人休息时，动作要轻；打电话要节约时间、控制音量；不得在宿舍区喧哗、打闹，不得放大录音机、收音机的音量；不看不健康的音像制品。

宿舍里要注意语言美，不讲脏话、粗野的话；严禁将易燃、易爆的物品带回宿舍；宿舍内严禁烧酒精炉、煤油炉、点蜡烛，严禁使用电炉、电烙铁等电热设备，严禁私接电源；不准自行留客住宿；不得抽烟、酗酒；不在宿舍做饭。

增强自我防范意识，提高警惕，防火防盗；休息或外出时要关、锁好门、窗；玻璃坏了要及时报修；发现可疑人员要立即询问、报告，确保宿舍治安安全。

注意公共卫生和宿舍卫生；起床后要及时叠好被子，注意床上整洁，床下鞋子要放整齐；不要随地吐痰，随地小便，乱扔果皮纸屑，更不得将剩饭菜、瓜果皮壳倒在水池里、室内外、走廊里，垃圾一律倒入垃圾篓；宿舍卫生值周工作要正常；换下衣服要及时清洁。

到其他宿舍串门，敲门进入应主动跟同学打招呼；不要随处乱坐；不要乱放别人的物品，更不要未经允许乱用别人物品；注意时间的把握，不要逗留太久，以免影响同学正常作息。

学校原则上是不允许学生进入异性宿舍，确需进入，要按学校规定办理手续，要得到该宿舍同学允许后方可进去；谈吐要文雅，逗留时间要短；不要选择在多数同学要处理生活问题时间或熄灯后进入宿舍。

在宿舍接待亲友或外人来访时，事先应向同寝室的同学打招呼；进室后，主动为同学作介绍；不得私自留宿他人。

要尊重别人的隐私，不要侵犯同学的隐私权；不要私自翻看别人的日记、信件，不打探别人的隐私。

4. 食堂

要有秩序地进入餐厅，不要冲、跑、挤；自觉排队购买饭菜，不可插队和拥挤。

爱惜粮食，不要随便剩饭剩菜，如有吃剩饭菜，要倒进指定的泔水桶里。

吃饭时不要将脚蹬在凳子上，要坐有坐相，两脚自然并拢，双腿平放；骨头、鱼刺等东西，不要随地乱吐，可放在餐具里或吐到自己准备的其他盛具里；吃饭时不宜大声喧哗；吃完将离开时，要和同桌熟悉的人说“大家慢慢吃”。

不要将饭菜端回宿舍用餐；用餐结束将餐具放到指定地点。

5. 升国旗仪式

参加升国旗仪式时要面向国旗，肃立致敬，要仪表规范庄重，保持安静；当国旗升起奏国歌时，要立正，脱帽，面对国旗行注目礼，直至升旗完毕；当来晚时，恰逢升国旗奏国歌时，要立即停止走路，严肃立正，等待升旗仪式完毕后，方可继续行走；奏国歌时要有激情，曲调准确，声音洪亮；升旗仪式结束，主持人宣布解散时方可走动。

6. 典礼仪式

参加开学、毕业、颁奖、运动会开幕式、校庆等典礼时，要提前到达集合地点，准时有序进入会场；迅速、安静、整齐地在指定位置坐好，坐姿端正；手机调至静音状态或关闭。

大会开始时，保持会场安静，不要随意走动，保持会场清洁安静；不在会场吃零食；要学会聚精会神听领导、嘉宾或其他发言人讲话；不要窃窃私语，不得打瞌睡，更不能起哄、倒喝彩、吹口哨或提前退出会场；每位发言人结束讲话时，要鼓掌致谢，精彩之处要适度鼓掌。

学生上台发言要向主席台领导和台下人员鞠躬行礼，发言结束后应道谢。

上台颁奖时应面带微笑，向授奖者鞠躬行礼，然后双手接捧证书或奖状、奖品，并向授奖者致谢。

典礼结束后，待领导、嘉宾以及教师们先行离开后再有秩序地退场。

7. 其他场合

学生进入教师办公室，要先敲门后喊报告，征得老师同意后方可进去；要保持安静，说话要轻声，倾听老师讲话，不随便插嘴；不要随意翻动老师的东西；逗留时间不要太久，走时轻轻关门；无特殊急事不要在老师休息时间找老师或给老师打电话。

使用公共卫生间时，若有人使用时要排队等候；使用完后要放水冲洗，方便后人使用；不往便池投放杂物防止堵塞，垃圾应投入垃圾篓；使用蹲位时要关门，以免使自己或他人难堪。

参观校史馆、实验室、标本室时要遵守秩序，未经同意不得触摸设备和展品。

集体乘车外出实习或活动，要排队上车不拥挤；给随行教师预备座位；不抢占座位；不要将头和手探出车窗外，不乱走动；下车要让老师先行。

乘电梯时要让老师先进先出；在电梯内要保持安静不要乱蹦跳；不乱画。

在运动场观看比赛要做文明观众，要为双方的精彩表演鼓掌，不要鼓倒掌，喝倒彩；遇有跌倒受伤等情况要主动上前搀扶。

在实训室实训时要保持安静；遵守操作规程；不乱动设备和物品；实训结束后要打扫室内卫生；设备及物品放回原处。

四、克服不良生活习惯

（一）吸烟

吸烟有害健康已是众所周知的事实。全世界每年因吸烟死亡达 250 万人之多，烟是人类第一杀手。自觉养成不吸烟的个人卫生习惯，不仅有益于健康，而且也是一种高尚公共卫生道德的体现。在吸烟的房间里，尤其是冬天门窗紧闭的环境里，室内不仅充满了人体呼出的二氧化碳，还有吸烟者呼出的一氧化碳，会使人感到头痛、倦怠，工作效率下降，更为严重的是在吸烟者吐出来的冷烟雾中，烟焦油和烟碱的含量比吸烟者吸入的热烟含量高1倍，苯并芘高2倍，一氧化碳多4倍，氨多50倍。在吸烟者周围的人们也不自觉地吸进烟雾尘粒和各种有害物质，成为被动吸烟者。据国际性的抽样调查证实，吸烟致癌患者中的50%是被动吸烟者。

有资料表明，长期吸烟者的肺癌发病率比不吸烟者高10~20倍，喉癌发病率高6~10倍，冠心病发病率高2~3倍。循环系统发病率高3倍，气管炎发病率高2~8倍。有人调查了1000个家庭，发现吸烟家庭16岁以下的儿童患呼吸道疾病的比不吸烟家庭为多。5岁以下儿童，在不吸烟家庭，33.5%有呼吸道症状，而吸烟家庭却有44.5%有呼吸道症状。

尼古丁是一种难闻、味苦、无色透明的油质液体，挥发性强，在空气中极易氧化成暗灰色，能迅速溶于水及酒精中，通过口鼻支气管黏膜很容易被机体吸收。粘在皮肤表面的尼古丁亦可被吸收渗入体内。1支香烟所含的尼古丁可毒死1只小白鼠，20支香烟中的尼古丁可毒死1头牛。人的致死量是50~70毫克，相当于20~25支香烟的尼古丁的含量。如果将1支雪茄烟或3支香烟的尼古丁注入人的静脉内3~5分钟即可死亡。

那么为什么有些人吸烟量较大并不中毒呢？每日吸卷烟一盒(20支)以上的人很多，其中尼古丁含量大大超过人的致死量，但急性中毒死亡者却很少，原因是烟草中的部分尼古丁被烟雾中的毒物甲醛中和了，而且大多数不是连续吸烟，这些尼古丁是间断缓慢进入人体的。此外，纸烟点燃后50%的尼古丁随烟雾扩散到空气中，5%随烟头被扔掉，25%被燃烧破坏，只有20%被机体吸收。而尼古丁在体内很快被解毒随尿排出。再加上长期吸烟者，体内对尼古丁产生耐受性、瘾癖性，而使人嗜烟如命。

大、中专院校的青年学生正处于长身体的时期，吸烟对发育成长中的青少年的骨骼发育、神经系统、呼吸系统及生殖系统均有一定程度的影响。由于青少年时期各系统和器官的发育尚不完善，功能尚不健全，抵抗力弱，与成年人相比吸烟的危害就更大。此外，由于青少年呼吸道比成年人狭窄，呼吸道黏膜纤毛发育也不健全，因此吸烟会使呼吸道受到损害并产生炎症，增加呼吸的阻力，使肺活量下降，影响青少年胸廓的发育，进而影响其整体的发育。

烟草中含有的大量尼古丁对脑神经也有毒害，它会使学生记忆力减退、精神不振、学习成绩下降。调查发现，吸烟学生的学习成绩比不吸烟的学生低。此外，青少年正处在性发育的关键时期，吸烟使睾酮分泌下降20%~30%，使精子减少和畸形。青少年吸烟还会使冠心病、高血压病和肿瘤的发病年龄提前。有关资料表明，吸烟年龄越小，对健康的危害越严重，15岁开始吸烟者要比25岁以后才吸烟者死亡率高55%，比不吸烟者高1倍多。

吸烟损害大脑，使智力受到影响。在烟草的烟雾中，一氧化碳含量很高。吸入人体后，与血液中的血红蛋白结合成碳氧血红蛋白，使血红蛋白不能正常地与氧结合成氧合血红蛋白，因而失去携氧的功能。此外，一氧化碳与血红蛋白结合力要比氧气大260倍，而从碳氧血红蛋白中离解出一氧化碳的速度又比从氧合血红蛋白中分离出氧的速度慢得多。由于人的大脑对氧的需要量大，对缺氧十分敏感，因此，吸多了烟就会感到精力不集中，甚至出现头痛、头昏现象。久之，大脑就要受到损害，使思维变得迟钝，记忆力减退。这样，必然会影响学习和工作，使学生的学习成绩下降。

吸烟导致的青少年弱视称为“烟草中毒性弱视”。其主要表现一是视力障碍：视物不清，戴眼镜也难以矫正，随着视力减退逐渐加重，到一定时期，连视力表上0.1也看不清楚；二是视野改变：早期视野中间出现一团哑铃形或圆形黑影，后期视野缩小，视物时四周模糊不清；三是色觉异常：尤其是辨不清红、绿颜色；四是畏光：在强光下视物反而不清楚。烟草中毒性弱视病情发展比较缓慢，很容易被人们忽视。

因此，青年学生自觉养成不吸烟的个人卫生习惯，不仅有益于健康，而且也是一种高尚公共卫生道德的体现。另外，也能避免因吸烟引起火灾的发生。

（二）喝酒

在同学、朋友聚会和庆典中，适量地喝一点啤酒或葡萄酒助兴，对身体有解除疲劳、增进食欲、帮助消化作用。但是青年学生自制力弱，难以对喝酒加以节制，则对身体和心理发育危害极大。

第一，酒中的主要成分是乙醇即酒精，饮酒后约20%的酒精立即在胃中被吸收，其余全部被小肠吸收。吸收进血液中的酒精，除了极少数（10%）由汗、尿、唾液和呼吸排出体外，其余的90%要经过肝脏解毒，但是肝脏的解毒能力有限，因此使人的组织器官和各个系统都要受到酒精的毒害。青少年发育尚未完全，各器官功能尚不完备，对酒精的耐受力低，肝脏处理酒精的能力差，因而更容易发生酒精中毒及脏器功能损害，可能埋下肝硬化、胃癌、心血管病等疾病隐患，经常饮酒，容易患酒精中毒性肝炎和脂肪肝，最终发展为肝硬化。

第二，酒精对人的中枢神经系统的危害最严重。中枢神经系统有兴奋和抑制作用。少量可兴奋，过量则形成抑制作用。如果饮酒过多，就会脸红，乱说胡话，站立不稳以至醉倒、呕吐等。随之昏睡，面色苍白，血压下降，最后陷入昏迷，严重的还可以引起呼吸困难、窒息，造成酒精中毒死亡。

第三，青少年饮酒，还容易引起肌肉无力，性发育早熟。酒精对精子和卵子都有毒害，造成不育和影响胎儿生长发育。女孩还容易未老先衰。

第四，长期饮酒会使人的身体系统对酒精习以为常，在“酒醉状态”中显得似乎很正常，接着，慢慢就可能会对酒产生依赖了。青少年更容易在饮酒时误食毒品，这是相当危险的事情。

青少年神经系统还较稚嫩，自制能力差，酒后易行为失控，容易产生某些心理疾病，如心理脆弱或者智力缺陷，经常饮酒者大约15%可发展为各种精神病。青少年饮酒还可以诱发各种事故甚至危及生命，如偷食禁果、与人争斗、擅自驾车等。

因此，青年学生最好不饮酒，更不能经常饮酒，以保护身心的健康。

(三)无节制上网

互联网是同学们学习、娱乐、交往、购物等重要工具，但长时间坐在计算机旁，计算机的电磁辐射通常以热效应、非热效应和刺激对身体产生生物作用，发热过高和长时间接受辐射都会对人体产生破坏，使大脑皮层组织活动能力减弱，已形成的条件反射受到抑制，长时间的暴露可能引起神经系统机能紊乱，对免疫系统、循环系统和生命发育功能产生影响。长时间无节制上网成瘾，对身体带来的危害有：

①玩游戏时大脑神经高度紧张，看电视时头脑非常迟钝，而且计算机释放的一些有害物质刺激人的脾胃，而引起食欲缺乏。

②长时间对着计算机，坐在计算机桌前，会诱发颈椎病、肩周炎等“过劳病”。

③容易吸收计算机周围的各种有害物质和辐射，会使皮肤越来越粗糙，产生黑眼圈，脸上容易出油长痘，皮肤发黄变黑，脸上长斑。

④与周围的同龄人游玩交谈变少，很容易在生活中被孤立，进而产生不

愿见人的心理阴影，引起心理疾病。

⑤会影响眼睛器官，时间长了就会引起视力疲劳，导致视力下降，出现近视眼、散光眼疾病。

因此，使用计算机时应与计算机显示屏保持至少50厘米距离，上机时间不宜超过8小时，每一两个小时到户外走动，做颈部、肩部、腰部运动，饮食上多吃水果及养胃的食物。

(四)熬夜、赖床、不吃早餐

人类最佳睡眠时间应是晚上10点至清晨6点，处于发育时期的青少年至少保证7~8个小时睡眠时间，白天睡眠时间应控制在1小时以内。大、中专院校的学生多为寄宿制，因此，常有熬夜、赖床、不吃早餐等不健康生活习惯发生。

1. 熬夜的危害

熬夜对个人的健康是一种慢性危害，熬夜的危害主要表现如下：

(1)皮肤受损

一般来说，皮肤在晚上10点到凌晨2点进入晚间保养状态。如果长时间熬夜，就会破坏人体内分泌和神经系统的正常循环。神经系统失调会使皮肤出现干燥、弹性差、缺乏光泽等问题；而内分泌失调会使皮肤出现暗疮、粉刺、黄褐斑、黑斑等问题。

(2)抵抗力下降

在熬夜对身体造成的多种损害中，最常见的就是使人经常疲劳，精神不振，身体抵抗力下降。而对于抵抗力比较弱的人来说，感冒等呼吸道疾病、胃肠道等消化道疾病也都会找上门来。这主要是因为熬夜时人的正常生理周期被打乱，人体的正常“应答”系统遭到破坏，抵抗力也就会随之下降。

(3)记忆力下降

正常来说，人的交感神经应该是夜间休息，白天兴奋，来支持人一天的工作。而熬夜者的交感神经却是在夜晚兴奋，所谓一张一弛，熬夜后的第二天白天，交感神经就难以充分兴奋了。这样人在白天会没有精神，头昏脑涨，记忆力减退，注意力不集中，反应迟钝，健忘以及头晕、头痛等。时间长了，还会出现神经衰弱、失眠等问题。

(4)阴虚火旺

对于熬夜族而言，身体超负荷工作，因此容易出现功能性紊乱，中医认为这是阴虚火旺，也就是人们常说的“上火”。另外，熬夜时人的生活往往不规律，因为要熬夜，有的人晚餐会吃得比较多，还有的人熬夜时饿了也会大吃一顿，因此熬夜者也常有肠胃病，如消化不良等。

(5)视力下降

熬夜对人眼睛的伤害不是只出现“熊猫眼”那么简单。长时间超负荷用眼，会使眼睛出现疼痛、干涩等问题，甚至使人患上干眼症。此外，眼肌的疲劳还会导致暂时性视力下降。长期熬夜造成的过度劳累还可能诱发中心性视网膜炎，使人出现视力模糊、视野中心有黑影、视物扭曲、变形、缩小、视物颜色改变等问题导致视力骤降。

2. 赖床的危害

赖床是早上已醒但不愿意起床的现象。它具有如下危害：

(1)影响肌肉的兴奋性

经过一夜的休息，早晨肌肉较放松。醒后及时起床活动，可使肌肉血液循环加剧，血液供应增加，从而有利于肌肉纤维的增粗。而赖床的人肌肉组织长时间处于松缓状态，肌肉修复差，代谢物未及时排除，起床后会感到腿酸软无力，腰部不适。

(2)扰乱生物钟节律

正常人体的内分泌及各种脏器的活动，有一定的昼夜规律。这种生物规律调节着人本身的各种生理活动，使人在白天精力充沛，夜里睡眠安稳。如果平时生活较规律而到假期睡懒觉，会扰乱体内生物钟节律，使内分泌激素出现异常。长时间如此，则会精神不振，情绪低落。

(3)有损呼吸系统

卧室的空气在早晨最混浊，即便虚掩窗户，亦有23%的空气未能流通、交换。空气中含有大量细菌、霉变和发酵颗粒、二氧化碳水气和灰尘等物。不言而喻，这些不洁成分会给机体带来麻烦。那些闭窗贪睡的人容易患有感冒、咳嗽、咽喉痛及头昏脑胀等。另外，高浓度的二氧化碳可刺激呼吸中枢，使人呼吸不自在。有人认为，经常遭受二氧化碳的“毒害”，记忆力和听力可能会下降。

(4)影响记忆力和听力

一般清晨醒来恋床时，容易使人漫无边际地胡思乱想。按说在床上休息时间越长会越精神，但人们起床后总觉得头沉甸甸的，干什么事都难以集中精力。这是因为人们恋床需要用脑，消耗大量的氧，导致脑组织出现暂时性“营养不良”引发的症状。时间长了，还损害记忆力和听力。

(5)影响胃肠道功能

一般早饭在7点钟左右，此时前一天晚饭的食物已基本消化完，胃肠会因饥饿而引起收缩。这时如赖床不起，势必打乱胃肠功能的规律，久之，胃肠黏膜遭损，很容易诱发胃炎、溃疡病及消化不良等病症。

(6)影响泌尿系统健康

喜欢赖床，不愿意离开温暖的被窝上厕所，结果使尿液在体内长时间滞留，其中的有毒物质会侵害人体健康。另外，长时间的赖床，会减缓人体的血液循环，导致营养在体内不能很好地传送，于是肌肉和关节中代谢产生的物质也不能被排出体外。

3. 不吃早餐的危害

早餐是人们白天学习工作能量供给的源泉，是一天营养的开始，要做到早吃好、午吃饱、晚吃少，而不能因为熬夜、懒床放弃早餐，不吃早餐会造成如下危害：

(1)易患消化道疾病

不吃早餐影响胃酸分泌和胆汁排出，这样就会减弱消化系统功能，诱发胃炎、胃溃疡、胆结石等消化系统的疾病。

(2)加大患慢性病的几率

不吃早餐就开始一天的工作，空着肚子的身体为了取得动力，就会动用甲状腺、副甲状腺、脑下垂体之类的腺体，去燃烧组织，除了造成腺体亢进之外，更会使体质变为酸体质，加大患慢性病的几率。

(3)抵抗力下降

由于不吃早餐引起的营养不良，会导致肌体抵抗力下降，增加感冒、心血管等疾病发病率。

(4)加速衰老

不吃早餐，人体只能动用体内储存的糖原和蛋白质，久而久之会导致皮肤干燥、起皱和贫血，加速衰老。

（5）容易发胖

不吃早餐即参加剧烈训练所引起的空腹状态，会使血液中的糖分降低，低血糖会促进生长激素的分泌；训练后摄取大量的食物，会使生长激素的分泌更加旺盛，脂肪就会不断增加。如果持续这种生活方式，脂肪就会持续蓄积。

（6）影响学习和工作能力

大脑运转需要调用血液中的葡萄糖，即血糖，这也是大脑能够利用的唯一的能源储备。如果不吃早餐或早餐营养不足，血糖水平就会相对降低，从而不能及时为神经系统的正常工作输送充足的能源物质。

（7）易引起便秘

如果经常不吃早餐，胃结肠反射的动作会逐渐减弱，最后引起便秘。

五、体育锻炼

体育是传授给学生有关健康的知识和技能，发展他们的体力，增强他们自我保健的意识和体质，培养参加体育活动的需要和习惯，增强其意志力的教育。大、中专院校的体育教育目标是提高个人身体保健意识，养成室外活动和终生锻炼身体的习惯。学校体育教育的主体是体育课教学，《全国普通高等学校体育课程教学指导纲要》规定，木科一、二年级学生要丌设不少于144课时，专科生不少于108课时的体育必修课，每周安排体育课不少于2课时，每课时不少于45分钟，每节体育课学生人数原则上不超过30人。其中提高学生心肺功能的锻炼内容不得低于30%。体育课教学内容廾设不少于15门的体育项目。学生要学会至少两项终身受益的体育锻炼项目。中等职业学校在一、二年级规定体育课不少于144学时。

除体育课外，身体锻炼的大量时间是在课外进行的。学生每天都要保证有1小时的体育活动时间。学校每年组织春、秋季综合性学生运动会，要求参与率达到50%以上。

学生在校期间，要达到教育部印发的《国家学生体质健康标准》（以下简称《标准》）的要求，该标准从身体形态、身高、体重，身体机能（肺活量）和身体素质（力量、速度、耐力、灵敏、柔韧性）等方面综合评定学生的体质健康水平（表4-1）。

表 4-1 大、中专院校学生体质健康评定必测项目与权重

评定类别	测试项目	每项权重（%）	标准分满分	项目附加分满分
身体形态	体质指数（用体重千克数除以身高米数平方得出）	15	100	
身体机能	肺活量	15		
身体素质	50 米跑	20		
	坐位体前屈	10		
	立定跳远	10		
	引体向上（男）/1 分钟仰卧起坐（女）	10		10
	1000 米跑（男）/800 米跑（女）	20		10
每学年满分（标准分满分 + 项目附加分满分）			120	

学生体质健康每学年评定一次，记入《国家学生体质健康标准登记卡》。90.0 分及以上为优秀；80.0～89.9 分为良好；60.0～79.9 分为及格；59.9 分及以下为不及格。学生毕业时的成绩和等级，按毕业当年学年总分的 50% 与其他学年总分平均得分的 50% 之和进行评定。

学生测试成绩评定达到良好及以上者，方可参加评优与评奖；成绩达到优秀者，方可获体育奖学分。测试成绩不及格者，在本学年度准予补测一次，补测仍不及格，则学年成绩评定为不及格。学生毕业时测试的成绩达不到 50 分者按结业或肄业处理。

学生因病或残疾可向学校提交暂缓或免予执行《标准》的申请，经医疗单位证明，体育教学部门核准，可暂缓或免予执行《标准》，并填写《免予执行〈国家学生体质健康标准申请表〉》，存入学生档案。确实丧失运动能力、被免予执行《标准》的残疾学生，仍可参加评优与评奖，毕业时《标准》成绩需注明免测。

林业属于艰苦行业，工作对象多是宜林荒山和茫茫林海，环境艰苦，劳动强度大，林科毕业生更要通过坚持不懈的经常的体育锻炼如早操、课间操、课外体育活动等形式使自己有健康的体魄以适应林业建设事业的需要。

六、社会实践活动

(一)社会实践的形式

社会实践是指大、中专院校学生在校园外更广阔的社会环境中接触社会、认识社会、服务社会，从中获取并接触知识增长才干，使其德、智、体等各方面得到全面协调发展的一种教育形式。学生参与社会实践是理论与实践相结合，知识分子与工农群众相结合的良好形式；是大、中专院校学生投身改革开放，向群众学习，培养领导才干的重要渠道；是提高思想觉悟，增强学生服务社会意识和社会责任感，促进学生健康成长的有效途径。通过社会实践活动有助于学生正确认识自我，提高适应社会能力，更新观念，树立正确的世界观、人生观和价值观。

大、中专学生的社会实践主要利用寒暑假和平时的课余时间进行。可以学生个人独立进行，也可以是学校集体组织或政府部门组织的团体实践活动。个人社会实践最主要的形式就是勤工助学，学生利用课余时间做一些兼职，积累一些社会经验，也能增加个人的收入，减轻家庭经济负担。参加勤工助学活动要以不误学业为前提，在校利用业余时间勤工助学的，每周以不超过20小时为宜，要把握自身特长，量力而行，文明劳动，要遵纪守法，慎防受骗。

勤工助学的形式主要有做参与学校的管理事务的助管、家教服务、技术服务、专业服务、商品服务、信息服务、时装模特等。

团体实践活动一般是集中在寒暑假等假期进行，主要形式有：

①社会调查，是以走出校门去接触社会、了解社会过程中受教育为特征的实践活动。主要采取走访、参观、调查、座谈等形式，深入企业、农村、街道等，运用观察法、统计法、问卷法等对社会现象进行调查研究，从而提出自己的见解和看法。如走访林农，参观木制品厂，调查林业改革情况，与林业英模座谈等。

②公益活动，是以开展“为社会尽责、为人民服务”的活动为特征的实践活动。在向社会、他人献爱心的同时也向社会汲取营养，在实践中得到锻炼。如清洁广告栏、为敬老院打扫卫生、在森林防火期进行护林防火宣传等。

③社会服务，是以所学知识和技术为社会做贡献为特征的实践活动。可

分为咨询服务、技术推广、智力服务、劳务服务等。如花卉养护咨询、林业育苗技术推广、林农培训班等。通过社会服务锻炼自己的专业能力和陶冶为人民服务的道德情操。

（二）志愿服务

学生志愿服务，是指学生不以获得报酬为目的，自愿奉献时间和智力、体力、技能等，帮助他人、服务社会的公益行为。2015 年，教育部印发了《学生志愿服务管理暂行办法》，对学生志愿服务活动进行了规范。十周岁以上的未成年学生，经其监护人同意，可以申请成为学生志愿者。学生志愿服务内容主要包括：普及文明风尚志愿服务、送温暖献爱心志愿服务、公共秩序和赛会保障志愿服务、应急救援志愿服务以及面向特殊群体的志愿服务等。学生志愿者在志愿服务过程中要弘扬“奉献、友爱、互助、进步”的志愿精神。

学生志愿服务组织方式包括学校组织开展、学生自行开展两类。中小学生以学校组织开展为主，高校学生可由学校组织开展，鼓励学生自行开展。高校应给予自行开展志愿服务的学生全面支持，扶持志愿服务类学生社团建设，并将志愿服务纳入实践学分管理。

学生志愿服务程序：

①学生志愿服务负责人向学校工作机构提交志愿服务计划等材料；

②学校工作机构进行登记备案，包括进行风险评估、提供物质保障、技能培训等；

③学生开展志愿服务活动；

④学校工作机构按照规定程序对学生志愿服务进行认定记录，建立学生志愿服务记录档案。

学校组织开展的志愿服务，由负责人、服务对象提供服务时间、服务内容等证明，学校工作机构予以认定记录。学生自行开展的志愿服务，由学生本人、服务对象提供服务时间、服务内容等证明，学校工作机构经过审核予以认定记录。在大学学段实行学生志愿者星级认证制度。学校根据学生志愿者参加志愿服务的时间累计，认定其为一至五星志愿者。自大学学段以来参加志愿服务时间累计达到 100、300、600、1000、1500 小时的，分别认定为一至五星志愿者。

单元5

学生权益及维护

职业院校的学生作为我国的公民，享有公民所拥有的政治权利、民主权利、人身权利、经济权利和受教育权利。权利所指向、所保护的利益就是权益。职业院校学生的权益是指学生在接受职业教育的特殊时期，作为普通公民和职业院校受教育者的双重身份应享有的权利与行使权利时获得的利益之和。本单元介绍学生权益的维护方法，涉及与学生健康权相关的人身伤害，与学生奖贷权相关的学生资助政策，以及与学生权益保障相关的学生医疗保险、意外伤害保险和校方责任险等内容。

一、职业院校学生的权益

(一)普通权益

职业院校学生的权益包括普通权益和特殊权益两类。学生享有的普通权益是指职业院校学生作为国家公民所享有的除《中华人民共和国教育法》(以下简称《教育法》)、《中华人民共和国高等教育法》(以下简称《高等教育法》)以外还包括《中华人民共和国宪法》(以下简称《宪法》)、《中华人民共和国民法通则》(以下简称《民法通则》)等基本法在内的法律法规规定的权利。主要包括财产权和人格权。

1. 财产权

财产权是财产所有人对自己的财产所具有的占有、使用、收益和处分的权利。学生在校期间对其依法取得的财产享有占有、使用、收益和处分等权利，如学生对依法取得的奖学金、助学金、贷学金以及自己的生活资料、学习用品等拥有的所有权。财产权是一种绝对权利，任何人不得侵犯和非法限制。

2. 人格权

人格权是指主体依法所固有的、以人格利益为客体的、为维护主体的独立人格所必备的权利。现代社会，人格利益被视为人的最高利益，人格权的维护，已成为衡量一个国家法律先进与否的标志之一。我国《民法通则》以《宪法》第38条为根据，对人格权作了比较充分的规定。人格权和财产权一样，是公民的法定权利，是绝对权利，任何人不得非法剥夺和侵害。人格权主要包括健康权、姓名权、荣誉权、隐私权、名誉权等。

(二)特殊权益

职业院校学生的特殊权益是指依据《教育法》《高等教育法》之规定所享有的与其特殊身份相对应的权利，即受教育权，一般包括以下五项权利：

1. 参加教育教学活动权

我国《教育法》明确规定，受教育者享有“参加教育教学计划安排的各种活动，使用教育教学设备、图书资料”的权利。学生参加学校的各种教育教学活动是学生完成各项学习任务的保障，教育教学活动只有在师生的互动下，才能取得相应的成效。学校的各种设备、设施和图书资料是为学生而设立和投入的，学生是使用这些设施设备的主人。他们有权了解和使用这些设施设备，以保证在学习的过程中，完成学习任务和要求。

2. 参与权

参与权是指学生参加学校围绕培养学生成才而设立的各类学生组织和各项活动的权利。《高等教育法》第57条规定：“高等学校的学生，可以在校内组织学生团体。”《普通高等学校学生管理规定》第41条规定：“学校应当建立和完善学生参与民主管理的组织形式，支持和保障学生依法参与学校民主管理。”

3. 奖贷权

奖贷权是指学生按国家有关规定获得奖学金、贷学金、助学金及申请贷款的权利。我国《教育法》第42条规定，学生“按照国家有关规定获得奖学金、贷学金、助学金”；《高等教育法》第54条规定，对“家庭经济困难的学生，可以申请补助或者减免学费”；《中国人民银行助学贷款管理办法》规定，对家庭经济确有困难，学习努力，遵守国家法律和学校纪律的学生，有权提出贷款申请，以解决在校学习期间的学习费用和生活费用。

4. 公正评价权

公正评价权是指学生在学业成绩和品行上获得公正评价的权利。我国《教育法》第42条规定，学生在学业成绩和品行上获得公正评价，完成规定的学业后获得相应的毕业证书、学位证书。

5. 申诉权

申诉权是指学生合法权益受到侵害时向有关机构和组织申请救助的权利。我国《教育法》第42条规定，学生在校期间对学校给予的处分不服，可向有关部门提出申诉，对学校、教师侵犯其人身权、财产权等合法权益，可提出申诉或者依法提起诉讼。

二、学生权益的维护

（一）学生权益的自我维护

1. 普通权益的维护方法

学生具有双重身份，作为国家公民时，享有公民应该享有的基本权益，当基本权益受到不法侵害时，作为公民所能采取的维权方法同样适用于学生。我国公民维权的一般方法包括以下几种。

（1）自卫

自卫是指公民的合法权益正在受到侵害或者威胁时，为了维护自己权益，依靠自己的力量而实施的合法行为，如正当防卫与紧急避险。自卫的内涵包括以下3点：实施自卫行为的前提是自己的合法权益受到侵害或者威胁，如果自己的合法权益没有处在受侵害或威胁的条件下，或只是自己假想受到侵害或威胁从而实施维权行为的都不属于自卫行为；自卫行为必须是当自己的合法权益正在受到侵害或受到威胁时而实施的，如果侵害行为完成之后而实施自卫则属于事后自卫，是不合法的；采取自卫行为的方式及维权的程度必须合乎法律规定。

（2）协商与和解

协商与和解是指被侵权的公民依法自行与侵权人相互沟通、交流，从而达成维护合法权益的方案与共识。协商与和解是被侵权人救济自己权益常用的方法，但协商与和解必须遵循一个重要原则——合法，即此种侵权行为能不能协商与和解，用何种方式进行协商与和解以及协商与和解的结果都必须合乎法律规定。

（3）调解与仲裁

调解是指由第三者（调解机构或调解人）出面对纠纷的双方当事人进行调停说和，用一定的法律规范和道德规范劝导冲突双方，促使他们在互谅互让的基础上达成解决纠纷的协议。仲裁是指由双方当事人选定的仲裁机构对纠纷进行审理并作出裁决。调解与仲裁选择的机构与组织是基于双方当事人具有共同意愿的基础上产生的，哪个机构或组织具有调解与仲裁的权力或具有多大的调解与仲裁的权限，不是依据当事人的意志决定的，而是依据法律规定的。

(4)司法诉讼

“诉”是告诉、控告的意思；“讼”是争论、争辩的意思。诉讼俗称打官司，就是指告于司法机关以争辩是非曲直。诉讼按照任务和形式特点的不同可以分为刑事诉讼、民事诉讼和行政诉讼。司法诉讼是公民维护自己合法权益最终的途径。公民可以根据权益受侵害的性质和程度，依据法律的规定来选择司法诉讼。

2. 特殊权益的维护方法

我国《教育法》第42条规定：“受教育者享有下列权利：……对学校给予的处分不服向有关部门提出申诉，对学校、教师侵犯其人身权、财产权等合法权益，提出申诉或依法提起诉讼。”依据以上规定学生特殊权益维护的方法有以下几种。

(1)陈述和申辩

陈述和申辩是指学生在学校做出对自己的处分决定前，如果对将要做出的处分决定所依据的程序、事实或定性不服可以向学校相关部门和机关进行陈述和申辩。我国《普通高等学校学生管理规定》第56条规定：“学校在对学生做出处分决定之前，应当听取学生或者其代理人的陈述和申辩。”学生通过陈述和申辩的方法，可以减少学校做出不合法、不合理处分决定的几率，降低合法权益受到侵害的风险。

(2)申诉

申诉是指受教育者对学校给予的处分不服或者对学校、教师侵犯其人身权、财产权等合法权益时，向学校或教育行政主管部门申诉理由，请求重新处理的制度。申诉是由我国《教育法》所确定的一项法定救济措施，体现了我国教育立法注重保护公民合法权益的立法宗旨，是保护学生受教育权利的一条重要渠道，是学生维护自己合法权益的主要途径，在维护救济学生权益中发挥着重要作用。

在《普通高等学校学生管理规定》中对学生处分的申诉做出了相应规定。学生对处分决定有异议的，在接到学校处分决定书之日起5个工作日内，可以向学校学生申诉处理委员会提出书面申请。

申诉书内容包括：申诉人的基本情况(包括姓名、性别、年龄、职业、确切的联系方式，如地址、邮政编码、电话等)、被申诉人的基本情况(包括单位名称、地址、法定代表人姓名、职务等)、明确具体的申诉请求、申诉请求依据的事实和理由，申诉书落款要有本人签名并注明年、月、日。省级教育行政部门在接到学生书面申诉之日起30个工作日内，应当对申诉人的问题给予处理并答复。从处分决定或者复查决定送交之日起，学生在申诉期内未提出申诉的，学校或者省级教育行政部门不再受理其提出的申诉。

学生申诉处理委员会对学生提出的申诉进行复查，并在接到书面申诉之日起15个工作日内，做出复查结论并告知申诉人。需要改变原处分决定的，由学生申诉处理委员会提交学校重新研究决定。学生对复查决定有异议的，在接到学校复查决定书之日起15个工作日内，可以向学校所在地省级教育行政部门提出书面申诉。

3. 司法诉讼

司法诉讼是指学生人身权、财产权等合法权益受到学校、教师侵害时，依法定程序向法院提出的请求救济的制度。依据我国《教育法》规定，我国学生提起的司法诉讼主要属于民事诉讼。司法诉讼是学生合法权益救济的最终途径。

(二)学校对学生权益的保护

学校应当全面贯彻国家的教育方针，实施素质教育，提高教育质量，注重培养在校学生的创新能力和实践能力，促进学生全面发展。

学校应当尊重在校学生受教育的权利，不得歧视，不得违反法律和国家规定开除在校学生。

学校应当根据在校学生身心发展特点，对他们进行社会生活指导、心理健康辅导、就业技能指导。

学校的教职工应当尊重在校学生的人格尊严，不得对在校学生实施体罚、变相体罚或者其他侮辱人格尊严的行为。

学校应当建立安全制度，加强对在校学生的安全教育，采取一定措施保障在校学生的校园人身安全。学校不得在危及在校学生人身安全、健康的校舍和其他设施、场所中进行教育教学活动。

教育行政等部门和学校应当根据需要，制定应对各种灾害、传染性疾病、食物中毒、意外伤害等突发事件预案，配备相应设施并进行必要的演练，增强在校学生的自我保护意识。

学校对在校学生在校内或者本校组织的校外活动中发生人身伤害事故的，应当及时救护，妥善处理，并及时向有关主管部门报告。

学校不得以任何名义以各种方式侵犯学生的财产权。不得私自进入学生个人领域或进行检查。

学校对在校学生在校期间进行的兼职、实习和其他就业相关的活动应当进行教育指导，加强学生的就业安全意识。在校学生有权利用课余时间进行社会实践和助工助学活动。学校应当保护在校生自由择业的权利。

学校不得侵犯学生公正评价权，学生在教育教学过程中，享有要求教师、学校对自己的学业成绩和品行进行公正评价并客观真实地记录在成绩档案中，在完成相应的学业后获得相应的学业证书、学位证书的权利。学校应当尊重和保护学生的学术自由权利。

三、学生伤害事故

（一）学生伤害事故责任划分

学生伤害事故是指在学校实施的教育教学活动或者学校组织的校外活动中，以及在学校负有管理责任的校舍、场地、其他教育教学设施、生活设施内发生的，造成在校学生人身损害后果的事故。学生作为我国公民，享有保持其身体组织器官完整性和身体机能安全为内容的健康权。因此，在校生在学校的健康权益必须得到维护。国家教育部 2002 年颁布了《学生伤害事故处理办法》是预防和妥善处理在校学生伤害事故，保护学生、学校的合法权益的行政法规依据。

1. 学校应当依法承担学生伤害事故的情形

以下情况发生时，学校应依次承担学生伤害事故责任：

①学校的校舍、场地、其他公共设施，以及学校提供给学生使用的学具、教育教学和生活设施、设备不符合国家规定的标准，或者有明显不安全因素的；

②学校的安全保卫、消防、设施设备管理等安全管理制度有明显疏漏，或者管理混乱，存在重大安全隐患，而未及时采取措施的；

③学校向学生提供的药品、食品、饮用水等不符合国家或者行业的有关标准、要求的；

④学校组织学生参加教育教学活动或者校外活动，未对学生进行相应的安全教育，并未在可预见的范围内采取必要的安全措施的；

⑤学校知道教师或者其他工作人员患有不适宜担任教育教学工作的疾

病，但未采取必要措施的；

⑥学校违反有关规定，组织或者安排未成年学生从事不宜未成年人参加的劳动、体育运动或者其他活动的；

⑦学生有特异体质或者特定疾病，不宜参加某种教育教学活动，学校知道或者应当知道，但未予以必要的注意的；

⑧学生在校期间突发疾病或者受到伤害，学校发现，但未根据实际情况及时采取相应措施，导致不良后果加重的；

⑨学校教师或者其他工作人员体罚或者变相体罚学生，或者在履行职责过程中违反工作要求、操作规程、职业道德或者其他有关规定的；

⑩学校教师或者其他工作人员在负有组织、管理未成年学生的职责期间，发现学生行为具有危险性，但未进行必要的管理、告诫或者制止的；

⑪对未成年学生擅自离校等与学生人身安全直接相关的信息，学校发现或者知道，但未及时告知未成年学生的监护人，导致未成年学生因脱离监护人的保护而发生伤害的；

⑫学校有未依法履行职责的其他情形的。

2. 学生或监护人应承担学生伤害事故责任的情形

学生或未成年学生监护人由于过错应依法承担的学生伤害事故责任的情形：

①学生违反法律法规的规定，违反社会公共行为准则、学校的规章制度或者纪律，实施按其年龄和认知能力应当知道具有危险或者可能危及他人的行为的；

②学生行为具有危险性，学校、教师已经告诫、纠正，但学生不听劝阻、拒不改正的；

③学生或者其监护人知道学生有特异体质，或者患有特定疾病，但未告知学校的；

④未成年学生的身体状况、行为、情绪等有异常情况，监护人知道或者已被学校告知，但未履行相应监护职责的；

⑤学生或者未成年学生监护人有其他过错的。

3. 学校不承担学生伤害事故责任的情形

因下列情形之一造成的学生伤害事故，学校已履行了相应职责，行为并无不当的，无法律责任：

①地震、雷击、台风、洪水等不可抗力的自然因素造成的；
②来自学校外部的突发性、偶发性侵害造成的；
③学生有特异体质、特定疾病或者异常心理状态，学校不知道或者难于知道的；
④学生自杀、自伤的；
⑤在对抗性或者具有风险性的体育竞赛活动中发生意外伤害的；
⑥其他意外因素造成的。

下列情形下发生的造成学生人身损害后果的事故，学校行为并无不当的，不承担事故责任；事故责任应当按有关法律法规或者其他有关规定认定：

①在学生自行上学、放学、返校、离校途中发生的；
②在学生自行外出或者擅自离校期间发生的；
③在放学后、节假日或者假期等学校工作时间以外，学生自行滞留学校或者自行到校发生的；
④其他在学校管理职责范围外发生的。

因学校教师或者其他工作人员与其职务无关的个人行为，或者因学生、教师及其他个人故意实施的违法犯罪行为，造成学生人身损害的，由致害人依法承担相应的责任。

学校安排学生参加活动，因提供场地、设备、交通工具、食品及其他消费与服务的经营者，或者学校以外的活动组织者的过错造成的学生伤害事故的，有过错的当事人应当依法承担相应的责任。

（二）学生伤害事故损害的赔偿

发生学生伤害事故，学校与受伤害学生或者学生家长可以通过协商方式解决；双方自愿，可以书面请求主管教育行政部门进行调解。成年学生或者未成年学生的监护人也可以依法直接提起诉讼。对发生学生伤害事故负有责任的组织或者个人，应当按照法律法规的有关规定，承担相应的损害赔偿责任。学生伤害事故赔偿的范围与标准，按照有关行政法规、地方性法规或者最高人民法院司法解释中的有关规定确定。对受伤害学生的伤残程度存在争议的，可以委托当地具有相应鉴定资格的医院或者有关机构，依据国家规定的人体伤残标准进行鉴定。

学校对学生伤害事故负有责任的，根据责任大小，适当予以经济赔偿，但不承担解决户口、住房、就业等与救助受伤害学生、赔偿相应经济损失无直接关系的其他事项。学校无责任的，如果有条件，可以根据实际情况，本着自愿和可能的原则，对受伤害学生给予适当的帮助。

因学校教师或者其他工作人员在履行职务中的故意或者重大过失造成的学生伤害事故，学校予以赔偿后，可以向有关责任人员追偿。

未成年学生对学生伤害事故负有责任的，由其监护人依法承担相应的赔偿责任。

学生的行为侵害学校教师及其他工作人员以及其他组织、个人的合法权益，造成损失的，成年学生或者未成年学生的监护人应当依法予以赔偿。

四、学生保险

(一)保险的类别

保险是指投保人根据合同约定，向保险人支付保险费，保险人对于合同约定的可能发生的事故因其发生所造成财产损失承担赔偿保险金责任，或者当被保险人死亡、伤残、疾病或者达到合同约定的年龄、期限等条件时承担给付保险金责任的经营行为。从社会角度看，保险是社会经济保险制度的重要组成部分，是社会生产和社会生活“精巧的稳定器”。按经营性质可分为社会保险和商业保险。社会保险是指收取保险费，用来对其中因年老、疾病、生育、伤残、死亡和失业而导致丧失劳动能力或失去工作机会的成员提供基本生活保障的一种社会保护制度。主要包括养老保险、医疗保险、失业保险、工伤保险和生育保险。商业保险是由专门的保险企业经营，通过订立保险合同运营，以营利为目的的保险形式。按照保险业务保障对象分为人身保险、财产保险、责任保险、信用保证保险四个大类。

人身保险是以人的身体或生命作为保险标的的保险，保险人承担被保险人保险期间遭受到人身伤亡，或者保险期满被保险人伤亡或者生存时，给付保险金的责任。包括人寿保险、疾病保险、人身意外伤害险等。财产保险是以各种物质财产为保险标的的保险，保险人对物质财产或者物质财产利益的损失负赔偿责任。责任保险是以被保险人的民事损害赔偿责任作为保险标的的保险。不论企业、团体、家庭或个人，在进行各项生产业务活动或者在日常生活中，由于疏忽、过失等行为造成对他人的损害，根据法律或契约对受害人承担的经济赔偿责任，都可以在投保有关责任保险之后，由保险公司负责赔偿。信用保证保险是以信用风险为保险标的的保险，它实际上是由保险人（保证人）为信用关系中的义务人（被保证人）提供信用担保的一类保险业务，如我们购买某些商品时在商品包装上标明出的产品质量保证保险即是。

与职业院校学生权益保障相关的保险有学生医疗保险、学生意外伤害保险和学校责任保险。

（二）学生意外伤害保险

1. 意外伤害的条件

学生意外伤害保险是指学校注册学生在保险期限内遭受意外伤害，并自遭受伤害之日起的一定时间内造成死亡、残废、支出医疗费或暂时丧失劳动能力，保险公司按照规定支付保险赔偿金的商业保险产品。

意外伤害必须符合以下条件：

①外来因素造成的。是指由于被保险人身体外部原因造成的事故，如车祸、被歹徒袭击、溺水、食物中毒等。

②突发的。指在瞬间造成的事故，没有较长的过程，如落水、触电、跌落等。

③意外发生的。指被保险人未意料到和非本意的事故，如飞机坠毁等，另有一些事故虽然可以预见或避免，但由于无法抗拒或履行职责不得回避，也应列入"意外"范畴，如轮船着大火被迫跳海逃生，见义勇为与歹徒搏斗而负伤等。

④非疾病的。疾病所致伤害，虽不是本人事先所能意料到的，但它是人体自身产生的结果，不属于意外事故，如脑出血发作不省人事。

⑤身体受到伤害。意外伤害的对象必须是被保险人的身体所属部位，且伤害事实成立。

2. 不承担给付保险金责任的情况

学生意外伤害保险在下列情况下不承担给付保险金责任：

①投保人故意行为；
②被保险人自致伤害或自杀，但被保险人自杀时无民事行为能力的除外；
③因被保险人挑衅或故意行为而导致的打斗、被袭击或被谋杀；
④被保险人妊娠、流产、分娩、疾病、药物过敏、中暑、猝死；
⑤被保险人接受整容手术及其他内、外科手术；
⑥被保险人未遵医嘱，私自服用、涂用、注射药物；
⑦核爆炸、核辐射或核污染；
⑧恐怖袭击；
⑨被保险人犯罪或拒捕；
⑩被保险人从事高风险运动或参加职业或半职业体育运动；
⑪战争、军事行动、暴动或武装叛乱期间；
⑫被保险人受酒粗毒品或管制药物的影响期间；
⑬被保险人酒后驾车、无有效驾驶证驾驶或驾驶无有效行驶证的机动车期间。

3. 参保对象和保额

学生意外伤害保险的被保险人是在依法开办的学校注册，身体健康，能正常学习和生活的40周岁及以下的全日制大、中、小学生，投保人为学生本身或监护人。在学生自愿的前提下，由本人投保或由学校统一组织投保。保险期限为一学年，期满续保。学生意外伤害保险具有保费低廉、保额高的优点，每个学生每年保费50元，总保额可达13.5万元人民币。

(三)校方责任险

校方责任险是由学校作为投保人，因校方过失导致学生伤亡或财产损失，由保险公司赔偿。学校也是受益方，是一种责任保险。

凡取得合法资格的教育机构，包括全日制中小学、中等职业学校及高等学校，均可作为投保人和被保险人。现在校方责任险已扩大至高校。

1. 保险责任及赔偿范围

学生在校活动中或由学校统一组织安排的活动(包括体育课、实验课、课间操、课外活动、春游等)过程中，因学校非主观过失导致注册学生的人身伤害或财产损失，依法应由学校承担直接经济赔偿责任。保险公司负责赔偿：

①在校注册学生的人身伤亡或财产损失；

②事先经保险人书面同意的仲裁或诉讼费用（简称“法律费用”）。

保险事故发生后，被保险人为防止或减少对注册学生的人身伤亡或财产损失的赔偿责任所支付的必要的、合理的费用（简称“施救费用”），保险人按照本保险合同的约定也负责赔偿。

2. 除外责任

（1）下列原因造成的损失、费用和责任，保险公司不负责赔偿：

①被保险人及其雇员的重大过失、违法或故意行为；

②战争、敌对行为、军事行为、武装冲突、罢工、骚乱、暴动、盗窃、抢劫、恐怖活动；

③行政行为或司法行为；

④核辐射、核爆炸、核污染及其他放射性污染；

⑤地震及其次生灾害，海啸及其次生灾害，雷击、台风、洪水等不可抗力的自然灾害；

⑥注册学生自伤、自杀，而被保险人及其雇员的教育管理并无不当；

⑦学生打架、斗殴、吸毒等违法、犯罪行为；

⑧注册学生本人具有特异体质，而被保险人事先并不知情；

⑨注册学生突发疾病，而被保险人及时采取措施，未延误治疗；

⑩被保险人的雇员的非职务行为；

⑪被保险人知道其教学、建筑设施不安全，仍继续使用。

（2）下列各项损失、费用和责任，被保险人不负责赔偿：

①手机、电脑及其他电子产品的丢失和损坏；

②金银、首饰、珠宝、文物、软件、数据、现金、信用卡、票据、单证、有价证券、文件、账册、技术资料及其他不易鉴定价值财产的丢失和损坏；

③被保险人及其雇员的人身伤亡或财产损失；

④被保险人应该承担的合同责任，但无合同存在时仍然应由被保险人承担的经济赔偿责任不在此限；

⑤罚款、罚金或惩罚性赔偿；
⑥精神损害赔偿；
⑦间接损失；
⑧本保险合同中载明的免赔额或按免赔率计算的免赔金额。

3. 保险费及保险金额

保险费：每人每年5元。

保险金额：每人每年人身伤害赔偿金额30万元，每所学校每次事故赔偿限额150万元，每所学校每年累计赔偿限额450万元。

保险费用及保险金额各地有所不同。

(四)学生医疗保险

按国家规定，大、中专院校学生的医疗保险纳入学校所在地城镇居民基本医疗保险范围。城镇居民基本医疗保险是社会医疗保险的组成部分，具有强制性，采取以政府为主导，以居民个人(家庭)缴费为主，政府适度补助为辅的筹资方式，按照缴费标准和待遇水平相一致的原则，为城镇居民提供医疗需求的医疗保险制度。现以沈阳市大、中专学生医保为例说明。

1. 筹资标准

全日制大、中专学生参加城镇居民基本医疗保险的个人缴费标准和政府补助标准，按照当地中、小学生参加城镇居民医疗保险相应标准执行。个人缴费原则上由学生本人和家庭承担，有条件的学校可对其缴费给予补助。政府补助资金由财政安排。如沈阳市大、中专院校学生居民医疗保险筹资标准如表5-1所示。

表5-1 沈阳市大、中专院校学生居民医疗保险筹资标准 单位：元

参保学生类别	每人每年筹资合计	基本医疗保险	
		个人缴纳	政府补助
普通学生	400	80	320
低保户学生	400	0	400
重度残疾人(二级以上)	400	0	400
低保边缘户学生	400	80	320

2. 办理参保的步骤

大、中专院校学生参保由学校统一组织办理，实行按年申报、缴费。

新入学参保学生向所在学校申请参保登记、填写《大学生参保登记表》，提供身份证复印件（中职学生提供户口簿原件及复印件）和2寸（中职学生为1寸）免冠彩色照片1张，并交纳基本医疗保险费；困难家庭大学生还需提供《低保证》《低保边缘户救助证》和《残疾证》原件及复印件。

3. 基本医疗保险待遇

大、中专院校学生基本医疗保险待遇起止时间为自新参保缴费当年的9月1日起至次年的12月31日止，春季入学的自参保缴费到账的次月起至12月31日止，以后的待遇期按自然年度计算。统筹基金年最高支付限额12.5万元。具体医疗待遇如下：

（1）门诊急诊、门诊

门诊急诊抢救留院观察转住院留观期间及门诊急诊抢救期间死亡所发生的符合政策规定的医疗费由统筹基金支付。统筹基金支付比例为60%，个人自付40%。

门诊规定的病种有恶性肿瘤放疗、化疗（仅限膀胱灌注）、尿毒症透析、器官移植抗排斥反应治疗、慢性病毒性丙型肝炎抗病毒治疗、Ⅰ型糖尿病和伴有并发症的Ⅱ型糖尿病、恶性肿瘤抗肿瘤药物治疗、慢性病毒性乙型肝炎及其引起的代偿期肝硬化抗病毒治疗、系统性红斑狼疮、银屑病（脓包型银屑病、关节病型银屑病、红皮病型银屑病）、再生障碍性贫血、血友病、乳腺癌和前列腺癌内分泌治疗、重症肌无力、肺源性心脏病（心功能3级）、风湿性心脏病（心功能3级）、类风湿性关节炎、偏执型精神病、血管支架术后抗凝治疗（限术后一年）、冠状动脉旁路移植术后（限术后一年）、慢性肾功能不全（失代偿期）药物治疗、脑垂休泌乳素瘤、白塞氏病、多发性肌炎和皮肌炎、真性红细胞增多症、脑垂体前叶功能减退、进行性核上性麻痹、癫痫。

（2）基本医疗保险门诊统筹

大学生门诊统筹以学校为统筹单位，委托各高校医疗机构管理和经办，市医疗保险管理中心（简称市医保中心）与之签订服务协议。门诊统筹基金从大学生个人缴纳的和政府补助的基本医疗保险费中提取，暂按每人每年20元标准提取用于门诊统筹，门诊统筹费用各校包干使用，专款专用。除门诊规定病种医疗费用由基本医疗保险统筹基金按一定比例报销外，其他常见病、多发病在学校指定的医疗机构发生的门诊医疗费用和意外伤害的门诊费用均由门诊统筹基金支付。门诊统筹报销比例应不低于55%，月最高支付限额为80元。

参加城镇居民基本医疗保险的在校中职学生可本着就近的原则，将户口所在地或居住地的社区卫生服务中心（站）或乡镇卫生院作为本人门诊统筹就医的定点医疗机构。

（3）住院待遇

①定点医疗机构住院治疗；
②因急诊抢救在非定点医疗机构住院治疗；
③经审批后转往外地就医治疗；
④本市户簿的在校学生外出探亲期间住院治疗；
⑤非本市户簿的在校学生寒暑假及法定假日回家探亲期间住院治疗；
⑥在校学生异地实习期间在实习地点住院治疗。

（4）意外伤害住院医疗待遇

参加城镇居民基本医疗保险的学生因意外伤害住院发生的符合居民基本医疗保险支付范围的医疗费用由居民基本医疗保险统筹基金给予支付。意外伤害的住院医疗及就医管理、统筹基金支付范围、统筹基金统筹标准、基金支付比例与疾病住院相同。按照意外伤害责任主体支付费用原则，特明确下列因本人违反国家法律、法规和有关规定发生的医疗费用，有明确责任主体的意外伤害医疗费用，城镇居民基本医疗保险统筹基金不予支付：

①因违法犯罪、打架斗殴、酗酒、吸毒、自杀、故意自伤自残等造成伤残所发生的一切医疗费用；

②因医疗事故采取补救性医疗措施和医疗事故造成的伤害所发生的一切医疗费用；

③因交通事故造成伤残所发生的一切医疗费用；
④因整形美容造成伤害所发生的一切医疗费用；
⑤因违反计划生育政策所发生的一切医疗费用；
⑥因刑事案件造成的伤害所发生的一切医疗费用；
⑦有责任主体的其他意外伤害所发生的一切医疗费用。

（5）医疗卫生费用报销比例

以辽宁沈阳大、中专院校学生医疗费用报销为例（表 5-2）。

表 5-2 沈阳大、中专院校学生医疗费用报销比例一览表

<table>
<tr><th>费用发生地</th><th>医疗类别</th><th>医疗机构级别或发生状况</th><th>统筹基金起付标准（元）</th><th>统筹基金支付比例（%）</th><th>个人自付比例（%）</th></tr>
<tr><td rowspan="10">沈阳市级统筹范围内</td><td rowspan="5">门诊规定病种</td><td>社区卫生服务站（门诊部、卫生所）</td><td rowspan="5">0</td><td>85</td><td>15</td></tr>
<tr><td>一级</td><td>80</td><td>20</td></tr>
<tr><td>二级</td><td>70</td><td>30</td></tr>
<tr><td>三级</td><td>60</td><td>40</td></tr>
<tr><td>特大型三级</td><td>55</td><td>45</td></tr>
<tr><td rowspan="5">住院</td><td>一级（含社区）</td><td>100</td><td>90</td><td>10</td></tr>
<tr><td>区属二级</td><td>150</td><td>88</td><td>12</td></tr>
<tr><td>市属二级</td><td>200</td><td>85</td><td>15</td></tr>
<tr><td>三级</td><td>300</td><td>78</td><td>22</td></tr>
<tr><td>特大型三级</td><td>500</td><td>73</td><td>27</td></tr>
<tr><td rowspan="4">外省、市</td><td rowspan="4">住院</td><td>实习地点住院治疗</td><td rowspan="3">500</td><td rowspan="3">73</td><td rowspan="3">27</td></tr>
<tr><td>非本市户籍在校学生寒暑假回家探亲</td></tr>
<tr><td>本市户籍学生外出探亲期间</td></tr>
<tr><td>经审批后转外就医</td><td>100</td><td>60</td><td>40</td></tr>
</table>

注：①统筹基金支付比例不包括乙类药品、乙类诊疗项目和医疗服务设施项目先行自付部分及丙类药品、丙类诊疗项目和医疗服务设施项目自费部分。

②统筹基金起付标准指住院时在启动统筹基金前，必须由个人支付的住院医疗费用金额（不含自费和乙类药品及特殊检查、特殊治疗的个人先行支付比例的费用）。精神病、急慢性传染性肝炎、浸润性肺结核、慢性纤维空洞性肺结核 4 种疾病不设立统筹基金起付标准；恶性肿瘤患者在一个自然年度内多次住院，每年只需交纳首次住院的统筹基金起付标准。

五、学生资助政策

(一)高等学校学生资助形式与范围

1. 资助形式

目前，国家在高等教育阶段建立起国家奖学金、国家励志奖学金、国家助学金、国家助学贷款(包括校园地国家助学贷款和生源地信用助学贷款)、师范生免费教育、退役士兵教育资助、学费补偿助学贷款代偿、勤工助学、学费减免等多种形式有机结合的高等学校家庭经济困难学生资助政策体系。家庭经济困难学生考入大学，首先可通过学校开设的“绿色通道”按时报到。入校后，学校对其家庭经济困难情况进行核实，采取不同措施给予资助。其中，解决学费、住宿费问题，以国家助学贷款为主，以国家励志奖学金等为辅；解决生活费问题，以国家助学金为主，以勤工助学等为辅。此外，国家还积极引导和鼓励社会团体、企业和个人面向高等学校设立奖学金、助学金，共同帮助高等学校家庭经济困难学生顺利入学并完成学业。

2. 资助政策实施范围

公办普通本科高校、高等职业学校和高等专科学校的全日制普通本、专科(含高职、第二学士学位)在校学生，符合国家规定条件的，享受国家的资助政策。按照国家有关规定规范办学、从事业收入中足额提取4%～6%的经费用来资助家庭经济困难学生的民办高校(含独立学院)招收的全日制普通本、专科(含高职、第二学士学位)学生，符合国家规定条件的，也可享受国家资助政策，具体办法由各省(自治区、直辖市)依据国家有关规定制订。

(二)家庭经济困难学生的认定

为了保障家庭经济困难学生都有平等接受教育的机会，使每一个家庭经济困难的学生都能成为有用之才，帮助家庭经济困难学生消除贫困代际传递，国家对普通本科高校、高等职业学校和中等职业学校家庭经济困难学生出台了一系列的资助政策，在制度上保障了家庭经济困难学生能顺利入学并完成学业。

家庭困难学生是指学生本人及家人能够筹集到的资金，难以支付其在校学习期间学习和生活基本费用的学生。学生需向学校申报家庭经济困难，由学校根据有关部门设置的标准和规定的程序、以民主评议方式认定。学生在申请家庭经济困难认定时，必须提交家庭所在地的乡（镇）或街道民政部门加盖公章予以确认的《高等学校学生及家庭情况调查表》，证明自己的家庭经济状况（表5-3）。

表5-3　高等学校学生及家庭情况调查表

学校：________院（系）：________专业：________年级：________

<table>
<tr><td rowspan="4"></td><td>姓 名</td><td></td><td>性别</td><td></td><td>出生年月</td><td></td><td>民 族</td><td></td></tr>
<tr><td>身份证号 码</td><td colspan="2"></td><td>政治面貌</td><td></td><td>入学前户 口</td><td colspan="2">□城镇 □农村</td></tr>
<tr><td>家 庭人口数</td><td colspan="2"></td><td>毕业学校</td><td></td><td>个 人特 长</td><td colspan="2"></td></tr>
<tr><td>孤 残</td><td>□是□否</td><td>单 亲</td><td colspan="2">□是□否</td><td>烈士或优抚对象子女</td><td colspan="2">□是□否</td></tr>
<tr><td rowspan="2">家庭通讯信息</td><td>详细通讯地址</td><td colspan="7"></td></tr>
<tr><td>邮政编码</td><td colspan="2"></td><td colspan="2">联系电话</td><td colspan="3">（区号）—</td></tr>
<tr><td rowspan="7">家庭成员情况</td><td>姓名</td><td>年龄</td><td>与学生关系</td><td colspan="2">工作（学习）单位</td><td>职业</td><td>年收入（元）</td><td>健康状况</td></tr>
<tr><td></td><td></td><td></td><td colspan="2"></td><td></td><td></td><td></td></tr>
<tr><td></td><td></td><td></td><td colspan="2"></td><td></td><td></td><td></td></tr>
<tr><td></td><td></td><td></td><td colspan="2"></td><td></td><td></td><td></td></tr>
<tr><td></td><td></td><td></td><td colspan="2"></td><td></td><td></td><td></td></tr>
<tr><td></td><td></td><td></td><td colspan="2"></td><td></td><td></td><td></td></tr>
<tr><td></td><td></td><td></td><td colspan="2"></td><td></td><td></td><td></td></tr>
<tr><td>影响家庭经济状况有关信息</td><td colspan="8">家庭人均年收入______（元）。学生本学年已获资助情况____________。
家庭遭受自然灾害情况：________。家庭遭受突发意外事件：________。
家庭成员因残疾、年迈而劳动能力弱情况：____________。
家庭成员失业情况：________。家庭欠债情况：________。
其他情况：____________________。</td></tr>
</table>

（续）

<table>
<tr><td>签章</td><td></td><td></td><td>学生家长或监护人</td><td></td><td>学生家庭所在地乡镇或街道民政部门</td><td>经办人签名：
单位名称：
（加盖公章）
_____年___月___日</td></tr>
<tr><td rowspan="2">民政部门信息</td><td colspan="2">详细通讯地址</td><td colspan="4"></td></tr>
<tr><td colspan="2">邮政编码</td><td colspan="2"></td><td>联系电话</td><td>（区号）—</td></tr>
</table>

注：本表供学生申请家庭经济困难认定和申请国家助学贷款用。可复印。请如实填写，到家庭所在地的乡（镇）或街道民政部门核实、盖章后，交到学校。

（三）国家助学金

国家助学金是为了体现党和政府对普通本科高校、高等职业学校和高等专科学校家庭经济困难学生的关怀，由中央与地方政府共同出资设立的，用于资助家庭经济困难的全日制普通本、专科（含高职、第二学士学位）在校学生的助学金。

1. 资助标准

全国平均每人每年3000元。具体标准，中央高校由财政部商有关部门确定，地方高校由各省（自治区、直辖市）确定。

2. 基本申请条件

①热爱社会主义祖国，拥护中国共产党的领导；
②遵守宪法和法律，遵守学校规章制度；
③诚实守信，道德品质优良；
④勤奋学习，积极上进；
⑤家庭经济困难，生活俭朴。

3. 申请、评审和发放

国家助学金每学年评定一次。每年9月30日前，学生向学校提出申请，各高校于当年11月15日前完成评审。国家助学金各年按10个月发放，高校按月将国家助学金发放到受助学生手中。

4. 相关事项

同一学年内，申请并获得国家助学金的学生，可同时申请并获得国家奖学金或国家励志奖学金，但不可同时享受。试行免费教育的教育部直属师范院校师范类专业学生，不再同时获得国家助学金。

（四）国家励志奖学金

国家励志奖学金是为了激励普通本科高校、高等职业学校和高等专科学校的家庭经济困难学生勤奋学习、努力进取，在德、智、体、美等方面全面发展，由中央和地方政府共同出资设立的，奖励资助品学兼优的家庭经济困难学生的奖学金。

1. 奖励标准

每人每年5000元。

2. 基本申请条件

二年级以上（含二年级）的全日制普通本、专科（含高职、第二学士学位）在校生，符合以下条件：

①热爱社会主义祖国，拥护中国共产党的领导；
②遵守宪法和法律，遵守学校规章制度；
③诚实守信，道德品质优良；
④在校期间学习成绩优秀；
⑤家庭经济困难，生活俭朴。

3. 申请、评审和发放

国家励志奖学金每学年评选一次，实行等额评审。每年9月30日前，学生向学校提出申请，各高校于当年10月31日前完成评审。高校每年11月30日前将国家励志奖学金一次性发放给获奖学生，并记入学生的学籍档案。

4. 相关事项

同一学年内，申请国家励志奖学金的学生可以同时申请并获得国家助学金，但不能同时获得国家奖学金。试行免费教育的教育部直属师范院校师范类专业学生不再同时获得国家励志奖学金。

(五)国家奖学金

国家奖学金是为了激励普通本科高校、高等职业学校和高等专科学校学生勤奋学习、努力进取，在德、智、体、美等方面全面发展，由中央政府出资设立的奖励特别优秀学生的奖学金。

1. 奖励标准

每人每年8000元。

2. 基本申请条件

二年级以上(含二年级)的全日制普通本、专科(含高职、第二学士学位)在校生，符合以下条件：

①热爱社会主义祖国，拥护中国共产党的领导；
②遵守宪法和法律，遵守学校规章制度；
③诚实守信，道德品质优良；
④在校期间学习成绩优异，社会实践、创新能力、综合素质等方面特别突出。

3. 评审和发放

国家奖学金每学年评选一次，实行等额评审。各高校于每学年开学初启动评审工作，当年10月31日前完成评审。高校每年11月30日前将国家奖学金一次性发放给获奖学生，颁发国家统一印制的奖励证书，并记入学生的学籍档案。

4. 相关事项

学生无论家庭经济是否困难，只要符合规定条件，均可获得国家奖学金。同一学年内，获得国家奖学金的家庭经济困难学生可以同时申请并获得国家助学金，但不能同时获得国家励志奖学金。试行免费教育的教育部直属师范院校师范类专业学生符合规定条件的，可以获得国家奖学金。

(六)校园地国家助学贷款

国家助学贷款是由政府主导，金融机构向高校家庭经济困难学生提供的信用助学贷款，帮助高校家庭经济困难学生支付在校学习期间所需的学费和住宿费的银行贷款。国家助学贷款利率执行中国人民银行同期公布的同档次基准利率，不上浮。贷款学生在校期间的国家助学贷款利息全部由财政支付，毕业后的利息由借款人全额支付。为鼓励金融机构承办国家助学贷款的积极性，建立贷款风险分担机制，财政(高校)对经办银行给予一定的风险补偿。国家助学贷款是信用贷款，学生不需要办理贷款担保或抵押，但需要承诺按期还款，并承担相关法律责任。根据学生申办地点及工作流程不同，国家助学贷款分为校园地国家助学贷款与生源地信用助学贷款两种模式。

校园地国家助学贷款是家庭经济困难的全日制普通高校本、专科生(含高职生)、第二学士学位学生和研究生，通过本校学生资助部门向经办银行申请办理的国家助学贷款。

1. 申请条件

普通高等学校全日制本、专科生(含高职生)、第二学士学位学生和研究生，具备以下条件可以申请国家助学贷款：

①家庭经济困难；

②具有中华人民共和国国籍，年满16周岁的需持有中华人民共和国居民身份证；

③具有完全民事行为能力(未成年人申请国家助学贷款须由其法定监护人书面同意)；

④诚实守信，遵纪守法，无违法违纪行为；

⑤学习努力，能够正常完成学业。

2. 申请材料

学生在新学年开学后通过学校向银行提出贷款申请。需要提供以下材料：

①国家助学贷款申请书；

②本人学生证和居民身份证复印件(未成年人提供法定监护人的有效身份证明和同意申请贷款的书面证明)；

③本人对家庭经济困难情况的说明；

④学生家庭所在地有关部门出具的家庭经济困难证明。

3. 申请金额

原则上每人每学年最高不超过6000元。

4. 贷款审批

学校学生资助等部门负责对学生提交的国家助学贷款申请进行资格审查，并核查学生提交材料的真实性和完整性；银行负责最终审批学生的贷款申请。

5. 贷款发放

国家助学贷款实行一次申请、一次授信、分期发放的方式，即学生可以与银行一次签订多个学年的贷款合同，但银行要分年发放。一个学年内的学费、住宿费贷款，银行应一次性发放。

6. 贷款利息

国家助学贷款利率执行中国人民银行同期公布的同档次基准利率。贷款学生在校学习期间的国家助学贷款利息全部由财政补贴，毕业后的利息由贷款学生本人全额支付。

7. 还款期限

学生根据个人毕业后的就业和收入情况，在毕业后的1～2年内选择开始偿还本金的时间，6年内还清贷款本息。

8. 违约后果

①国家助学贷款的借款学生如未按照与经办银行签订的还款协议约定的期限、数额偿还贷款，经办银行将对其违约还款金额计收罚息；

②经办银行将违约情况录入中国人民银行的个人信用信息基础数据库，供全国各金融机构依法查询。对恶意拖欠贷款的违约借款人采取限制措施，不予提供住房贷款、汽车贷款等金融服务；

③对于连续拖欠还款行为严重的借款人，有关行政管理部门和银行将通过新闻媒体和网络等信息渠道公布其姓名、公民身份号码、毕业学校及具体违约行为等信息；

④严重违约的贷款人还将承担相关法律责任。

(七)生源地信用助学贷款

生源地信用助学贷款是指家庭经济困难的全日制普通高校本、专科生(含高职生）、第二学士学位学生和研究生，通过户籍所在县（市、区）的学生资助管理机构申请办理（有的地区直接到相关金融机构申请）的国家助学贷款。学生和家长为共同借款人，共同承担还款责任。

1. 申请条件

①具有中华人民共和国国籍；

②诚实守信，遵纪守法；

③已被根据国家有关规定批准设立、实施高等学历教育的全日制普通本科高校、高等职业学校和高等专科学校（含民办高校和独立学院，学校名单以教育部公布的为准）正式录取，取得真实、合法、有效的录取通知书的新生或高校在读的本、专科学生、研究生和第二学士学生；

④学生本人入学前户籍、其父母（或其他法定监护人）户籍均在本县（市、区）；

⑤家庭经济困难，所能获得的收入不足以支付在校期间完成学业所需的基本费用。

2. 办理程序

生源地信用助学贷款按年度申请、审批和发放。学生在新学期开始前，向家庭所在县（市、区）的学生资助管理中心提出贷款申请（有的地区直接到相关金融机构申请）。县级学生资助管理中心负责对学生提交的申请进行资格初审。金融机构负责最终审批并发放贷款。

3. 贷款金额

借款人每学年申请的贷款金额原则上不超过 6000 元。

4. 贷款利息

生源地信用助学贷款利率执行中国人民银行同期公布的同档次基准利率，不上浮。学生在校期间的利息由财政全部补贴，毕业后的利息由学生和家长（或其他法定监护人）共同负担。

5. 还款期限和还款方式

生源地信用助学贷款期限原则上按全日制本、专科学制加 10 年确定，最长不超过 14 年，其中，在校生按剩余学习年限加 10 年确定。学制超过 4 年或继续攻读研究生学位、第二学士学位的，相应缩短学生毕业后的还贷期限。

学生在校及毕业后两年期间为宽限期，宽限期后由学生和家长(或其他法定监护人)按借款合同约定，按年度分期偿还贷款本息。

(八)退役士兵教育资助

从2011年秋季学期开始，对退役一年以上，考入全日制普通高等学校(包括全日制普通本科学校、全日制普通高等专科学校和全日制普通高等职业学校)的自主就业退役士兵，根据本人申请，由政府给予教育资助。

1. 资助内容

一是学费资助；二是家庭经济困难退役士兵学生生活费资助；三是其他奖、助学金资助。

2. 资助标准

学费资助标准，按省级人民政府制定的学费标准，原则上退役士兵学生应交多少学费中央财政就资助多少，最高不超过年人均6000元，高于6000元部分自行负担。生活费及其他奖、助学金资助标准，按国家现行高校学生资助政策的有关规定执行。

3. 资助方式

学费由中央财政按标准和隶属关系补助退役士兵学生所在学校，生活费及其他奖助学金直接补给退役士兵学生本人。

4. 资助期限

全日制普通高等学历教育一个学制期。

(九)高等学校毕业生赴基层单位就业学费和国家助学贷款代偿

国家对中央部门所属全日制普通高等学校应届毕业生，自愿到中西部地区和艰苦边远地区基层单位就业、服务期达到3年以上(含3年)的，实施相应的学费和国家助学贷款代偿。学生毕业后每年代偿学费或国家助学贷款的最高金额不超过6000元，分三年代偿完毕。

基层单位指：

①中西部地区和艰苦边远地区县以下机关、企事业单位，包括乡(镇)政府机关、农村中小学、国有农(牧、林)场、农业技术推广站、畜牧兽医站、乡镇卫生院、计划生育服务站、乡镇文化站等；

②工作现场地处中西部地区和艰苦边远地区县以下的气象、地震、地质、水电施工、煤炭、石油、航海、核工业等中央单位艰苦行业生产第一线。

地方所属高等学校毕业生基层就业学费和国家助学贷款代偿，按各省(自治区、直辖市)有关规定执行。

(十)高等学校学生应征入伍服义务兵役国家资助

国家对应征入伍服义务兵役的高等学校学生，在入伍时，对其在校期间缴纳的学费实行一次性补偿或获得的国家助学贷款实行代偿；应征入伍服义务兵役前正在高等学校就读的学生(含按国家招生规定录取的高等学校新生)，服役期间按国家有关规定保留学籍或入学资格，退役后自愿复学或入学的，国家实行学费减免。

学费补偿、国家助学贷款代偿及学费减免的标准，本、专科生每人每年最高不超过6000元，硕士研究生每人每年最高不超过8000元，博士研究生每人每年最高不超过10 000元。学费补偿、国家助学贷款代偿和学费减免的年限，按照国家对本科、专科(高职)、研究生和第二学士学位规定的相应修业年限据实计算。

(十一)高校家庭经济困难新生入学资助项目

从2012年秋季学期起，中国教育发展基金会利用中央专项彩票公益金润雨计划部分专项资金，设立了普通高校家庭经济困难学生入学资助项目，用于一次性补助高校家庭经济困难新生入校报到的交通费及入学后短期生活费。

1. 资助范围与对象

中西部地区每年考入全日制普通高等院校的家庭经济困难新生。

本项目所指中西部地区具体包括：河北、山西、内蒙古、吉林、黑龙江、安徽、江西、河南、湖北、湖南、广西、海南、重庆、四川、贵州、云南、西藏、陕西、甘肃、宁夏、青海、新疆(含生产建设兵团)。

2. 资助标准

省内院校录取学生每人500元，省外院校录取新生每人1000元。

3. 申请条件

①热爱社会主义祖国，拥护中国共产党的领导；
②遵守宪法和法律，遵守学校规章制度；
③普通高中应届毕业生；
④参加高考并被全日制普通高等院校(含高职)录取；
⑤家庭经济困难，生活俭朴。

入学资助项目优先资助孤残学生、父母丧失劳动能力学生、少数民族学生、烈士子女、单亲家庭经济困难学生、农村绝对贫困家庭学生、享受城镇居民最低生活保障政策家庭和因突发事件导致家庭经济困难学生、农村计划生育独生子女和双女户家庭学生等。

符合上述条件的学生可向当地县级教育部门咨询办理。

(十二)勤工助学

勤工助学是指学生在学校的组织下利用课余时间，通过自己的劳动取得合法报酬，用于改善学习和生活条件的社会实践活动。勤工助学是学校学生资助工作的重要组成部分，是提高学生综合素质和资助家庭经济困难学生的有效途径。

1. 活动管理

学生在学有余力的前提下，向学校提出勤工助学的申请，接受必要的勤工助学岗前培训和安全教育，再由学校统一安排到校内或校外的岗位上进行勤工助学活动。学校不得安排学生参加有毒、有害和危险的生产作业以及超过身体承受能力、有碍健康的劳动。任何单位和个人未经学校同意，不得聘用在校学生打工。

2. 时间安排

学生参加勤工助学不应当影响学业，原则上每周不超过8小时，每月不超过40小时。

3. 劳动报酬

学生参加校内固定岗位的勤工助学，其劳动报酬由学校按月计算。每月40个工时的酬金原则上不低于当地政府或有关部门制定的最低工资标准或居民最低生活保障标准，可以适当上下浮动。学生参加校内临时岗位的勤工助学，其劳动报酬由学校按小时计算。每小时酬金原则上不低于 8 元。学生参加校外勤工助学的酬金标准不低于学校所在地政府或有关部门规定的最低工资标准，具体数额由用人单位、学校与学生协商确定，并写进聘用协议。

4. 权益保护

学生在开始勤工助学活动前应当与有关单位签订协议，保护自身的合法权益。学生在进行校内勤工助学前，应当与学校的学生勤工助学管理服务组织签订具有法律效力的协议书。学生在进行校外勤工助学前，应当与代表学校的学生勤工助学管理服务组织、用人单位签订具有法律效力的三方协议书。协议书应当明确学校、用人单位和学生三方的权利和义务，意外伤害事故的处理办法以及争议解决方法。

(十三)其他资助政策与措施

1. 学费减免

国家对公办全日制普通高校中家庭经济特别困难、无法缴纳学费的学生，特别是其中的孤残学生、少数民族学生及烈士子女、优抚家庭子女等，实行减免学费政策。具体减免办法由学校制订。

2. 辅助措施

各高校利用自有资金、社会组织和个人捐赠资金等，设立奖学金、助学金；对发生临时困难的学生发放特殊困难补助等。

3. “绿色通道”

为切实保证家庭经济困难学生顺利入学，教育部、国家发改委、财政部规定各全日制普通高等学校都必须建立“绿色通道”制度，即对被录取入学、家庭经济困难的新生，学校一律先办理入学手续，然后再根据核实后的情况，分别采取不同办法予以资助。

(十四)中职学生资助政策

目前，中等职业学校建立了以国家免学费、国家助学金为主，以校内奖(助)学金和学费减免、顶岗实习等为辅的较为完善的资助政策体系。各项政策主要内容如下：

1. 国家免学费

从2012年秋季学期起，国家对公办中等职业学校全日制正式学籍一、二、三年级在校生中所有农村(含县、镇)学生、城市涉农专业学生和家庭经济困难学生免除学费(艺术类相关表演专业学生除外)。免学费标准按照各省(自治区、直辖市)人民政府及其价格主管部门在2012年6月30日前批准的学费标准确定。对因免除学费导致学校收入减少的部分，第一、二学年由财政按照享受免学费政策学生人数和免学费标准补助学校；第三学年原则上由学校通过校企合作和顶岗实习等方式获取的收入予以弥补，不足部分由财政按照不高于三年级享受免学费政策学生人数50%的比例和免学费标准，适当补助学校。

对在职业教育行政管理部门依法批准、符合国家标准的民办中等职业学校就读的一、二年级符合免学费政策条件的学生，按照当地同类型、同专业公办中等职业学校免除学费标准给予补助。民办中等职业学校经批准的学费标准高于补助的部分，学校可以按规定继续向学生收取。

中央财政统一按照每生每年2000元的标准与地方财政按比例分担。

涉农专业范围，根据2010年教育部发布的中等职业学校专业目录及专业设置管理办法确定。

城市家庭经济困难学生比例按区域确定，西部地区按在校城市学生的15%确定；中部地区按在校城市学生的10%确定；东部地区按在校城市学生的5%确定。

2. 国家助学金

从2012年秋季学期起，国家将中等职业学校国家助学金资助对象由全日制正式学籍一、二年级在校农村(含县、镇)学生和城市家庭经济困难学生，逐步调整为全日制正式学籍一、二年级在校涉农专业学生和非涉农专业家庭经济困难学生，资助标准为每生每年1500元，2015年春季学期起提高到2000元。

家庭经济困难学生比例按区域确定，西部地区按在校学生的20%确定，中部地区按在校学生的15%确定，东部地区按在校学生的10%确定。

为切实减轻贫困地区中等职业学校学生家庭经济负担，根据《中国农村扶贫开发纲要(2011—2020年)》有关精神，将六盘山区等11个连片特困地区和西藏、四川藏区、新疆南疆三地州中等职业学校农村学生(不含县城)全部纳入享受助学金范围。

地方出台的中等职业教育免学费政策和助学金政策，范围大于或相关标准高于本意见的，可按照本地的办法继续实施。

3. 顶岗实习

安排中等职业学校三年级学生到企业等单位顶岗实习，获得一定报酬，用于支付学习和生活费用。

4. 奖学金

地方政府、相关行业、企业安排专项资金设立中职学生政府奖学金和定向奖学金。

5. 学校免学费等

中等职业学校每年安排一定的经费，用于学费减免、勤工助学、校内奖学金和特殊困难补助等。

6. 其他资助

鼓励和支持社会团体、企事业单位以及个人资助中职学校家庭经济困难学生。

单元6

职业能力与职业素养培养

职业教育是以促进就业为导向的教育，同学们毕业后就要从事一种职业。要想找到适合自身要求的理想职业，并能在工作中承担起本职工作，在此基础上得到发展，在校期间必须注重职业能力和职业素养的培养，它是一个人职业生涯成败的关键因素。本单元将告诉大家作为职业院校的学生应具备哪些职业能力和职业素养，林业行业的职业道德规范和行业精神是什么？怎样学习专业知识和进行职业技能培养，才能提升自己的职业能力和职业素养，以适应未来工作需要。

一、学生应具备的职业能力和职业素养

(一)职业能力和职业素养

职业能力是人们从事某种职业活动所必须具备的多种能力的综合。它包括从事某一职业的专业能力，即基本生存能力，还包括方法能力和社会能力，它们是人的基本发展能力，是跨职业的能力。方法能力包括：一是信息收集和筛选能力；二是掌握制订工作计划，独立决策和实施的能力；三是具备准确的自我评价能力和接受他人评价的承受力，并能够从成败经历中有效地吸取经验教训。社会能力主要是指一个人的团队协作能力、人际交往和沟通的能力。在工作中能够协同他人共同完成工作，对他人公正宽容，具有准确裁定事物的判断力和自律能力等，这是胜任岗位和在工作中开拓进取的重要条件。

人的素质体现在职场上就是职业素养。是人在社会活动中需要遵守的行为规范，是职业内在的要求，是一个人在职业过程中表现出的综合品质，包含职业道德、职业技能、职业行为、职业作风和职业意识等方面。职业素养具体量化表现为职商(简称 CQ)，体现一个社会人在职场中成功的素养和智慧。

职业素养有显性和隐性之分。形象、资质、知识、职业行为和职业技能是显性的，通过学历证书、职业证书或专业测试得以体现。而职业道德、职业意识、职业作用、职业态度等却是隐性的，这些隐性的素养恰恰是职业素养中最根基的内容，是显性素养的基础。从个人来讲，只有具有良好的职业素养，才能在事业中取得突出成绩。

职业能力和职业素养二者有着必然的联系，互相影响，互相作用，共同反映一个人的综合能力和水平。因此，职业院校的学生应加强职业能力和职业素养的自我培养。

(二)职业院校学生应具备的职业能力

根据职业院校的人才培养目标，学生应具备以下 4 种能力。

1. 专业能力

专业能力是指具备某种职业必备的专业知识、技能的能力与适应岗位变

换的能力，也称为“本领”，是人的基本生存能力。专业能力主要包括“专业知识”“专业技术”“执行能力”“学习能力”四部分。其中执行能力就是能否按时、按质、按量完成既定工作任务的能力。专业能力是在日常学习、实践中反复训练而获得的。

2. 社会交往能力

所谓社会交往能力，是指妥善处理组织内外关系的能力，包括与周围环境建立广泛联系和对外界信息吸收、转化能力，以及正确处理个人与他人之间关系的能力。

在社会交往中，需要与人沟通、合作；在遇到新环境时需要学会适应，找准自身定位；在遇到困难挫折时，需要自我控制，自我反省，自我调节，必要时还要学会求助等。

提升社会交往能力，要注意语言表达能力的训练；学会与他人合作；多参加各类活动和承担部分社会工作，锻炼自己的分析解决问题能力；在学习、工作、生活中，遇到挫折、困难的时候要学会自我调节。

3. 获取信息能力

获取信息能力是指学生在学习课内外知识技能的过程中独立获取知识，发现问题和解决问题的能力。它包括阅读能力、搜集积累和使用资料的能力。

获取信息可以通过多种渠道，如广交益友、有目的性地阅读、充分利用现代化的互联网技术等。值得注意的是，在大量的互联网信息中，真假参半，鱼龙混杂，我们要学会辨别和选择。

4. 创新能力

创新能力是在技术和各种实践活动领域中不断提供具有经济价值、社会价值、生态价值的新思想、新理论、新方法和新发现的能力。当今世界人才的竞争就是创造力的竞争。我们应该在专业学习和社会实践中善于观察和发现新事物，多问为什么，培养创新思维。

(三)职业素养的自我培养

1. 培养职业意识

很多学生在跨进职业院校大门之时就认为已经完成了学习任务，可以在学校里尽情地“享受”了。这正是他们在就业时感到压力的根源。培养职业意识就是要对自己的未来有规划。因此，在校期间，每个学生应明确我是一个什么样的人？我将来想做什么？我能做什么？环境能支持我做什么？着重解决一个问题，就是认识自己的个性特征，包括自己的气质、性格和能力，以及自己的个性倾向，包括兴趣、动机、需要、价值观等。据此来确定自己的个性是否与理想的职业相符，对自己的优势和不足有一个比较客观的认识，结合环境如市场需要、社会资源等确定自己的发展方向和行业选择范围，明确职业发展目标。

2. 配合学校的培养任务，完成知识、技能等显性职业素养的培养

职业行为和职业技能等显性职业素养比较容易通过教育和培训获得。学校的教学及各专业的培养方案是针对社会需要和专业需要所制定的。旨在使学生获得系统化的基础知识及专业知识，加强学生对专业的认识和知识的运用，并使学生获得学习能力、培养学习习惯。因此，学生应该积极配合学校的培养计划，认真完成学习任务，尽可能利用学校的教育资源，包括教师、图书馆等获得知识和技能，作为将来求职需要的储备。

3. 有意识地培养职业道德、职业态度、职业作风等方面的隐性素养

隐性职业素养是学生职业素养的核心内容。核心职业素养体现在很多方面，如独立性、责任心、敬业精神、团队意识、职业操守等。事实表明，很多学生在这些方面存在不足。缺乏独立性、会抢风头、不愿下基层吃苦等表现容易断送学子的未来前程。缺乏独立性会失掉工作机会，而喜欢抢风头的人被认为没有团队合作精神，用人单位也不喜欢。因此，学生应该有意识地在学校的学习和生活中主动培养独立性，学会分享、感恩，勇于承担责任，不要把错误和责任都归咎于他人。

二、林业职业道德与行业精神

(一)职业道德基本规范

职业道德，也称为职业道德素养，是同人们的职业活动紧密联系的符合职业特点所要求的道德准则、道德情操与道德品质的综合。不同的职业，根据性质和岗位不同，具体的职业规范也不尽相同。但所有从事职业活动的人们都有必须遵守的基本职业行为准则，这就是职业道德基本规范。

1. 爱岗敬业

就是对自己所从事的职业岗位和社会价值的认同。无论在任何岗位上，忠于职守、尽职尽责，确立强烈的职业责任感，这是职业道德的核心和基本前提。子曰："居处恭，执事敬，与人忠。"敬业首先要乐业。社会各行各业只有分工不同，没有高低贵贱之分，职业院校学生要树立正确的择业、就业观，要充分认识自己，不可眼高手低，一旦选择了一项职业，就要投入热情与汗水，不可朝秦暮楚。

2. 诚实守信

就是忠诚老实，信守承诺。为人处世，贵在诚信。"人无信而不立"，在职业生活中，只有诚实地劳动和创造，才能收获成功的喜悦，靠弄虚作假、坑蒙拐骗，终会失掉自己在他人心目中的信任，堵塞个人发展道路。

3. 办事公道

就是对人、对事出以公心，办事公正合理，平等待人。任何一个岗位都有其服务的对象，做事如果以权谋私，以岗谋私，甚至损公肥私，使少数人获利而多数人受损，必然遭到多数人的反对。尤其在工作中，无论面对多大诱惑，都要秉公办事，坚持原则，久而久之，必然提升个人形象，得到领导和群众的认可。

4. 服务群众

每个岗位上的服务者，在面对其他岗位时可能都是被服务的对象。服务者的态度、服务水平直接影响服务效果。职业道德的目标和归宿，就是在遵守职业原则的前提下使被服务者满意、充分尊重被服务者的利益。在工作中，要学会换位思考，想他人所想，急他人所急。

5. 奉献社会

人生的价值在于奉献。一个人要想成为被别人和社会所需要的人，充分实现自身的人生价值，就要多做奉献。同时，奉献也是从事任何职业都必须履行的责任与义务。只想索取，不懂奉献的人永远不能收获成功和快乐。"予人玫瑰，手有余香"，职业院校的学生要经常向身边的模范人物学习，人人争做新时代的活雷锋，为他人做出自己力所能及的贡献。

(二) 林业行业道德规范

由于各行业的工作性质、社会责任、服务对象和服务手段不同，因此，各行业对职业道德规范有不同要求，即产生了行业职业道德规范，它是职业道德基本规范在这一行业的具体化。

林业行业是指保护生态环境，维护生态平衡，培育和保护森林以取得木材和其他林产品、利用林木的自然特性以发挥防护作用的生产部门，是国民经济的重要组成部分之一。同时也属于相对艰苦的行业。

林业职业道德是随着生态文明建设，林业产业经济的发展和林业职业实践活动的深入进行而逐渐形成和发展起来的。

1. 热爱林业，不畏艰难

林业在生态文明建设中发挥着不可替代的作用，从事林业事业是一项光荣的事业，功在当代，利在千秋。同时，林业事业是需要几代甚至子孙后代共同努力才能收到成效的事业，作为林业人，就要有不怕吃苦，甘于奉献的精神，有“生态文明先行者”的毅然，有“百福具臻后来人”的胸怀。

2. 保护森林，爱护环境

林业职业道德的基本原则就是要忠于林业建设事业，自觉保护森林资源，主动绿化祖国大地。作为林业职业院校的学生，更应该秉承林业人的精神，爱护一草一木，千方百计利用所学知识保护森林，保护环境，做绿色使者。

3. 科学育林，敬业务实

林业事业来不得半点虚假，只有忘我工作，兢兢业业，才能在工作中做出成绩。为了实现青山常在、森林的永续利用，林业职业院校的学生更应该发挥聪明才智，遵守客观规律，潜心钻研先进的林业技术，培育出优良树种，减少森林病虫害发生，有效预防自然灾害等，创造出更大的经济价值和生态效益。

(三)树立社会主义生态文明观

生态文明观是针对生态危机、环境污染、资源枯竭以及政治问题、经济问题和社会问题而提出的一种全新的文明观。是指人类对其所生存世界的根本认识和看法，是人类认识人—自然—社会三者相互之间有机联系的基本观点和态度。其核心是生态价值观。林业职业院校的学生，要自觉培养社会主义生态文明观，具体可从以下几方面入手：

一是要树立生态道德观。生态道德观是人们在处理与自然的关系时，不破坏生态环境、不恶化生态环境的行为规范。在日常生活中做到自觉保护环境，遇到破坏环境的行为要予以谴责。

二是要树立正确的生态消费观。生态消费是指一种绿色的生态化的消费模式，它要求人们的消费既符合物质生产的发展水平，又符合生态生产的发展水平，它是在不对生态环境造成破坏的前提下，满足人的消费需求的一种消费行为。青年学生更应该自觉树立绿色消费理念，不攀比，不浪费，树立健康、文明、科学的消费方式和理念。应该从点滴小事做起，节约用水、节约用电、理性消费、减少使用一次性产品、绿色出行等。

三是要树立正确的生态政绩观。将来从事林业工作时，要以人—自然—社会三者的和谐共生为基本红线来衡量自己的政绩水平，不能采取以牺牲生态环境换取经济增长的发展方式。

树立"既要金山银山，更要绿水青山""保住青山绿水也是政绩"的理念，大力推进清洁生产、发展循环型生态经济，让绿色增长、绿色消费、绿色经济成为经济发展的代名词。

（四）林业精神与林业英模人物

1. 林业精神及内涵

林业精神不仅是林业事业的特质，更是林业人的灵魂。辽宁省葫芦岛市林业局刘东方对林业精神的归纳表述得到了国家林业局的首肯。

（1）承文明积淀

历史走到今天，人类文明得以不断传承和积淀。人类如何更好地发展与经受考验成为时代的呼唤，"坚持科学发展、建设生态文明"成为时代的强音，发展现代林业作为最重要的载体当仁不让。

（2）示大爱无形

森林生态系统提供了人类生产生活所需的丰富资源，同时人类活动也可谓一种"大林业"，如何经营好"大林业"反哺人类需要林业的重要诠释，林业将"以人为本"的大爱推向了空前高度。

（3）化奋进为实

务林人艰苦奋斗、踏实坚毅、迎难而上、开拓创新，为了实现可持续发展和整体利益，务林人将绿色的追求和理想升华，化为身边"富民兴林"的具体行动，勇敢地奋进。

（4）展和谐于身

务林人有爱岗敬业、无私奉献的优良品质，有宽容感恩的胸襟和智慧，他们戮力同心、团结进取，为了全社会的和谐，在促进行业和社会双赢的道路上践行于身，展现风貌。

2. 林业英模人物简介

在共和国60多年的林业建设发展史上，涌现出无数的林业英模人物，他们是林业职业道德的践行者，是展现林业精神的杰出代表，是提升职业素养的活教材，是青年学子的学习榜样。

(1)林业老英雄马永顺

马永顺，男，汉族，1914年出生，天津市人。中共党员。生前曾任黑龙江省伊春市铁力林业局副局长。

马永顺是新中国第一代伐木工人。20世纪50年代采伐作业，伐木工都是站着伐木头，造成树根过高。为了多出木材，他就先用手把树根周围的积雪扒开，一条腿跪在地上，把锯紧挨树根采伐，使伐根由过去的六七十公分高降到十公分以下。东北林区推广了他的降低伐根做法后，一年就为国家增加了1400多万元的财富。他以忘我的工作热情，每年一个人完成6个人的采伐量，创造了手工年伐木1200立方米的全国纪录。他创造的“流水作业法”“安全伐木法”“四季锉锯法”，被写入全国手工伐木作业教科书，使劳动效率普遍提高35%~50%。1959年，为响应党中央关于实现青山常在、永续利用的号召，他积极投身绿化事业，决心把自己伐的36 000棵树补栽上。1991年，他已78岁高龄，还差近千棵树没栽，他就带领一家三代15口人，到荒山坡上营造义务林，当年栽树1200多棵，终于完成了夙愿。截至1999年，他带领全家共义务植树5万多棵。他是中共十大、十一大代表，第二、三届全国人大代表，第二届全国政协特邀委员，被授予全国劳动模范等荣誉称号。

(2)让荒山秃岭变绿洲的杨善洲

杨善洲，男，汉族，1927年出生，云南省保山市施甸县姚关镇陡坡村人。1952年11月加入中国共产党。历任施甸区、县主要领导。

工作30多年来，杨善洲始终艰苦朴素，两袖清风，全心为民，忘我工作，为保山经济社会发展做出了突出贡献。

1988年3月，他从保山地委书记岗位上退休，为实践“帮家乡办点实事”和“只要生命不结束，服务人民不停止”的诺言，婉拒了省委领导劝其搬至昆明安享晚年的邀请，执意回到家乡施甸县义务植树造林。他艰苦创业20余年，使5.6万亩昔日山秃水枯的大亮山林场重披绿装，成为当地群众重要的水源林，活立木蓄积量经济价值超过了3亿元。

2009 年 4 月，他将大亮山林场无偿移交给国家。当地群众在大亮山上树立功德碑，表达对他的深深敬意。

(3)独臂护林员韩正道

安徽省滁州市全椒县国有瓦山林场人迹罕至的密林深处，松木郁郁葱葱。瞭望员韩明道从 1984 年开始，就一直坚守在这里。

他在一次山场火灾中，在骑自行车赶往火场时意外摔断了左臂，只有一只右臂，他却撑起了 6 万亩防火责任区。

1999 年，他主动请缨当上了瞭望员，凭着对环境的熟悉，他练就了一双"火眼金睛"，一是看得准，在第一时间一眼就能看出火情位置；二是看得清，即便遭遇云雾弥漫，也能迅速辨别是雾还是烟；三是看得远，他的责任区范围是 6 万亩森林，但实际上他能够将周边涉及 3 个县、4 个乡镇、3 个国有林场的 20 万亩森林尽收眼底。

因为他精准的观测预警，做了 15 年瞭望员的他，从来没有在他的责任区内发生过一次重大火情。15 年来，韩明道每年检测到 100 多起各类森林火情，基本做到预报准确无误，成功避免了几十次可能发生的森林火灾。在同事眼中，他是个沉默寡言的人，默默用坚守证明了自己的信念。他被全国总工会授予 2013 年度全国"五一"劳动奖章，并荣登 2013 年 8 月"中国好人榜"，当选敬业奉献好人。

(4)在烈火中永生的朱山明

朱山明，浙江省建德市马目乡上何村人。1956 年出生。1980 年 7 月加入中国共产党。1982 年 1 月退伍，同年 6 月安置在建德林场工作。1987 年 1 月招为建德市公安局森林警察大队民警。曾担任建德市公安局林业公安科梅城警务区警长。二级警督。

2004 年 2 月 12 日，朱山明在前往杨村桥镇岭脚村办案途中，闻讯该镇黄盛村发生森林火灾，和同事黄玉林、祝志群三人主动奔赴火灾地点，一边发动群众，一边进入火场，和镇干部、村民一起，奋勇扑救森林火灾。在受到山火包围的危险时刻，朱山明奋不顾身，为寻找失散的农民，失去了脱险的时间和机遇，倒在火场上，因公殉职。年仅 48 岁。

朱山明在部队服役期间，表现突出，成绩显著。他曾经在部队两次荣获三等功，当了森林警察以后，一心扑在森林防火上。牺牲前三年节假日他都没休息，也没有休过年休假。特别是春节，是他最忙的时候。一年中梅城中队辖区先后发生了 30 余次森林火灾，每次扑救都有他的身影。

(5)治沙英雄石光银

石光银是陕西省定边县海子梁乡四大壕村农民，18 岁入党。他 20 岁担任大队长时，就带领群众致力于治理沙漠的伟大事业。1984 年，他怀着锁住黄沙、拔除穷根的责任感和坚定信心，辞去乡农场场长职务，举家搬进沙区，成为全国承包治沙第一人。37 年来，石光银承包荒沙、荒滩 22.8 万亩，已治理 19.5 万亩，植树 2000 多万株(丛)，在毛乌素沙地的南缘，营造了近 100 千米长的绿色屏障，为阻挡黄沙南侵，改善当地生态环境做出了重大贡献；他总结出一套行之有效的治沙方法，经治理的沙地林草覆盖率均达 65% 以上；他组织 207 户农民，成立了全国第一个农民治沙公司，探索出一条“公司加农户”，综合开发，多业并举，以治理促开发，以开发保治理的产业化治沙新路；他关心乡亲，个人出资实行生态移民，把生活在生态极为恶劣地区的 50 户特困农民迁移到自己承包的沙地上，为他们盖房子、打水井、分口粮田，帮助他们走上致富之路；他组织 80 多名农民办起“农民文化夜校”，带动沙区农民学文化、学技术，他投资数万元建起“黄沙小学”，让沙区子弟就近上学读书。石光银同志的治沙模式和技术辐射了周边乡村，他无偿为群众提供树苗 50 万株，种子 4000 多公斤，打水井 160 多眼。石光银多次受到党和国家领导人的接见，2000 年被国务院授予全国劳动模范荣誉称号。他还被联合国邀请出席防治荒漠化会议，介绍治沙经验，并荣获联合国粮农组织颁发的“世界优秀林农奖”，为国家赢得了荣誉。为表彰石光银的先进事迹，弘扬他的崇高精神和优秀品格，2002 年全国绿化委员会、人事部、国家林业局授予石光银全国治沙英雄荣誉称号，颁发了金质奖章和荣誉证书。

(6)感动中国人物王有德

王有德，男，回族。宁夏灵武市白芨滩国家级自然保护区管理局党委书记、局长兼白芨滩防沙林场党委书记、场长。他是中国的“治沙英雄”，年复一年、日复一日在毛乌素沙漠边缘播绿治沙。

白芨滩林场建于 1953 年，位于毛乌素沙漠的西南边缘，是阻止沙漠向宁夏首府银川和黄河推进的一道屏障。进入 20 世纪 80 年代，计划经济体制的粗放管理和陈旧观念让林场的林业生产徘徊不前，林地沙化严重，职工年收入只有几百元。1985 年 3 月，30 岁的王有德调任白芨滩林场副场长。“那正是改革开放的起步年代。不改革就没有出路!”王有德力排众议开始了改革：压缩非生产人员，精简后勤管理人员；实行工效工资；将全场林业生产任务分解承包到职工手中自己完成，让工人干自己的活，挣自己的钱。改革当年，全场完成造林5093亩，减少抚育成幼林费用2.5万元，实现纯收入9万多元。

治沙需要很大的资金投入。王有德带领全体职工，利用长年治沙练就的林业技术，成立公司参与绿化招标。1994年，林场成立专门承揽绿化工程的添保治沙公司，每年创收200多万元；1998年，林场成立灵武市第一家股份制公司，当年就实现利润分红20%。20多年来，王有德带领林场干部职工完成治沙造林32万亩，经营管理面积由2000年以前的25.9万亩，扩大到现在的147万亩，固定资产由1985年以前的不足40万元增加到现在的4020万元。

29年来，王有德带领林场干部职工营造防风固沙林40多万亩，在毛乌素沙漠西南端筑起了一道东西长45千米、南北宽10千米的绿色屏障，有效阻止了毛乌素沙漠的南侵。昔日黄沙满天、生态条件极其恶劣、生活和工作条件极为艰苦的沙地贫困林场，如今已是物种丰富、生态优良的国家级自然保护区。

多年的治沙经验让王有德和他的职工们练就了一身绝活，土壤的盐碱度是多少、可以种什么样的树，用舌头一尝就知道。对此，有人问："你是不是太爱沙漠了?"王有德说，实际上我对沙漠恨得不得了，你恨它就要制服它、治理它，把它制服、治理以后，它就可以造福人类，治沙人也可以通过艰辛的劳动走向富裕。他坚守发展信念，林场事业兴旺，越来越多的治沙人过上了富裕日子，王有德说："我挣钱是为了治沙，我这辈子就是为治沙而生的。"

三、课程学习与考试

(一)科学合理选择课程

目前，许多学校都推行学分制和弹性学制的教学管理模式。选课是学分制的关键。学生只有在弹性规定修业的年限内完成一定的学分，才能获得相应的学历证书。因此，学生应对本专业人才培养方案、课程设置、各课程在学分总数中所占的比例以及学分结构有一个明确而具体的了解，这样才能科学、合理、有针对性地选择学习课程。

1. 人才培养方案

人才培养方案是指让学生形成合理的知识、技能、能力、道德、素质结构设计的蓝图。过去称为教学计划。目前，国家教育部负责颁布由各行业教学指导委员会组织制定的主要专业的教学标准，各院校依教育部颁布的专业教学标准结合本地区、本校实际制订本校该专业的人才培养实施方案。

学生入校后要了解本专业的人才培养实施方案，知晓毕业后达到的培养目标和规格；知晓全学程开设的课程；知晓各门课程在整个专业培养目标中的地位和作用；知晓各门课程的考核方式和学分、学时。做到心中有数，有目的地选课和学习。

专业人才培养方案主要内容包括入学要求、学习年限、职业范围、培养目标和人才规格(包括知识、能力、素质要求)、课程设置及课程主要内容描述、全学程教学时间安排、教学进度、课程学时数、学分数、考核方式、需要获得的技能证书、教学条件及教学模式要求等。以高职森林生态旅游专业为例(表6-1、表6-2)。

表6-1　高职森林生态旅游专业教学活动时间分配

教学活动项目	周数	第一学年		第二学年		第三学年	
		Ⅰ	Ⅱ	Ⅲ	Ⅳ	Ⅴ	Ⅵ
总周数	150	52		52		46	
入学教育、毕业教育	1	0.5					0.5
军事训练	2	2					
复习考试、论文答辩	6	1	1	1	1	1	1
法定假日	6	1	1	1	1	1	1
机动	6	1	1	1	1	1	1
寒暑假(含社会实践)	25	10	10	5			
理论教学与实践教学	104	33.5		36		34.5	

表6-2　高职森林生态旅游专业课程设置与教学安排

课程类别		序号	课程名称	总学时	总学分	理论教学		实践教学	
						学时	学分	学时	学分
必修课 学时合计：2240 学分合计：140 占总学时89.8%	公共课 学时合计：544 学分合计：34 占总学时21.8%	1	毛泽东思想、邓小平理论“三个代表”重要思想概论	64	4	64	4		
		2	思想道德修养与法律基础	48	3	48	3		
		3	体育	128	8	128	8		
		4	文学作品欣赏	64	4	64	4		

（续）

课程类别		序号	课程名称	总学时	总学分	理论教学		实践教学	
						学时	学分	学时	学分
必修课 学时合计：2240 学分合计：140 占总学时 89.8%	专业基础课 学时合计：576 学分合计：36 占总学时 23.1%	5	英语	128	8	128	8		
		6	计算机应用基础	64	4	64	4		
		7	应用文写作	48	3	48	3		
		8	普通话	32	2	32	2		
		9	生态旅游	32	2	32	2		
		10	中国旅游地理	32	2	32	2		
		11	中国旅游景观赏析	64	4	64	4		
		12	旅游礼仪	32	2	32	2		
		13	导游基础知识	80	5	80	5		
		14	导游词讲解	48	3	48	3		
		15	旅游政策与法规	48	3	48	3		
		16	旅游情景英语	80	5	80	5		
	专业课 学时合计：304 学分合计：19 占总学时 12.2%	17	*旅游景区情境导游服务	80	5	80	5		
		18	*森林景观与动植物观赏	128	8	128	8		
		19	*旅游景区生态特色导游词创作与讲解	80	5	80	5		
		20	*旅行社经营与管理	64	4	64	4		
		21	旅游饭店服务与管理	80	5	80	5		
	综合实践 学时合计：816 学分合计：51 占总学时 32.7%	22	综合实训	288	18			288	18
		23	顶岗实习	432	27			432	27
		24	毕业论文	96	6			96	6
选修课 学时合计：256 学分合计：16 占总学时 10.2%	能力拓展课 学时合计：256 学分合计：16 占总学时 10.2%	25	旅游环境保护	256	16	256	16		
		26	朗文旅游英语口语						
		27	大学生心理健康						
		28	就业创业教育						
		29	校本课程						
合计				2496	156	1680	105	816	51

注：“＊”为专业核心课。

2. 课程的类型

职业院校的每一个专业都围绕培养目标开设一定门数的课程。从学习规定上，可将它们分成必修课和选修课，必修课是要求学生必须参加学习的课程而且必须通过考核；选修课是可供学生选择的课程门类，又分为限定选修课和任意选修课两类，限定选修课要求学生在规定的课程门类中必须选择几门课程学习，任意选修课要求学生根据自己的兴趣需要任意选择课程和门数。

从课程内容上可分为普通文化课、专业基础课、专业课。普通文化课又称为基础课、公共文化课，是为提高学生政治、科学、文化素质服务的课程，如政治、语文、英语、数学、物理、化学、计算机应用等。专业基础课是为学习专业课打基础的课程，如园林类专业开设的园林植物生长发育与环境，林业类专业开设的森林植物环境等。专业课是按本专业职业岗位群设置的学习专业理论和专业技能的课程，如林业专业的森林资源管理、森林营造技术、林苗种苗生产技术等。

专业核心课是一个专业的课程体系中居于核心位置的具有生命力的那部分课程，它与课程体系的其他部分(边缘课程，我国学者主张拓展性课程)形成有机的、内在的联系。如园林技术专业中的《园林植物栽培养护》《园林规划设计》等。专业拓展课程是相对于核心课程而言，与专业核心课程相关、相邻、边缘或交叉的知识和技能课程。它是为实现学生就业“零距离”，提高学生专业综合素质，开阔学生视野而设立的符合专业特色和行业特色的课程，如园林技术专业中的植物组织培养、林业技术专业的森林资产评估等都属于专业拓展课程。

3. 课程标准

课程标准是面向全体学生的学习基本要求和课程教学的基本规范，是详细阐述课程性质、课程目标、教学内容、实施建议的教学指导性文件，是编写教材、实施教学与教学评价的依据。

教学标准又称为教学基本要求，公共课一般是由教育部统一颁布的，专业核心课一般是由行业教学指导委员会颁布的。学生在校学习时应了解所学课程的课程标准，对于全面掌握该课程主要内容要求是很有帮助的，无论采用哪本教科书，教师都应按颁布的教学标准或学校制定的教学标准进行教学和考试命题。

4. 选课的方式

（1）熟悉本专业的人才培养实施方案

根据所修专业培养方案中最低毕业学分及必修课、限定选修课、任意选修课结构学分要求，综合考虑自己的学习能力进行选择，避免盲目性。一般应按培养方案的课程安排顺序修读，提前修读可能给自己的学习带来困难，滞后修读则有可能影响自己按时毕业。当然也可以根据自身基础和学习特点自主制订个性化的修读计划，但在选课时一定要注意课程之间的先后逻辑关系。必须在修读完成本专业培养计划规定的相关课程及教学实践环节，并取得最低毕业学分后才可通过毕业资格审核。

（2）认真阅读本学期教学执行计划，了解本学期应该修读的课程

教学执行计划是根据专业培养计划、专业学生数以及教学资源状况制订的本学期课程安排，是学生可选课程的根本依据，应根据每学期的课程开设情况选择本学期应该修读的课程。各专业人才培养的目标与要求不同，课程安排也有所区别：同类或同名课程对不同专业的学生要求不同，学时数与学分数也不同；即使学时数相同的同名课程，对不同专业的教学内容也有可能各有侧重，因此在选课时应注意选择修读本专业培养计划规定的课程。

（3）检查自己的学习进度情况

选课前应检查自己的学习进度，特别要检查是否有前期应修读但尚未修读的课程，或已修读但未取得学分的课程。如有此类课程，应在下一学期首先选择修读此类课程，以免影响正常的学习进度。

（4）了解任课教师情况及课程标准，拟订自己的计划课程表

可以通过校园网、导师或上一届同学了解课程及任课教师情况，在教师指导下根据学校的课程安排及本人的实际情况，拟订课程修读计划（课程、任课教师以及上课时间），最好准备两套以上选课方案，为正式选课做好充分准备。学校在安排任课教师时已考虑了教师的特长和教学特点，因此建议学生尽量按学校推荐的课程表选课。当然学生也可以在老师指导下推荐课表以外修读课程及任课教师。

（5）选课时必须首先保证必修课的学习

在选满该学期所开必修课后，方能选修限定选修课和任意选修课；有严格先修后续关系的课程，需先选先修课程，再选后续课程，未取得先修课程学分，一般不得选修后续课程。

（6）选课时应注意的事项

在能够完成培养方案规定的本学期学分数的基础上，学习成绩优良且学

有余力的，可跨年级、跨专业多选修有关课程，但每学期所选本年级、本专业培养方案以外的课程不得超过学校规定学分，各校自有规定。跨专业选修课程应认真考虑自己的能力和时间，一般跨专业课程均有先修课程的要求。选修前应认真了解该课程的教学标准以及对先修课程的要求，慎重选择。另外应认真分析下学期所选课程的难度和总学时，使其强度适中，确保按计划完成学习任务。

在对自己的学习安排拥有自主选择权的同时，亦应承担相应的责任和义务，学生应慎重使用自己选课权利，并对自己的选择负全部责任。选课期间应及时了解学校公布的有关选课方面的信息和通知。

选课时应处理好必修课与选修课的关系，低年级学生尤其要注意打好扎实的基础，适当控制选修课分量；处理好课程间的关联性和系统性，凡有先修要求的课程，必须修读先修课程后再选后续课程；处理好学习的质和量的关系，选课时不单纯追求学分数，而要注重知识结构的完整性，注重发挥自身的特长和爱好，注重课程能力的培养；注意量力而行，选课切忌盲目一味贪多，应及时关注学校对选课的具体要求。

(二)保证课堂学习质量

1. 了解教学场所

职业院校学生上课学习的场所除了普通教室之外，还有专业教室、实验实训室、实训基地等。

(1)普通教室

普通教室按规模可分为供一个班级上课的班级教室和可供两个及以上班级上课的合班教室。教室内有供教学活动的必备设备及用具，如课桌椅、讲台、黑板、电脑、多媒体投影设备等，教学桌椅的摆放，除了传统的以教师为中心的学生面向讲台的长方形规则编排方式外，还有以学生为中心的圆形、U形等编排方式，便于师生互动。

(2)专业教室

专业教室是既能满足理论教学，又能满足实践教学的场所，可划分为理论学习区和实践教学区，还可划分为小组工作区、实验区和操作区。教学一般以工作任务为载体，如与实际项目结合，可在教师指导下进行生产实习。专业教室易于实现师生间交流和学生间交流，有利于学生单独或以小组形式共同完成学习任务。

近年来，在专业教学基础上发展形成了一体化工作室，具有教学功能、服务功能、科研功能以及学生创业和竞赛功能等。一体化工作室由教学区、讨论区、演示区、工作区、个人办公区、资料查询区、展示区、客户接待区、休闲区、更衣区、沐浴室等构成。

(3)实验实训室

实验实训室是为某一课程设置的进行验证性实验和单项技能训练的实训场所。如植物生理实验室、土壤气象实验室、植物病虫害防治实训室等。

(4)实训基地

实训基地是进行工作过程实训学习和职业岗位技能训练的场所。分为校内实训基地和校外实训基地。校内实训基地是学校投资建设，可实现教学、培训、技能鉴定等功能。如校办林场、校办木工厂、校办旅游公司、实训中心等。校外实训基地是学校与专业对口的生产企业，通过契约方式，依法依需确定的社会性真实工作过程实践学习和职业岗位技能训练的企业或多个点状企业区域。主要用于学生综合实训和顶岗实习。

2. 熟悉教学组织形式

职业教育的教学活动是通过一定的组织形式来进行的。教学组织形式，就是根据一定的教学思想、教学目的和教学内容以及教学主客观条件组织安排教学活动的方式。它是为实现一定的课程与教学目标，围绕一定的教育内容和学习经验，在一定时空环境中，通过一定的媒体，形成的教师与学生之间相互作用的方式、结构与程序。职业教育的教学组织形式主要有如下几种：

(1)班级授课

班级授课就是把一定数量的学生按照所学专业编成固定的教学班级，根据周课表和作息时间表，教师按教学计划规定的教学内容和教学进度，采用适当的教学方法，组织指导学生，集中进行教学的组织形式。目前职业院校多半采用班级授课的形式。

(2)分组教学

分组教学目前在职业院校中作为班级授课的一种辅助形式，可按能力大小、作业情况等，把一个班级中的学生分成不同的小组。小组成员在小组长带领下通过配合完成共同的学习任务。有利于教师进行单独指导、有利于调动全体学生积极性，能够使学生的学习水平和能力差异得到互补。如实习实训中多采用分组教学形式。

(3)现场教学

现场教学是组织学生到生产现场或社会生活现场，通过实物、操作、表演和生产过程来展开的一种教学组织形式，具有明显的直观性和实践性特征，有助于牢固记忆和形成技能技巧。如树木识别实习、播种育苗实习、林业改革调查、家具公司参观等。

3. 摸透教师的教学方法

我们在上课的时候，每节课由于教学内容和任务的不同，会有不同类型的课。如新授课(理论课)、实验实训课、复习课、检查课等。教师针对不同课的类型，会使用不同的教学方法。领会教师采用的教学方法，对提高学习效果是十分必要的。职业院校教师常采用的教学方法有如下几种：

(1)讲授法

讲授法指教师通过口头语言向学生系统、连贯地传授知识、培养能力、进行思想教育的教学方法，是课堂教学中使用最普通的方法，其他各种方法在使用中常常与讲授法结合。讲授法有灌输式讲授、启发式讲授和发现式讲授三种。灌输式讲授是信息输入完全来自教师，学生只是接受信息，没有反馈，学生参与程度低。启发式讲授中，教师首先提供一些新的信息和结论，然后提出一些问题，以考查学生是否掌握了新信息和结论。如果学生没有掌握，老师以演讲或其他方式提供新的内容、思想和结论，接着使学生以问题或讨论形式反馈。发现式讲授是指学生在教师的指导下进行学习，并试图独立探索自己的结论，教师只提供学生无法得到的某些事实，学生要尽可能地得出新结论。

(2)项目教学法

项目教学法是指师生通过共同实施一个完整的“项目”工作而进行的教学行动。在职业教育中，项目是指完成一样具体的、具有实际应用价值的工作任务，在技术领域，很多小产品或一些复杂产品的模型都可以作为项目，如园林技术专业的一个局部小景观的施工、家具类专业的门窗制作等。

项目教学实施包括确定项目任务、获取信息、制订计划、做出决定、实施计划、自检自评、评价总结等教学阶段。项目教学法已普遍被职业院校的专业课教师们采用。

(3)实验教学法

实验教学法是指学生在教师的指导下，使用一定的设备和材料，通过控制条件的操作过程，引起实验对象的某些变化，从观察这些现象的变化中获取新知识或验证知识的教学方法。如木材加工技术专业的木材性质检验等。职业院校的实验教学一般是在生物实验室或农业、林业实验园地进行的，有的实验也可以在教室里进行。通过实验教学法，可以把一定的知识同书本知识联系起来，以获得比较完整的知识，又能够培养独立探索能力、实验操作能力和科学研究兴趣。

(4)四阶段教学法

四阶段教学法指把教学过程分为准备、教师示范、学生模仿和总结练习四个阶段进行的程序化的技能培训教学方法，如园艺技术专业的插花制作、森林生态旅游专业的接待礼仪培训等，四个阶段可概括为讲、演、练、评四个字。首先是教师讲解，然后教师分类示范，讲出做什么，怎么做，为什么这样做。学生进行模仿训练，可重复多次直至学会。最后教师布置练习任务让学生独立完成，教师监督，最后归纳总结。

(5)案例教学法

案例教学法指以具有代表性、典型性和新颖性的案例为教材，在教师指导下，运用多种方式启发学生独立思考，对案例提供的客观事实和问题进行分析、研究、做出判断和决策的一种理论联系实际的教学方法。目的是用案例激发学生思考和探讨，掌握解决实际问题的思路和方法。案例教学在课堂理论教学中体现在案例引路、案例佐证，在实践教学中用于提供高度仿真性的模拟情景和背景资料，组织案例分析与讨论。

4. 掌握课堂学习的方法

课堂学习主要环节是听课。从小到大，我们每个人都听过无数次课，但是，你真的会听课吗？尤其是在开放式教学环境下的大学课堂里，老师一改中小学按照教科书按部就班讲课的风格，而是多以学科的宏观知识体系、知识结构来构建自己的学术观点，并把学科最新的理论知识、最新的研究成果、最新的学术动态介绍给学生，给学生创造了更广阔的思维空间，注重分析问题、解决问题能力的培养。所以，要想真的学会听课，着力从以下几方面入手：

(1)树立正确的学习态度

首先，职业教育就是就业教育，不存在为别人学习的问题，如果还抱着为父母学、为老师学的态度，必然会出工不出力，学习效果不会好；其次，每科授课教师都有其专业特长，学生向教师学习的是专业理论和专业技能，如果根据个人好恶，对授课教师进行品头论足，进而影响学习其授课内容，那就是自欺欺人了；最后，教学计划开设的课程都有其相互关联性，并本着“够用”原则为学生合理设计，如果仅凭自己主观臆断，认为重要的就好好学，不重要的就不学，必然会造成短板效应，对日后工作产生影响。

(2)做好预习

在上课前，利用一点时间简单预习一下新课内容，对新内容有个大概了解，知道哪些知识点自己不明白，这样就可以有目的、有针对性地去听课，对不懂的知识集中精力听讲，及时向老师请教，对看得懂的内容，着力学习老师分析问题、解决问题的方法。

(3)会记课堂笔记

笔记是日后复习的主要学习资料，可以帮助我们克服大脑对大量信息记忆的限制。以往，很多学生唯恐老师的板书不能及时记录下来，就整节课埋头记笔记，甚至对老师讲什么了，强调什么了都没来得及听清楚。这是课堂中最为忌讳的事情。课堂笔记要有详略之分，老师在课堂上提示特别重要的内容，在教科书或别的资料上都难找到的，要逐字逐句详细记录，书上有的内容可以提纲挈领记录，更多时间用于理解。

(4)及时复习

新知识总是建立在原有旧知识基础上的，通过复习可以为接受新知识铺平道路。同时，遗忘规律表明：大学生学习一门课程后的 3 个月，几乎遗忘所学知识的一半，在 17 个月之后仅能记住这些知识的 24%，复习和完成课后作业能很好降低知识被遗忘的概率，帮助我们获得良好的学习效果。

(三)学会自主学习的方法与策略

“一样的努力，不一样的效果；一样的时间，不一样的收获”，有的人总抱怨时间不够，手忙脚乱，有的人却整天感觉无所事事，时间难熬，这些都是学习方法和学习效率问题。我们不妨试着从以下几个方面入手，提高学习效率，实现事半功倍。

1. 设定学习目标，增加前行动力

没有目标就没有方向，没有方向就没有动力。一些学生认为考上大学，就“船到码头车到站”了，“未来的一切就交给命运了”，一下子就失去了学习的动力。可在如此激烈的就业竞争中，自己是想毕业立即就业还是想继续求学深造，提高自己？如果想就业，自己想要一个什么样的工作，能适合什么样的岗位？这些从入学开始就要想清楚，给自己定一个目标。在学校里，往往是到了顶岗实习的前期，很多学生慌了手脚，马上就要上岗操作，自己这也不会，那也不行，一下子没了底气，着急后悔都晚了。

2. 制订学习计划，合理安排时间

凡事预则立，不预则废。制订科学合理的学习计划，通过落实计划内容不断实现近期和长期学习目标，会使自己的学习生活有条不紊，既不会过于放松，散漫无聊，也不会经常临阵磨枪，手忙脚乱。

3. 选择合适环境，学会趋利避害

职业院校相对轻松活泼，校园业余文化生活丰富，在学习之余，很好地融入这样的环境，会帮助你提升人际交往、沟通协调和与他人配合等能力。

但是，如果在学习的时候，你依然在这样的环境中，就会分散注意力，降低学习效果。图书馆、阅览室、教室等场所才是学习的最佳环境。因此，要学会选择环境。

4. 坚持劳逸结合，保证精力充沛

学习时间长，不一定学习效果就好；长时间学习一门课程不如轮流安排学习不同科目，可以锻炼大脑不同的区域，经常保持大脑兴奋状态；只坐在课堂上学习书本不如同时在社会实践中广泛学习，这样学到的知识更宽泛、更灵活。

5. 掌握灵活策略，科学运用方法

(1)五阶学习方法

子曰："博学之、审问之、慎思之、明辨之、笃行之。"辩证科学地阐述了学习的几个递进阶段。

第一阶段为"博学"，是指学习要广泛地猎取，也意味着博大和宽容。

第二阶段为"审问"，是指学习过程中，有所不明就要追问到底，要有敢于怀疑的精神。

第三阶段为"慎思"，问过以后要能够动脑思考、分析，知其然更要知其所以然，才能为自己所用。

第四阶段为"明辨"，学习要学会判断，辨别真伪，分清良莠，知道什么是有用的，什么是无用的，该学什么，不该学什么。

第五阶段为"笃行"，是学习的最后阶段，就是要做到学以致用，知行合一，学习贵在应用。

(2) 循环学习法

就是在学习某门课的过程中，采取学习—复习—再复习的方法。即在学习完某些内容后，用少量时间进行复习，接着学习新的内容，过一段时间后再复习一遍，这样直到所有内容学习结束后，以达到记忆牢固的效果。

(3)四环递进学习法

第一环，抓住重点，进行分析、综合。对所学的内容找出其要点、重点和难点，进行认真的分析、综合。

第二环，编写提纲。根据所学课程的内容，用自己的语言提纲挈领地编写提纲，列出问题的要点。

第三环，消化吸收。即对所编提纲以及知识、材料间的内在联系进行背诵、记忆、分析、推理。

第四环，浓缩提炼，强化记忆。用最简短的语言，抓住材料的实质和核心内容，把提纲压缩得简练，强化记忆加深印象。

(4)框架式学习方法

将有关的知识通过有条理的分析，按照自己的理解，归纳成一个个“框架”或者图示，以便理解与记忆。以归纳为基础，搜索相同、相近、相反的知识，把它们放在一起进行对比与理解。其优点在于能起到更快的记忆、理解作用。

(5)设问推敲法

首先，带着问题看书，一边看书一边思考；其次，带着问题预习，在老师讲解时集中注意听讲以解决问题；最后，带着问题联系，在实践中解决问题。这是在自学中发挥主观能动性，主动查找资料，解决问题，培养自己创造性思维的较好做法。

(6)理论与实践结合的方法

高职教学就是将高度抽象的专业理论知识运用于实践活动。因此，学生只有通过动手操作，亲身参与才能对抽象的理论知识有感性认识，并自然应用于实践活动。理实结合是提高学习效率的最好办法。

“学有其法，学无定法，贵在得法”。学习方法因人而异、因学习科目而异，不可生搬硬套，要根据个人特点，学会整合，适合的就是最好的，找到适合自己的科学的学习方法可以帮助我们在学习中少走弯路。

6. 提倡创造性学习方式

在掌握了有关课程基本概念和方法之后，应把前后知识联系起来，互相贯通，把“求同”和“存异”统一起来，辩证地对待“同”与“异”，在学习中能发现和提出问题，继而解决问题，有所创新和创造，这就是创造型学习方式。它与接受型学习方式区别见表6-3。

表6-3 接受型学习与创造型学习的比较

类型	接受型	创造型
对知识态度	记忆与理解学校或教师安排的教学内容与知识	除教学内容外，喜欢探索其他自己有兴趣的知识
学习态度	刻苦、有毅力、下功夫去弄懂讲课内容，能听取老师的意见	学习一样勤奋，但对自己追求的学科不惜花费时间与精力，思维不受讲课内容所限，更灵活，有时会对老师的讲述提出异议
学习方法	熟悉讲课和书本内容，以模仿为主要方法	主动寻找相应的参考书，喜欢进一步研究，实验中会自己动手，喜欢探索与发现问题，并对已有知识作出自己的评判
时间安排	按规定的时间完成规定的事	会按时完成任务，但不一定都在安排的时间内完成

（续）

类型	接受型	创造型
对权威的态度	尊重与服从权威，尊重现有的成果	不迷信权威，尊重现有成果，但并不满足于此
对待教学安排	完全尊重教学安排	不完全拘泥于教学安排而有自己独特的学习计划
目标	突出课本，掌握知识	掌握知识，培养创造能力

7. 增强记忆力的途径

要提高学习效率，必须增强自己的记忆力，人如果丧失记忆力，知识和经验不能积累，学习、工作将无法进行。影响记忆效果有三个因素，第一是与记忆内容有关，具体的事物比抽象的事物更容易记忆，有规律、有条理的东西比杂乱无章的东西更容易记忆，理解了的东西比尚未理解的东西更容易记忆，因此也记得更牢。有人以数学为学习材料对意义记忆和机械记忆进行比较实验，在采取有意义记忆的实验组在3周后记忆正确率为23%，而采用机械记忆的试验组为零；第二是与记忆的方法有关，看过的东西比听过的东西记住的内容要多1.6倍。用多种器官比用单一器官记忆有更好的效果。有人实验自己阅读默记3天后记忆效果为4%，边听边看记忆效果3天后为4%。记忆与复习所间隔的时间越长，重新记忆花费的时间越多，背一个单元的单词或者一段文章时，开头和结尾记得较好，中间段则遗忘的很多；第三是与注意的程度有关，没有给予注意的事情是不能保持在记忆中的。增强记忆力的途径有以下几种：

①有选择性记忆学习内容。要有选择性决定哪些学习内容需要掌握，哪些可以忽略。

②了解所记内容的背景知识有利于记忆。

③记忆大量的材料要对其进行分类编组，这样可以有条理的把大段内容分成小块，化整为零，各个攻破。

④多联想，对于要记住的内容，根据其特点并结合已有的经历和知识进行联想。

⑤分段学习。先学的内容对后学的内容有抑制作用，后学的内容对先学的内容也会产生干扰。由于记忆的这一特点，加之人的精力限制，开始和结束时精力比较集中，学习效果好，中间一段时间学习效果差，因此可将

一段较长的学习时间分为若干短时间区(比如45分钟)，学习效果明显地提高。另外，文理交叉学习可以避免前后学习内容相互抑制和干扰。

⑥及时反复学习，及时巩固。如学习三个单元的新知识，依次学习后再依次复习各单元，可能导致在学第三单元时，第一单元已遗忘差不多了，若采用如下顺序，学习效果可得到改善，即学习第一单元——学习第二单元——复习第一、二单元——学习第三单元——复习第二、三单元——复习第一、二、三单元。

(四)充分利用学习资源

学习资源是为学习提供的素材等各种可被利用的条件，主要有纸质资源和数字化资源。纸质资源包括教科书、实习实训指导书、练习册、讲义、文献资料等；数字化资源是经过数字化处理的文字、图像、声音、动画、课件、视频等，包括多媒体素材库、多媒体课件库、校园视频点播系统、自主学习型和讲授型网络课程库、教师个人数字网站、学校精品课程库、专业教学资源库等。

(1)教科书

教科书是学生学习的最重要的资源。由教育部组织专家评审通过立项的国家级规划教材、行业教育教学指导委员会立项的行业规划教材，以及非规划教材和学校组织编写的校本教材，后者一般为反映本地区特点的补充教材。

(2)多媒体课件

多媒体课件是根据教学内容的要求和教学的需要，经过严格的教学设计，并以文字、图形、图像、声音、动画、影像等多种媒体的表现方式和超文本结构制作而成的课程软件。分为单体课件和网络课件。多媒体课件不仅可以更自然、逼真地表现多姿多彩的视听世界，还可以对宏观和微观事物进行模拟，对抽象、无形事物进行生动、直观地表现，对复杂过程进行简化再现等，增加了学习者的学习兴趣和学习效果。

(3)网络教学资源库建设平台

网络教学资源是开展网络教育的前提和基础，随着网络教育的逐步拓展，网络教学资源越来越丰富，教学资源的有效管理称为开展网络教育的关键。网络教学资源库建设平台是以资源共建共享为目的，以创建精品资源和进行网络教学为核心，面向海量资源处理，集资源分布式存储、资源管理、资源评价、知识管理为一体的资源管理平台。实现资源的快速上传、检索、归档并运用到教学中；实现资源的多级分布式存储、学校加盟共建等。具有示范专业教学资源库建设管理并能实现精品课程资源网络教学等三大子系统，三系统之间无缝联结。专业数、课程数、用户数不限。

网络教学资源库建设平台有如下功能：①具备完善的库类别：用户可自己维护自定义资源库的类别。②资源的共建共享：使用者可以随时、随地通过网络访问、上传、下载、存放和使用库中资源。③WEB 集成：基于 WEB 的应用模式，使教学资源制作、管理、信息发布、教学交流、资源共享与交流都能在网上进行。④资源检索：为使用者提供资源库中资源的多种检索功能。如课程导航、资源库导航、专业专题导航等。方便学习者使用。⑤网上交流：提供 BBS 服务、教育论坛、电子邮件服务系统，为网络教学实现在线或离线网上交流、辅导。⑥自主学习：提供完善的讲授型网络课程库、多媒体课件库、素材和案例库、专家答疑辅导系统，使用者可以自主完成专业课程学习。

目前，全国职业院校可以使用的有园林技术专业教学资源库、林业专业教学资源库也正在建设之中。

(4)微课

“微课”是指按照教学内容标准及教学实践要求，以视频为主要载体，记录教师在课堂内外教育教学过程中围绕某个知识点(重点、难点、疑点)或教学环节而开展的精彩教与学活动的全过程。

“微课”的核心组成内容是课堂教学视频(课例片段)，同时还包含与该教学主题相关的教学设计、素材课件、教学反思、练习测试及学生反馈、教师点评等辅助性教学资源，它们以一定的组织关系和呈现方式共同“营造”了一个半结构化、主题式的资源单元应用“小环境”。因此，“微课”既有别于传统单一资源类型的教学课例、教学课件、教学设计、教学反思等教学资源，又是在其基础上继承和发展起来的一种新型教学资源。

“微课”有如下特点：①教学时间较短，5～10 分钟为宜，最少的 1～2 分钟，最长的不宜超过 20 分钟；②教学内容较少，突出某个学科知识点或技能点以及重点、难点；③资源容量较小，适于基于移动设备的移动学习；④经典示范案例，真实的、具体的、典型案例化的教与学情景；⑤自主学习为主，供学习者自主学习的课程，是一对一的学习；⑥流媒体播放性，可以视频、动画等基于网络流媒体播放。

微课按教学方法，可分为讲授类、问答类、启发类、讨论类、演示类、练习类、实验实训类、表演类、自主学习类、合作学习类、探究学习类；按课堂教学环节可分为课前复习类、新课导入类、知识理解类、联系巩固类、小结拓展类等。

(五)顺利通过考试

1. 考核的种类与方式

为了评价学校的教学质量和学生的学习成绩，职业院校的学生在全学程中都要接受考核。考核分考查和考试两类。

(1)考查

考查是属于平时正常检查的一种考核方式，贯穿在教学过程的各个环节，有以下几种方式：①课堂复习提问；②检查书面作业；③黑板演练和演示；④独立作业和小测验；⑤实践或操作性作业；⑥考察学生的学习态度和表现。考查课成绩评定一般采用等级制计分法，如优、良、及格和不及格。

(2)考试

考试是属于阶段性考核的一种方法，一般是在完成教学过程中的一个阶段进行，主要有期中、期末、学年和毕业考试，其方式有笔试、口试、现场测验和实际操作等。考试课成绩评定一般采用百分制，60分为及格。学分制可采用五分制。五分制计算的是学生每门课程的期末分数按照学分的加权平均值。平均学分绩点是满分五分(综合的百分制成绩×学分÷总学分)。

另外，对于生产实习的考核，不仅要考核实习成果、专业知识和操作技能，还要考核工作能力、劳动态度、安全文明生产和团结协作等情况。

2. 合理编排复习计划

期末考试一般都集中安排在课程结束后的一周内，如果到考试时再复习就来不及了。应该在考前一个月就要着手制订复习计划，还要去掉正常上课和完成日常作业的时间。复习计划包括日期、每天复习的时间、科目、内容、进度等。要留出保证充足睡眠时间。调整饮食结构，多吃些增强记忆力的食物，保证脑力处于最佳状态。

3. 掌握科学的复习方法

进入复习阶段后，要将平时的课堂笔记理一遍，归纳老师课堂所讲的内容，并与教科书结合起来理解学习内容；收集以往的试题的内容和题型，分析所教内容适合什么样的题型，对于论述题，要做出答案提纲；了解老师的出题、评卷的习惯，找出该课程的重点和难点；自己复习完一遍后，再和两三个同学结合成学习小组，提高学习效率。集体复习可以互相分享不同的复习资料，互补遗漏，发挥集体的智慧解决疑难问题，形成框架清晰、逻辑严谨的知识体系。

4. 沉着冷静参加考试

进入考场要心态平和放松，严格遵守考场纪律，带好需个人自备的考试用具，记住发试卷和收试卷的时间，答卷前先通览试卷，看清试题说明，理解清楚题意，不漏题、不漏页、先易后难，掌握答题时间，知道多少答多少，不留空白题，不往试卷上写与答题无关的内容，答题结束后认真检查试卷后再交卷。要关注试卷成绩，如果发现不及格课程，要及时认真补考。

四、职业技能培养

（一）职业技能训练类型与形式

职业院校的职业技能训练的形式是实习实训，根据专业不同、分类角度不同可分为多种类型。

1. 按实习实训目标分

（1）教学实习

教学实习是指学习结合专业课程以教学为主的一种实习实训形式。主要任务是掌握本专业中某一主要工种或某一课程的基本操作技能，能够正确地调整和使用该工种（或工序）的通用设备及附件，掌握生产操作方法，同时接受劳动纪律、安全防护、文明生产等教育。如测量、测树教学实习，生态环境实习，园林设计等。

（2）生产实习

生产实习指在基本完成教学实习和学过大部分基础技术课之后，到专业对口的现场直接参与生产过程、综合运用本专业所学的知识和技能，以完成一定的生产任务，并进一步获得感性认知，掌握操作技能，学习企业管理，养成正确劳动态度的一种实习实训形式。如毕业顶岗实习等。

2. 按实习实训内容分

(1)基本功训练

基本功训练是操作技能的初级阶段训练，包括常用工具、仪器使用训练、基本操作动作的熟练，通过训练不仅要掌握动作要领，操作姿势和合理的操作方法，还要养成动作的速度、准确度。如制图、测绘仪器使用、植物徒手切片制作等，一般通过实验课完成。

(2)专项技能训练

专项技能训练是在基本功训练基础上，将一个工种或一门课程的基本技能综合运用的某项训练，掌握完成某项工作的方法和能力，如园林植物识别实习、木材干燥工艺实习、造林实习等。专项技能训练一般以教学实习、课程设计等形式完成。

(3)综合实训

综合实训指在完成主要专业课程的理论学习和各主要技能专项实训后，综合运用本专业(岗位)的主要知识和技能而集中进行的综合性、系统化训练，实训目标是基本掌握本专业的核心能力和关键能力，为顶岗实习做好准备，增强岗位适应性。综合实训可在校内实训基地进行，实训模式如酒店管理的岗位轮换训练模式、森林培育的生产过程训练模式、家具制造的项目训练模式、森林生态导游的任务训练模式等。

另外，实习实训根据实习场所可分为模拟实习和顶岗实习，依据实习时间过程可分为阶段实习和毕业实习。毕业实习成果有毕业论文或毕业设计。

(二)实习实训的作用与要求

1. 实习实训的作用

职业院校学生的培养目标是技能型人才，所学的专业都对应着若干职业岗位，每个职业岗位都有技能要求，这些技能要求必须通过实习实训来获得；在参加实习实训过程中，技能职业工作环境，参与整个工作过程，在整个过程中，不仅使所学的专业知识得到验证，而且使基础理论能更好地和专业技能融合，从而也加深了对专业知识的理解和巩固；在实习实训过程中，特别是综合实训和顶岗实习，锻炼了学生的意志，提升了职业道德，培养了团结协作精神；另外也受到了企业文化的熏陶，提高了毕业后的岗位适应性。

2. 实习实训的要求

①自觉遵守国家法律法规和学校的实习纪律，严格按照规定时间进行实

习，不得提前结束实习，更不能擅自离岗。

②遵守实习单位的劳动纪律和各项规章制度，树立良好的职业道德和组织纪律观念，尊重实习单位员工，与实习指导师傅和实习单位搞好关系。

③严格按照生产操作规程进行操作，注意生产安全，节约使用实习材料和能源，增强环境保护意识。

④要遵守文件资料借阅制度。借阅实习单位提供的各类文件、数据等资料，必须严格按照有关规定妥善保管，用毕完整归还。

⑤虚心学习，勤奋探索，认真求教；树立良好的精神风貌，维护学校的声誉，不得向实习单位提出不恰当的待遇要求。

⑥善于总结并吸取实践工作经验，尊重实习单位员工。认真做好实习日记，撰写实习报告。

⑦实习期间，注意应经常与学校指导老师保持联系，及时汇报实习情况，听取老师对实习过程的指导与建议。

（三）全国职业院校技能大赛

1. 全国职业院校技能大赛

全国职业院校技能大赛是教育部发起，联合国务院有关部门、行业和地方共同举办的一项年度全国性职业教育学生竞赛活动。经过多年努力，大赛已经发展成为全国各个省、自治区、直辖市、新疆生产建设兵团和计划单列市积极参与，专业覆盖面最广、参赛选手最多、社会影响最大、联合主办部门最全的国家级职业院校技能赛事，成为中国职教界的年度盛会。

报名以省（自治区、直辖市、新疆生产建设兵团、计划单列市）为单位组队。团体赛不得跨校组队。计划单列市报名仅限中职项目。本科院校高职学生可以报名参加高职组比赛。中职参赛选手须为全日制正式学籍的在校生，年龄限制在25周岁以下。五年制高职学生报名参赛的，一至三年级（含三年级）学生参加中职组比赛，四、五年级学生参加高职组比赛。参加团体比赛的队伍和参加个人赛的选手均可指定指导教师，每名指导教师不限于指导一名参赛选手。

2014年的全国职业院校技能大赛于5月31日至6月27日在天津主赛场和北京等12个分赛区举行，其中天津主赛场举办35项比赛，12个分赛区举办60项比赛，逾万名选手参加了比赛。在承办的35项比赛中，中职组17项，高职组17项，表演赛1项。涉林的中职组比赛项目有手工制茶、艺术插花、种子质量检测等，高职组有植物组织培养、园林景观设计、中华茶艺等。

2. 全国职业院校林业职业技能大赛

2013 年 5 月，由国家林业局主办的首届全国高等职业院校林业职业技能大赛在辽宁林业职业技术学院举行。大赛以国家职业标准规定的技能要求为基础，结合高技能人才培养要求和就业岗位需要，适当增加新知识、新技术、新工艺(技能)等相关内容，采用技能操作考核的方式进行。共有来自全国 23 所高等林业职业院校的 115 名学生分别参加了林木种子质量检测、园林景观设计、花卉设计与制作和板式家具设计与组装四项比赛。河北政法职业学院的范玉彬等三名选手获得“林木种子质量检测”竞赛项目一等奖；丽水职业技术学院的郑斌等三名选手获得“园林景观设计”竞赛项目一等奖；江苏农林职业技术学院和辽宁林业职业技术学院两组 4 名选手获得“花卉艺术设计与制作”竞赛项目一等奖；江苏农林职业技术学院和辽宁林业职业技术学院两组 4 名选手获得“板式家具设计与组装”竞赛项目的一等奖。河北政法职业学院李银华、丽水职业技术学院胡秀萍、江苏农林职业技术学院孙莉、饶鑫等 10 名教师分获四个竞赛项目的优秀指导教师。

3. 职业技能竞赛获奖选手待遇

根据大赛有关规定，在职业技能竞赛中获奖的选手将获得如下奖励：

①获得各类赛项一、二、三等奖的团体赛参赛选手或个人选手，都会被授予相应荣誉证书，获得一等奖的团体赛参赛选手或个人选手，授予奖杯。

②获奖名次与相应职业资格等级证书挂钩的赛项，所授证书反映相应国家大赛水平，一等奖参赛选手所获职业资格证书原则上应高于高级工证书等级。

③获奖个人和团体还可能获得相应奖金、奖品，团体或个人赛项一等奖价值在 5000 元以内，二等奖在 3000 元以内，三等奖在 2000 元以内，其他奖不超过 2000 元。

另外，在全国职业技能大赛上获奖的选手，必将得到竞赛相关项目用人单位的青睐，对个人顺利就业有极大帮助。

五、职业技能鉴定

(一)职业资格证书

人们在谋求某一职业时，都希望自己能具备从事某一职业的能力，以担负起这一职业岗位的职责。社会经济部门或行业根据某一职业的工作目标和任务，对从事这一职业的人员提出的必备的专业知识、职业技能和工作能力的要求，就是职业资格。劳动者通过职业技能鉴定，可通过政府认定的考核鉴定机构获得对自己技能水平和从业资格的认可的职业资格证书，作为劳动者进入劳动力市场求职、任职、开业的资格凭证。职业资格证书也是用人单位招聘、录用劳动者的主要依据，是实施劳动监察、劳动合同监证的有效依据，还是对外劳务合作人员办理技能水平的有效证件。

职业资格与学历文凭不同，学历证书是一个人接受教育的年限，所具有的文化程度或者学业程度的证明，是由教育部门颁发的，职业资格证书是一个人能否胜任某一职业的证明，是由劳动部门或其委托的部门颁发的。职业资格与职业岗位的具体要求结合密切，能更直接、更准确地反映特定职业实际工作的技术标准和操作规范，以及劳动者从事该职业所达到的实际工作能力水平。学历证书是获得职业资格证书的必要条件，因此，职业学校实行双证书制度。

职业资格可以分为从业资格和执业资格两种。从业资格是指从事某一专业(工种)的学识、技术和能力的起点标准，即起点资格、起码水平。执业资格是指政府对某些责任较大、社会通用性强、关系公共利益的专业(职业)实行准入控制，是依法独立开业和从事某一特定专业(职业)的学识、技术和能力的必备标准。执业资格证书实行全国统一考试取得证书、注册有效和政府监管。凡具备相关专业规定的学历、实践工作年限的专业技术人员都可以报考。证书由人力资源和社会保障部以及国务院有关主管部门共同用印，一次注册三年有效。取得执业资格证书并经过规定机构注册登记者，可以依法独立执业。我国目前已有一些职业实行了执业资格证书制度，如注册会计师、注册律师、监理工程师、注册建筑师、执业医师、执业药师等。

职业资格在工作岗位上还可以按照实际要求来区分资格等级，即根据各职业活动范围、工作内容的数量和质量、工作责任等要素，将特定职业岗位划分为不同的资格等级。如经济管理人员可划分为经济员、助理经济师、经济师和高级经济师；技能型操作人员可划分为初级、中级、高级、技师和高级技师。依据职业资格等级的不同，可对相关就业或执业人员提出相应的知识和技能水平要求。1998年，我国正式确定了国家职业资格证书制度的等级设置为五个级别。国家职业资格五级、四级、三级分别对应技术等级的初、中、高级；二级和一级分别对应技师和高级技师(图6-1)。

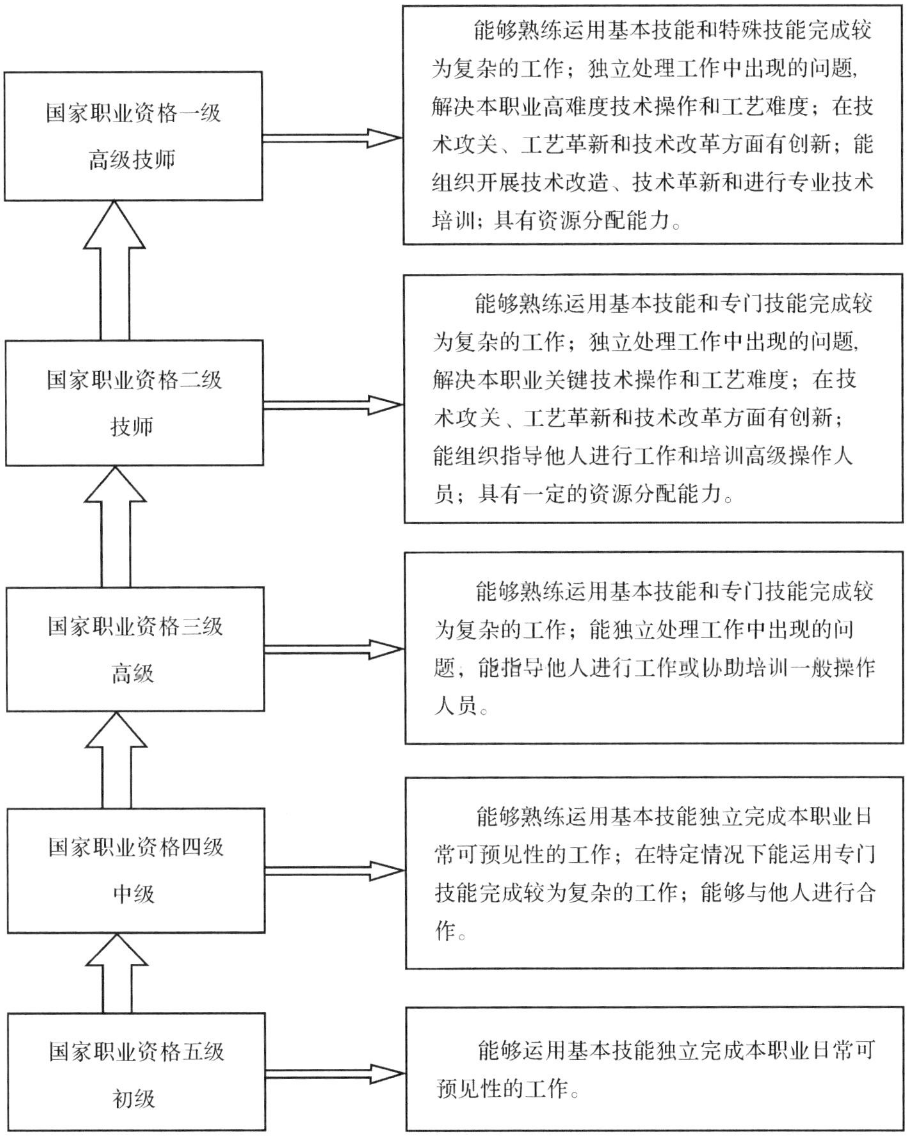

图6-1　我国职业资格等级体系结构示意图

(二)国家职业标准

标准通常分为技术标准、管理标准和工作标准三大类。工作标准是指对工作的类别、权利、范围、质量、程序、数量及检查方法和考核办法所指定的标准。国家职业标准属于工作标准。国家职业标准是在职业分类的基础上，根据职业(工种)的活动内容，对从业人员工作能力水平的规范性要求。它是从业人员从事职业活动，接受职业教育培训和职业技能鉴定以及用人单位录用、使用人员的基本依据。国家职业标准由人力资源和社会保障部组织制定并同意颁布。

国家职业标准由职业概况、基本要求、工作要求和比重表四部分组成(图6-2)。其中工作要求是国家职业标准的核心部分。职业概况是对本职业的基本情况的概述；基本要求包括从事本职业工作应具备的职业道德、职业态度、行为规范，必须掌握的与本职业相关并贯穿整个职业的基本理论知识、有关法律知识和安全卫生、环境保护知识；工作要求是在对职业活动内容进行分解和细化的基础上，从知识和技能两个方面对完成各项具体工作所需职业能力的描述；比重表规定了理论知识与技能在培训考核中所占的比重。

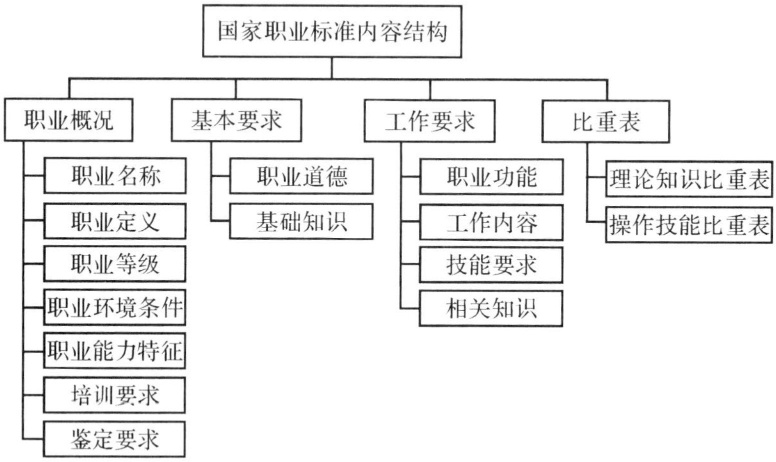

图6-2 国家职业标准内容结构图

(三)国家职业技能鉴定的组织实施机构

职业技能鉴定的组织实施系统是我国职业技能鉴定和推行职业资格证书制度的两大支柱和组织保障。它包括两部分，一是职业技能鉴定的行政管理

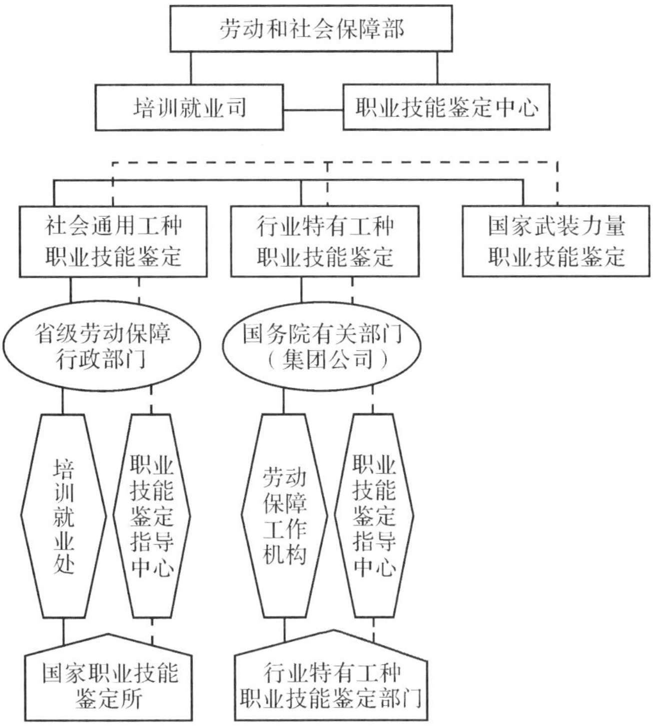

图 6-3　我国现行的职业技能鉴定组织实施体系图

……虚线表示技术指导系统

——实线表示行政管理系统

系统，二是职业技能鉴定的技术支持服务系统(图 6-3)。

职业技能鉴定的行政管理系统是依法对职业技能鉴定工作组织领导、监督的各级政府管理部门，包括各级人民政府劳动保障行政部门和国务院有关行业部门(集团公司)的劳动保障工作机构。其中，通用工种的职业技能鉴定以各省、自治区、直辖市劳动保障行政部门为主进行管理，行业特有工种的职业技能鉴定以国务院有关行业部门(集团公司)劳动保障工作机构为主进行管理。

职业技能鉴定的技术支持服务系统是各级劳动保障行政部门批准的鉴定组织实施机构，为考核鉴定提供技术支持和指导服务，主要包括各级职业技能鉴定指导中心、职业技能鉴定所(站)。

目前，我国大中专涉林职业院校都经批准设立了林业职业技能鉴定站，负责本校学生的职业技能鉴定实施工作。鉴定的主要工种有：景观设计师、花卉园艺师、花艺环境设计师、家具设计师、茶艺师、评茶员、插花员、盆景工、假山工、灭火员、防火员、火灾瞭望观察员、园林植物保护工、菌类园艺工、林木种苗工、造林更新工、抚育采伐工、营林试验工、营造林工程监理员、护林员、森林病虫害防治员、森林防火员、野生动物保护员、草坪建植工、制材工、木材干燥工、胶合板工、纤维板工、刨花板工、机械木工、木材及家具检验工。

(四)职业技能鉴定方式

职业技能鉴定通常分为知识要求考试和操作技能考核两部分。其内容是依据相应职业的国家职业(技能)标准、职业技能鉴定规范(即考试大纲)和相应教材来确定的,并通过编制试卷来进行考核。

知识要求考试一般采用笔试,操作技能考核一般采用现场操作、加工典型工件、生产作业项目、模拟操作等方式进行。计分一般采用百分制,两部分成绩都在60分以上为合格,80分以上为良好,95分以上为优秀。

申请鉴定的条件:

①未经过专业技术培训者,一般要从事本工种(专业)工作三年、八年或十三年以上,才能相应申报初级、中级或高级技术等级鉴定;

②经过对口专业技术培训,但未取得初级技术等级证书者,一般要工作一年以上才能申报初级技术等级的鉴定;

③中等专业学校的毕(结)业生,以初级技工为培养目标的各类职业技术学校的毕(结)业生,学徒期满的学徒工,培训期为一年及一年以上的就业训练中心的毕(结)业生,可以申报初级技术等级鉴定;

④取得初级技术等级证书后,在本工种连续工作五年以上的人员,或经正规中级工培训的人员,可以申报中级技术等级鉴定;

⑤以中级技工为培养目标的技工学校和职业技术学校的毕(结)业生,可以申报中级技术等级鉴定;

⑥取得中级技术等级证书后,在本工种连续工作五年以上的人员,或经正规高级工培训人员和以培训高级技工为目标的高级技工学校(班)的毕(结)业生,可以申报高级技术等级鉴定;

⑦取得高级技术等级证书二年且具备技师任职条件者,可申报技师任职资格鉴定;

⑧取得技师合格证书三年以上，且具备高级技师任职条件的技师，可以申报高级技师资格的职业技能鉴定；

⑨有特殊贡献或参加国家和省(自治区、直辖市)、地、市级技术比赛获得名次，经相应劳动行政部门批准，可不受间隔时间限制申报晋升技术等级以及技师、高级技师任职资格。

六、接受继续教育的途径

虽然职业教育在一定程度上就是就业教育，但学历的提高对职业院校学生也非常重要，无论是中职升高职，还是高职升本科，学生通过多种途径提高个人学历水平，是很好地适应社会需要的表现。下面介绍学历提高的主要途径：

(一)对口升学考试

20世纪90年代中期，随着国家经济政策的调整，适应社会对人才的需求，同时也为扶持中等职业学校的发展，满足职专学生升学深造的愿望，教育部出台了“对口升学”政策。对口升学是国家从高校招生计划中选择部分专业，拿出专门指标，对希望继续深造的职校生进行对口专业的高考。对口升学计划是属于当年高招计划的一部分，对口升学的学生大学毕业后和同年通过高考进入大学深造的学生享受同等待遇。对口升学类型有中职升高职、中职升本科、高职升本科等，专升本学制三年。对口高考科目一般为文化基础课程与对应专业课程，各省情况不一，而且有的省每年情况也不一。考试科目一般为语文、数学、英语、计算机应用及专业课和技能考试。

(二)成人高等学校招生全国统一考试

成人高等学校招生统一考试简称成人高考，是我国成人高等学校选拔合适的毕业生进入更高层次学历教育的入学考试，是国家终生教育体系中高等教育的重要组成部分。列入国家招生计划，参加全国招生统一考试，各省、自治区、直辖市统一组织录取。

现行成人高等学历教育与普通高等教育、高等教育自学考试统称为教育部核准的国民教育系列高等学历教育。成人高考分为专科(高职)起点升本科

(简称专升本)、高中(中职)起点升专科(简称高升专)和高中(中职)起点升本科(简称高升本)三个层次。录取入学后的学习形式包括函授、业余和脱产三种学习形式，以前两种形式为主，可安排脱产学习只有极少数成人高校。

高中起点升本科和高职(高专)的考试按文科、理科分别设置统考科目。公共课统考科目均为语文、数学、外语三门，其中数学分文科、理科类两种，外语分英语、日语、俄语三个语种，由考生根据报考学校对外语语种的要求选择一种。报考高中起点升本科的考生，除参加三门统考公共课的考试外，还需参加专业基础课的考试，理科类专业基础课为“物理、化学综合”，文科类专业基础课为“历史、地理综合”，上述试题由教育部统一命题。

专科起点升本科考试统考科目为三门。两门公共课为政治、外语，一门专业基础课根据招生专业所隶属的学科门类确定。以上统考科目试题除非英语外语语种由各省级成人高校招生办公室视本地生源情况自行确定是否开设并自行组织命题外，其余科目均由教育部统一命题。考试时间为每年 10 月第三周的周六和周日。

(三)高等教育自学考试

高等教育自学考试简称自考，1981 年经国务院批准创立，是我国现阶段高等教育的一个重要组成部分，是对自学者进行的以学历考试为主的高等教育国家考试制度：是个人自学、社会助学、国家考试相结合的高等教育形式。学生经过系统的学习后，通过毕业论文的答辩、学位英语的考核达到规定成绩符合条件的毕业生，可申请授予学士学位、参加研究生考试，并可继续攻读硕士学位和博士学位，待遇与高考统招生相同。

命题由全国高等教育自学考试委员会统筹安排，分别采取全国统一命题、区域命题、省级命题三种办法。试题(包括副题)及参考答案、评分标准启用前属绝密材料。

各专业考试计划的安排，专科(基础课)一般为 3～4 年，本科一般为 4～5 年。

按照专业考试计划的要求，每门课程进行一次性考试。课程考试合格者，发给单科合格证书，并按规定计算学分，不及格者，可参加下一次该科目的考试，自考专本科通过率基本上在 10% 左右。各科全部合格后，可申请办理毕业证。

自考每年一般进行 4 次，考试时间分别为 1 月、4 月、7 月和 10 月。报考本科校的必须有专科的毕业证书。在选报专业时，有些专业是面向社会开考，报考对象不限；有些专业是部门委托开考，仅限本系统在职人员报考；一些本科类专业和特殊专业（如医学类专业）对报考者的学历、职业等还有一些具体要求。

（四）远程教育

远程教育，在教育部已出台的一些文件中，也称现代远程教育为网络教育，是成人教育学历中的一种。是指使用电视及互联网等传播媒体的教学模式，它突破了时空的界限，有别于传统的在校住宿的教学模式。使用这种教学模式的学生，通常是业余进修者。由于不需要到特定地点上课，因此可以随时随地上课。学生亦可以透过电视广播、互联网、辅导专线、课研社、面授（函授）等多种不同渠道互助学习。是现代信息技术应用于教育后产生的新概念，即运用网络技术与环境开展的教育。招生对象不受年龄和先前学历限制，为广大已步入社会的群众提供了学历提升的社会。

自1999年以来，教育部批准67所普通高等学校和中央广播电视大学开展现代远程教育试点工作，允许上述68所试点高校在校内开展网络教学工作的基础上，通过现代通讯网络，开展学历教育和非学历教育。对达到本、专科毕业要求的学生，由学校按照国家有关规定颁发高等教育学历证书，学历证书电子注册后，国家予以承认。

学生网上选课进入学习阶段后，在学院规定时间内再进行网上注册，注册后方可获得考试资格。在规定的学习年限内，一门课程允许学生选修2次，每选修1次，可参加3次考试；在记载学生成绩时，考试成绩均按实际成绩登录，取实际考试成绩的最高分计入最终成绩。若必修课程选修2次后仍不及格，将不予毕业。

全国网络教育公共课程统一考试科目，专科起点本科学生需参加大学英语、计算机应用基础两门科目考试。每年组织3次统考。学生在学习年限内可多次参加考试，每次考试门次由学生自定。各科考试均有考试大纲和考试用书。所有统考科目成绩合格是作为教育部高等教育学历证书电子注册资格的条件之一。专科学历教育的学生不参加全国统一考试。符合规定条件的学生，在学期间可免去部分公共基础课全国统一考试。

（五）广播电视大学

广播电视大学是由中央广播电视大学，省级广播电视大学，地市级、县级广播电视大学分校和工作站组成的覆盖中国内地的远程教育系统。统招以全日制面授为主；自考以自学为主。电大通过自学、面授、计算机网络、卫星电视等现代传媒技术进行学习，参加国家安排的统一考试，获得国家承认的专科、本科学历。

广播电视大学也是我国高等教育的重要组成部分。与其他成人高校一样，主要面向高考落榜或因为其他种种原因丧失学习计划的社会人员，和需要提高学历层次的在职人员，学习形式为开放教育（现代远程高等教育），宽进严出。

单元 7

职业选择

在职业院校毕业时，每个同学都希望找到理想的职业，实现自己的人生价值。本单元将向大家介绍林科学生对口的就业单位和对口的职业岗位、就业途径和就业政策，以及如何根据自身特点选择职业，如何收集就业信息等择业知识。

一、林科毕业生主要对口就业单位

企事业单位是职业院校毕业生就业的主要去向。企业是指以盈利为目的，运用各种生产要素（土地、劳动力、资本、技术和企业家才能等），向市场提供商品或服务，实行自主经营，自负盈亏。独立核算的法人或其他社会经济组织，企业基本组织形式是独资企业、合伙企业和公司，其中公司制企业是现代企业中最主要的、最典型的组织形式。按所有制形式可分为国有企业、民营企业、中外合资企业等。事业单位是指国家为了社会公益目的，由国家机关举办或者其他组织利用国有资产举办的，从事教育、科技、文化、卫生等活动的不以盈利为目的的社会服务组织。下面介绍林科毕业生就业时主要对口企事业单位。

（一）事业单位

1. 乡镇林业工作站

我国涉林的乡镇都设有林业工作站，截至2012年年底，全国有乡镇林业工作站27 772个，在岗职工129 314人。林业工作站是依法对森林和野生动植物资源实行管理和监督，组织、指导农村集体经济组织和个人发展、开展林业社会化服务的基层事业单位。管理体制分县级林业行政主管部门直接派出机构管理、县与乡镇双重管理和乡镇管理三种，经费渠道近80%由财政全额拨款。林业工作站工作人员要求具有中专或高中以上文化水平，专业技术人员的比例要求不少于80%。按照2000年国家林业局公布的《林业工作站管理办法》的规定，林业工作站具有下列工作职责：

①宣传与贯彻执行森林和野生动植物资源保护等法律、法规和各项林业方针、政策；

②协助乡镇人民政府制定林业发展规划和年度计划，组织和指导农村集体、个人开展林业生产经营活动；

③配合林业行政主管部门开展资源调查、造林检查验收、林业统计和森林资源档案管理工作，掌握辖区内森林资源消长和野生动植物物种变化情况；

④协助林业行政主管部门管理林木采伐工作、配合做好林木采伐的伐区调查设计，并参与工作；

⑤配合林业行政主管部门和乡镇人民政府做好森林防火、森林病虫害防治工作；

⑥依法保护、管理森林和野生动植物资源，依法保护湿地资源；

⑦协助有关部门处理森林、林木和林地所有权或者使用权争议，查处破坏森林和野生动植物资源案件；

⑧协助林业行政主管部门管理辖区内的乡村林场、个体林场；

⑨配合乡镇人民政府建立健全乡村护林网络，负责乡村护林队伍的管理；

⑩推广林业科学技术，开展林业技术培训、技术咨询和技术服务等林业社会化服务，为林农提供产前、产中、产后服务；

⑪根据国家有关规定代收和协助管理各项林业行政事业性收费等；

⑫承担县级林业行政主管部门委托的其他事项。

基层林业工作站是高、中职林业技术专业毕业生的理想对口就业单位。

2. 国有林场

国有林场是指国家建立的专门从事植树造林、森林培育、保护和利用的具有法人资格的生产性林业事业单位。截至 2013 年年底，全国国有林场有 4855 处，经营面积 7667 万公顷，在职职工 48 万人有离退休职工 27 万人，在职职工人年均工资 1. 8 万元。过去，根据林场的经营性质，主要在荒山、荒地等无林、少林地区进行造林及幼林抚育等活动的林场称为造林林场；主要在现有林地进行抚育改造及迹地更新的林场称为经营林场。林场的性质不是固定不变的，原造林林场在幼林郁闭成林后即可转为经营林场。目前，根据国有林场改革思路，将生态区位重要，以公益林管护、抚育和营造为主要任务，主要发挥生态效益，为国家和社会提供生态产品的林场界定为生态公益型林场，按公益事业单位管理；将自然条件较好以商品林和其他产业经营为主要任务，主要发挥经济效益，为国家和社会提供物质产品的林场界定为商品经营型林场，逐步推进企业化管理。

国有林场实行“营林为本、生态优先、合理利用、持续发展”的办场方针，主要任务是培育和保护森林资源，维护国家生态安全和木材安全；开展科学试验和技术创新，推广先进技术；保护林业生态文化资源，促进人与自然和谐发展。国有林场实行场长负责制，实行以聘用制度和岗位管理制度为主要内容的事业单位人事管理制度，实行以岗位绩效工资为基础的收入分配制度。

国有林场是高、中职林业技术专业毕业生的理想对口就业单位。

3. 国有苗圃

国有苗圃是独立核算的专门从事采种育苗、培育优良林木种苗的基地，是以国家所有为主体的生产性事业单位，承担林木良种繁育、试验示范、育苗新技术推广以及生态工程用苗等公益性职能。2013 年底，我国国有苗圃单位 1665 个，在岗职工 2. 8 万人，离退休职工 1. 8 万人，人年均工资 2. 1 万元，另外还有林业系统内部苗圃 6580 个。国有苗圃是高、中职林业技术专业毕业生理想的对口就业单位。

4. 自然保护区

自然保护区是指对有代表性的自然生态系统、珍稀濒危野生动植物物种的天然集中分布区、有特殊意义的自然遗迹等保护对象所在的陆地、陆地水体或者海域，依法划出一定面积予以特殊保护和管理的区域。自然保护区分为国家级自然保护区和地方级自然保护区。在国内外有典型意义，在科学上有重大国际影响或者有特殊科学研究价值的自然保护区，列为国家级自然保护区。除列为国家级自然保护区以外的其他具有典型意义或者重要科学研究价值的自然保护区列为地方级自然保护区。

森林和野生动植物类型自然保护区是自然保护区的主体，由林业部门负责管理。自然保护区设有专门的属于事业单位性质的管理机构，配备专业人员，负责自然保护区的具体管理工作，经费由林业主管部门统一安排。2013 年统计，全国林业系统有自然保护区 2163 个，总面积 1. 25 亿公顷。其中国家级有 325 个，在岗职工 2 万余人。

自然保护区管理机构的主要任务是：贯彻执行国家有关自然保护区的方针、政策和规定，加强管理，开展宣传教育，保护和发展珍贵稀有野生动植物资源，进行科学研究，探索自然演变规律和合理利用森林和动植物资源的途径，为社会建设服务。

自然保护区是高、中职自然保护区管理专业理想的对口就业单位。

5. 森林公园

森林公园是指森林景观优美，自然景观和人文景观集中，并具有一定规模，可供人们游览、休息或进行科学、文化、教育活动的场所。森林公园根据其森林景观的优美程度和观赏、科学、文化价值分为国家级森林公园、省级森林公园和市县级森林公园三个等级。截至2013年年底，全国共建立各类森林公园2948处，保护森林风景资源1758万公顷，其中国家级森林公园779处，国家级森林旅游区1处，保护森林风景资源1214万多公顷。森林公园内职工人数达16万人，其中导游约1.2万人。森林公园的主体功能是保护森林风景资源和生物多样性，普及生态文化知识，开展森林生态旅游。森林公园经营管理机构配备管理和技术人员，负责森林风景资源的保护和利用。国家级森林公园的建设和经营的原则是“严格保护、科学规划、统一管理、合理利用、协同发展”。

森林公园是高、中职自然保护区管理专业、森林生态旅游专业毕业生的理想对口就业单位。

6. 林业调查规划设计单位

林业调查规划设计单位是指各级林业部门所属的专门从事森林资源调查的独立事业单位。据统计，全国共有2625个林业调查规划设计单位，各类专业技术人员51 381人，其中专门从事林业调查规划设计的技术人员达44 274人。林业调查规划设计单位主要任务是承担本行政区域内的森林资源连续清查，林业规划设计调查，作业设计调查，森林资源监测，专业调查，林业区划与规划，编制森林经营方案，造林、营林以及风景林、自然保护区规划设计，林业作业设计等。

林业调查规划设计单位的资质等级分为甲、乙、丙、丁四级，具有甲、乙、丙级资质的单位，除国有森林企业林业局内设的林业调查规划设计单位外，应当是具有独立法人资格的企业、事业单位。具有丁级林业调查规划设计资质的单位，只能在所在单位或者所在县内承担营造林设计与验收、采伐作业设计与验收、简易经营方案编制等直接为林农或者基层林业单位服务的林业调查规划设计工作。目前全国具有甲级资质的单位有75家，乙级447家，丙级1196家。

林业调查规划设计单位是高、中职林业技术专业毕业生理想的专业对口就业单位。

7. 木材检查站

木材检查站是由县级以上地方林业行政主管部门设立和领导的林业基层行政执法单位，依照法律、法规、规章的规定，负责检查木材运输。木材检查站内设站长、财务管理人员(可兼职)和木材检查员。截至2013年年底，我国有木材检查站2323个，在岗职工21 303余人。木材检测站的主要职责是：

①执行《中华人民共和国森林法》和国家其他有关木材运输检查监督的法规、政策；

②查验木材运输证件，制止违法运输木材；

③受县级以上林业行政主管部门或其有关单位的依法授权或委托，履行相应的职责。

木材检查站是高、中职林业技术专业毕业生对口就业单位之一。

8. 县(区)级森林病虫害防治检疫站

县(区)级森林病虫害防治检疫站是县级林业主管部门设立的负责本区域内林业有害生物调查测报、预防除治和检疫的事业单位，它也是林业有害生物检疫法规的执行部门。业务上接受市地级森林病虫害防治检疫机构的指导。县(区)级森林病虫害防治站设站长、若干森林病虫害测报防治检疫技术人员。截至2013年年底，我国有省(自治区、直辖市)、市、县各级森林病虫害防治检疫机构3081个，在岗职工12 327人，加上1000个森林病虫害预测预报国家级中心测报点人员，全行业从业人员达2万余人。

县(区)级森林病虫害防治检疫站的主要职责是：

①宣传贯彻国家和地方政府关于林业有害生物防治检疫的方针、政策和法规；

②根据《森林病虫害防治条例》和《植物检疫条例》等有关规定，负责林业有害生物的调查测报、防治的组织管理和植物检疫检验，签发省内外植物检疫证书；

③制订本地林业有害生物事件应急预案和处置办法，并提出防治方案，制定监测预警和除治措施，提出防治经费预算；

④负责林业有害生物发生与防治情况汇总统计与上报；

⑤对林业有害生物检测预警和除治进行技术指导、组织实施进行试验和技术推广；

⑥组织培训林业有害生物专业技术队伍，宣传学习主要林业有害生物的测报、防治和检疫知识；

⑦组织对本行政区域林业有害生物防治效果和年终目标管理指标的检查验收，建立技术档案。

森林病虫害防治检疫站是高、中职森林保护专业毕业生的理想对口就业单位。

9. 县(区)级林木种苗管理站

县(区)级林木种苗站是县(区)政府林业行政管理部门设立和领导的负责本区域内林业种子和苗木生产管理和技术指导的事业单位，它也是《中华人民共和国种子法》(以下简称《种子法》)赋予的林木种质资源保护、种苗生产、经营、质量监督等行政执法的部门，业务上接受市地级林木种苗机构的指导。林木种苗站设站长和专业技术人员。据统计，我国现有县(市)级林木种苗管理机构 1606 个，在编职工 10 487 人。

县(区)级林木种苗管理站的主要职责是：

①宣传、贯彻执行《种子法》和各级政府有关林木种苗管理的政策与法规；

②负责制定本地区林木种苗发展规划和年度计划，并组织实施；

③审核本地区主要林木良种的种子生产和经营许可证，核发其他林木种子生产经营许可证，对生产经营许可证年检；

④依《种子法》执行现场检查，查处本地区有关林木种苗的行政案件；

⑤负责本地区林木种子质量检验和种子调运审核审批；

⑥负责本地区林木种苗生产的技术指导和人员培训；

⑦负责本地区林木种苗生产情况的调查统计、分析和上报。

县级林木种苗站是高、中职林业技术专业毕业生的理想就业对口单位。

10. 县(区)级野生动植物保护管理站

县(区)级野生动植物保护管理站是县(区)林业行政管理部门设立并领导的具有行政执法职能的事业单位。设站长和专业技术人员等编制。全国有各级野生动植物保护管理站 7083 个。

野生动植物保护管理站的主要职责是：

①宣传贯彻执行野生动植物保护法律法规及方针政策；

②制定本辖区内野生动植物保护管理、驯养繁殖以及开发利用工作的发展规划和年度计划并组织实施；

③组织实施本辖区内陆生野生动植物和湿地资源调查和保护与监测体系建设；

④制止和查处违反野生动植物法律法规的行政案件；

⑤审核国家级和省级重点保护野生动植物猎捕（采集）、驯养繁殖、经营许可证；

⑥负责野生动物收容救治、野生动物肇事现场调查及补偿兑现工作；

⑦负责本辖区野生动物病源疫病监测。

野生动植物保护管理站是高、中职野生动物保护专业毕业生理想的对口就业单位。

（二）企业单位

1. 园林绿化公司

园林绿化公司是面向市政园林景观、风景区园林景观和房地产景观（指以地产开发商为投资主体建设的具有商业目的和以商业为导向的景观作品）工程进行园林绿化设计、施工、养护的具有独立法人资格的企业。园林企业资质分为三个等级。

一级资质要求注册资金且实收资本不少于2000万元；企业固定资产净值在1000万元以上；企业园林绿化年工程产值近三年每年都在5000万元以上。经营范围为：

①可承揽各种规模以及类型的园林绿化工程，包括综合公园、社区公园、专类公园、带状公园等各类公园，生产绿地、防护绿地、附属绿地等各类绿地；

②可承揽园林绿化工程中的整地、栽植及园林绿化项目配套的500平方米以下的单层建筑（工具间、茶室、卫生设施等）、小品、花坛、园路、水系、喷泉、假山、雕塑、广场铺装、驳岸、单跨15米以下的园林景观人行桥梁、码头以及园林设施、设备安装项目等；

③可承揽各种规模以及类型的园林绿化养护管理工程。

④可从事园林绿化苗木、花卉、盆景、草坪的培育、生产和经营；

⑤可从事园林绿化技术咨询、培训和信息服务。

二级资质要求注册资金且实收资本不少于1000万元；企业固定资产净值在500万元以上；企业园林绿化年工程产值近三年每年都在2000万元以上。经营范围为：

①可承揽工程造价在1200万元以下的园林绿化工程，包括综合公园、社区公园、专类公园、带状公园等各类公园，生产绿地、防护绿地、附属绿地等各类绿地；

②可承揽园林绿化工程中的整地、栽植及园林绿化项目配套的200平方米以下的单层建筑(工具间、茶室、卫生设施等)、小品、花坛、园路、水系、喷泉、假山、雕塑、广场铺装、驳岸、单跨10米以下的园林景观人行桥梁、码头以及园林设施、设备安装项目等；

③可承揽各种规模以及类型的园林绿化养护管理工程；

④可从事园林绿化苗木、花卉、盆景、草坪的培育、生产和经营，园林绿化技术咨询和信息服务。

三级资质要求注册资金且实收资本不少于200万元，企业固定资产净值在100万元以上。经营范围为：

①可承揽工程造价在500万元以下园林绿化工程，包括综合公园、社区公园、专类公园、带状公园等各类公园，生产绿地、防护绿地、附属绿地等各类绿地；

②可承揽园林绿化工程中的整地、栽植及小品、花坛、园路、水系、喷泉、假山、雕塑、广场铺装、驳岸、单跨10米以下的园林景观人行桥梁、码头以及园林设施、设备安装项目等；

③可承揽各种规模以及类型的园林绿化养护管理工程；

④可从事园林绿化苗木、花卉、草坪的培育、生产和经营。

三级资质以下企业只能承担50万元以下的纯绿化工程项目、园林绿化养护工程以及劳务分包，并限定在企业注册地所在行政区域内实施。具体标准由各省级主管部门参照上述规定自行确定。

截至2012年，我国园林企业数量已超过16 000家，园林规划设计院和设计公司1200余家。截至2013年年底统计，园林绿化一级资质企业已超过794家，其中浙江121家，广东100家，江苏95家，北京66家，福建47家。2013年全社会园林绿化投资额达到3 290.8亿元人民币。截至2014年3月31日，已在国内A股上市的园林绿化企业有6家，其中广东6家。

园林绿化企业是园林类专业高、中职毕业生的理想就业对口单位。

2. 花卉企业

花卉企业是以观赏苗木、鲜切花、盆栽植物、食药用花卉以及草坪等为生产经营对象的具有独立法人资格的企业。2012 年底，全国有花卉企业 43 020个，其中种植面积在 3 公顷以上或年营业额在 500 万元以上的大中型企业 9007 个，有花卉市场 4233 个。花卉从业人员 462. 81 万人，其中专业技术人员 26. 86 万人。

我国花卉形成了四大中心，即以长江三角洲为主要市场的浙江、江苏生产区域；以北京、天津为主要市场的河南、山东生产区域；以珠江三角洲为主要市场的福建生产区域；以西南地区为主要市场的四川、江苏、云南生产区域。全国著名的十大花卉市场为广州岭南、北京莱太、天津曹庄、西安秦美、郑州陈砦、上海京盛、昆明斗南、石家庄西三教、济南富莱、武汉。园林绿化苗木闻名全国的有浙江的萧山、金华，江苏的沭阳、武进、如皋，河南的鄢陵，湖南的浏阳，山东的济宁等地区。

花卉生产基地、花卉公司是高、中职花卉专业毕业生的理想对口就业单位。

3. 木材加工制造企业

木材加工企业是指以锯材、木片加工、地板加工等为主要生产活动的企业；木材制造企业指以胶合板、纤维板、刨花板、细工木板、单板、装饰板制造等为主要生产活动的企业。人造板年产量超过 1000 万立方米的省份有山东、江苏、广西、河南、安徽、河北等，江苏和浙江是木竹地板产量最大的省份。截至 2012 年年底，我国林业系统有加工制造企业 350 家，在岗职工161 268人，木材加工企业布点较多的有山东(78 家)、四川(67 家)、安徽(40 家)等。

木材加工制造企业是高、中职木材加工和人造板生产类专业理想的专业对口就业单位。

4. 木、竹、藤家具制造企业

家具是指用木材(包括木质人造板)、金属、塑料、藤、竹等为主要原料制成的具有坐卧、凭倚、储藏、间隔等功能的器具，包括床、桌、椅、凳、沙发、柜、箱、屏风等。截至 2012 年年底，我国林业系统有生产木质和竹藤家具的企业 30 家，以湖北为最多，占 15 家，其次有湖南(4 家)、四川(3 家)、江西(2 家)、黑龙江(2 家)、辽宁(2 家)和龙江集团(2 家)等，在岗职工有 2535 人。

木、竹、藤家具制造企业是家具设计制造类专业高、中职毕业生理想的对口就业单位。

另外，我国已有木材及竹材采运企业1098家(2013年底)，在岗职工36.4万多人。它们是高、中职采运专业毕业生的理想对口就业单位。

(三)首批国家重点龙头企业名单

2014年5月14日，在各省(自治区、直辖市)林业主管部门和有关中央企业推荐的基础上，经专家评审和社会公示，国家林业局发布首批国家林业重点龙头企业128家，可供毕业生择业参考(表7-1)。

表7-1 首批国家林业重点龙头企业名单

省份	企业名称	省份	企业名称
河北	河北蓝鸟家具股份有限公司		江苏富祥木业股份有限公司
	廊坊三利木业有限公司		江苏贝尔装饰材料有限公司
	平山县葫芦峪农业科技开发有限公司		大亚科技股份有限公司
	河北绿岭果业有限公司	浙江	德华兔宝宝装饰新材股份有限公司
山西	山西骏达木业有限公司		浙江世友木业有限公司
内蒙古	内蒙古宇航人高技术产业有限责任公司		浙江大庄实业集团有限公司
	内蒙古金地生物质有限公司		浙江康大实业有限公司
	内蒙古美林实业集团有限公司		久盛地板有限公司
辽宁	华丰家具集团有限公司		浙江常发粮油食品有限公司
	辽宁赛斯木业有限公司		浙江新云木业集团有限公司
	辽宁东宁药业有限公司	安徽	安徽龙华竹业有限公司
	大连华夏家具有限公司		安徽博亚竹木制品有限公司
	大连盛友门业有限公司		安徽森泰集团
吉林	吉林兄弟木业集团有限公司		安徽华安达集团工艺品有限公司
	抚松金隆木业集团有限公司		安徽大别山科技开发有限公司
	吉林中信美来木业集团有限责任公司		安徽绿健生物科技有限公司
	吉林新元木业有限公司		黄山市徽山食用油有限公司
黑龙江	哈尔滨森鹰窗业股份有限公司	福建	福建元力活性炭股份有限公司
	华鹤集团金鹤门业发展有限公司		福建杜氏木业有限公司
	黑龙江三和木业(集团)有限公司		新洲(武平)林化有限公司
江苏	无锡市博大竹木业有限公司		福建省漳平木村林产有限公司
	徐州中原木业有限公司		福建三本农业高科技有限公司
	徐州福华木业股份有限公司		福建省尤溪县沈郎食用油有限公司

（续）

省份	企业名称	省份	企业名称
	老知青集团有限公司		株洲松本林化有限公司
	莆田标准木业有限公司		湖南瑞柏茶油有限公司
	厦门金牌厨柜股份有限公司		湖南福湘木业有限责任公司
江西	江西康替龙竹业有限公司		伟特家居股份有限公司
	全南厚朴生态林业有限公司		湖南林之神生物科技有限公司
	新余市天欣源工贸有限公司		湖南山润油茶科技发展有限公司
	江西飞尚林产有限公司	广东	广东省宜华木业股份有限公司
	江西仙客来生物新科技有限公司		鸿伟木业（仁化）有限公司
	江西春源绿色食品有限公司		广东五联木业集团有限公司
	青龙高科技股份有限公司		廉江一品木业有限公司
	江西山村油脂食品有限公司		广东新大地生物科技股份有限公司
	江西绿海油脂有限公司		广东鸿利丰生物科技有限公司
山东	菏泽尧舜牡丹生物科技有限公司	广西	广西壮族自治区国有高峰林场
	山东霞光实业有限公司		广西三威林产工业有限公司
	山东贺友集团有限公司		广西金桂浆纸业有限公司
	山东新港企业集团有限公司		广西梧州日成林产化工股份有限公司
	东营正和木业有限公司		广西天利恒种业有限公司
	鲁丽集团有限公司		广西桂林思源生态农业科技开发有限责任公司
	诸城市松源木业有限责任公司	海南	海南金海浆纸业有限公司
河南	好想你枣业股份有限公司	重庆	重庆星星套装门（集团）有限责任公司
	夏邑县金展木业有限责任公司		重庆理文造纸有限公司
	兰考三环华兰实业集团	四川	全友家私有限公司
	河南阿凡达精工家具有限公司		四川升达林业产业股份有限公司
	固始县华丰工艺品有限责任公司		成都建丰林业股份有限公司
湖北	康欣新材料科技股份有限公司		四川永丰纸业股份有限公司
	湖北拍马林浆纸集团		四川国栋建设股份有限公司
	湖北燕加隆九方圆板材有限责任公司	贵州	兴义市鲁屯油脂加工厂
	巨宁森工股份有限公司		贵州森泰实业有限公司
	湖北正全农业科技开发有限公司	云南	云南省临沧市泛华林业投资发展有限公司
	广信绿色食品开发京山有限公司		腾冲县古林木业有限责任公司
	湖北黄袍山绿色产品有限公司		南华松香厂
	湖北汇澄茶油股份有限公司		云南摩尔农庄生物科技开发有限公司
	湖北四季春茶油有限公司		云南盛禾生态农业科技发展有限公司
湖南	益阳森华林业发展有限公司	陕西	陕西中兴林产科技股份有限公司

（续）

省份	企业名称	省份	企业名称
甘肃	陇南市祥宇油橄榄开发有限责任公司		吉林森工金桥地板集团有限公司
	甘肃绿源农林科技有限公司		中国龙江森林工业(集团)总公局
青海	青海忠华核桃有限公司		黑龙江省绥棱林业局
宁夏	银川泰丰生物科技有限公司		黑龙江省柴河林业局
新疆	新疆天海绿洲农业科技股份有限公司		大兴安岭林业集团公司
	哈密长河集团长青农牧有限公司		大兴安岭神州北极木业有限公司
	温宿县木本粮油林场		中国林业集团公司
	中国吉林森林工业集团有限责任公司		福人集团有限责任公司
	吉林森林工业股份有限公司		中国林产工业公司

(四)林业系统各行业从业人员数量及工资收入情况(表7-2)

表7-2　2012年全国林业系统各行业主要单位人员及工资情况

行业	单位名称	在岗职工(人)	年平均工资(元)
农林牧渔业	木材及竹材采运企业	422 590	22 314
	国有林场	359 522	24 023
	国有苗圃	26 941	26188
	林业工作站	110 134	32 485
	木材检查站	21 303	30 351
	种苗站	7647	35 702
	病虫害防治站	12 327	37 440
	治沙站	1682	41 441
制造业	木材加工及木、竹、藤、棕、苇制品业	16 268	21 706
	木、竹、藤家具制造业	2535	12 379
	木、竹、苇浆制品	59	21 167
	林产化学产品制造	1075	23 017
服务业	野生动植物保护和自然保护区管理	20 557	37 680
	林业工程技术与规划管理	10 182	53 488
	林业科技交流和推广服务	16 746	41 639

二、林业行业的主要职业及岗位

(一)林业行业的主要职业

1. 职业与行业的关系

我们知道，职业是从业人员为获取主要生活来源所从事的社会工作类别，是行业的具体化。职业、行业之间既有区别，又有密切联系，各种职业都带有并反映着各行业的特点，又都通过人们的各种职业体现出来，在狭义的范围内职业和行业可以混为一谈。但职业和行业毕竟是两个不同概念，职业是指“个人在社会中所从事作为主要生活来源的工作，而行业则是指工商业的类别”。

2. 职业的类别

按照工作性质的不同，可将职业划分为不同类别，并逐级分层划分为大类、中类、小类、细类。在《中华人民共和国职业分类大典》中，我国职业共分为 8 个大类、66 个中类、413 个小类、1838 个细类。8 个大类是：

第一大类：国家机关、党群组织、企业、事业单位负责人；

第二大类：专业技术人员；

第三大类：办事人员和有关人员；

第四大类：商业、服务业人员；

第五大类：农、林、牧、渔、水利业生产人员；

第六大类：生产、运输设备操作人员及有关人员；

第七大类：军人；

第八大类：不便分类的其他从业人员。

3. 涉林的主要职业

细类是职业分类的最基本类别，即我们一般意义所称的职业。现将涉林的主要职业列出(表 7-3)。

表 7-3　涉林的主要职业一览表

大类	中类	小类	细类(职业)	各类名称
2				**专业技术人员**
	2-02			**工程技术人员**
		2-02-21		建筑工程技术人员
			2-02-21-04	风景园林工程技术人员
			X2-02-21-10	景观设计师
		2-02-23		林业工程技术人员
			2-02-23-01	林业生态环境工程技术人员
			2-02-23-02	森林培育工程技术人员
			2-02-23-03	园林绿化工程技术人员
			2-02-23-04	野生动物保护与繁殖利用工程技术人员
			2-02-23-05	自然保护区工程技术人员
			2-02-23-06	森林保护工程技术人员
			2-02-23-07	木、竹材加工工程技术人员
			2-02-23-08	森林采伐和运输工程技术人员
			2-02-23-09	经济林和林特产品加工工程技术人员
			2-02-23-10	森林资源管理与监测工程技术人员
			X2-02-23-11	花艺环境设计师
	2-10			**文学艺术工作人员**
		2-10-07		工艺美术专业人员
			X2-10-07-14	家具设计师
3				**办事人员和有关人员**
	3-02			**安全保卫和消防人员**
		3-02-03		消防人员
			3-02-03-01	灭火员
			3-02-03-03	防火员
			3-02-03-05	火灾瞭望观察员
4				**商业、服务业人员**
	4-04			**饭店、旅游及健身娱乐场所服务人员**
		4-04-02		旅游及公共游览场所服务人员
			4-04-02-01	导游
			4-04-02-03	展览讲解员
			4-04-02-04	插花员

（续）

大类	中类	小类	细类（职业）	各类名称
			4－04－02－05	盆景工
			4－04－02－06	假山工
			4－04－02－07	园林植物保护工
			4－04－02－08	观赏动物饲养工
5				**农、林、牧、渔、水利业生产人员**
	5－01			**种植业生产人员**
		5－01－03		园艺作物生产人员
			5－01－03－02	花卉园艺工
			5－01－03－04	菌类园艺工
		5－01－06		农副林特产品加工人员
			5－01－06－05	竹、藤、麻、棕、草制品加工工
	5－02			**林业生产及野生动植物保护人员**
		5－02－01		营造林人员
			5－02－01－01	林木种苗工
			5－02－01－02	造林更新工
			5－02－01－03	抚育采伐工
			5－02－01－04	营林试验工
			5－02－01－05	营造林工程监理工
		5－02－02		森林资源管护人员
			5－02－02－01	护林员
			5－02－02－02	森林病虫害防治员
		5－02－03		野生动植物保护及自然保护区人员
			5－02－03－01	野生动物保护员
			5－02－03－02	野生植物保护员
			5－02－03－03	自然保护区巡护监测员
			5－02－03－04	标本员
		5－02－04		木材采运人员
			5－02－04－01	木材采伐工
			5－02－04－02	集材作业工

（续）

大类	中类	小类	细类（职业）	各类名称
			5－02－04－03	木材水运工
			5－02－04－04	装卸归楞工
	5－03			**畜牧业生产人员**
		5－03－05		动物疫病防治人员
			5－03－05－01	动物疫病防治员
			5－03－05－03	动物检疫检验员
		5－03－06		草业生产人员
			5－03－06－03	草坪建植工
	5－05			**水利设施管理养护人员**
		5－05－03		水土保持作业人员
			5－05－03－01	水土保持防治工
6				**生产、运输设备操作人员及有关人员**
	6－03			**化工产品生产人员**
		6－03－15		林产化工产品生产人员
			6－03－15－01	松香工
			6－03－15－02	松节油制品工
			6－03－15－03	活性炭生产工
			6－03－15－04	栲胶生产工
			6－03－15－05	紫胶生产工
			6－03－15－06	栓皮制品工
			6－03－15－07	木材水解工
	6－15			**木材加工、人造板生产及木材制品制作人员**
		6－15－01		木材加工人员
			6－15－01－01	制材工
			6－15－01－02	木材干燥工
			6－15－01－03	木材防腐师
		6－15－02		人造板生产人员
			6－15－02－01	胶合板工
			6－15－02－02	纤维板工
			6－15－02－03	刨花板工
			6－15－02－04	人造板制胶工

（续）

大类	中类	小类	细类（职业）	各类名称
			6－15－02－05	装饰层压板工
			6－15－02－06	人造板饰面工
		6－15－03		木材制品制作人员
			6－15－03－01	手工木工
			6－15－03－02	机械木工
			6－15－03－03	精细木工
	6－16			**制浆、造纸和纸制品生产加工人员**
		6－16－01		制浆人员
			6－16－01－01	制浆备料工
			6－16－01－02	制浆设备操作工
			6－16－01－03	制浆废液回收利用工
		6－16－02		造纸人员
			6－16－02－01	造纸工
	6－26			**检测、计量人员**
		6－26－01		检测人员
			6－26－01－16	木材及家具检测工

（二）林业工种

工种是在工农业、建筑业、商业及服务业与企业中根据劳动管理的需要，按照生产劳动的性质、工艺技术的特征或者服务活动的特点而划分的工作种类，如抚育采伐工、精细木工、导游员等。工种实质就是将职业按不同需要或要求进行的具体划分。一般而言，一个职业包括一个或几个工种，如野生植物保护员这个职业中，包括有野生植物管护巡护工、野生植物监护工、野生植物救护工、野生植物采集工等 8 个工种。再如林木种苗工的职业只有林木种苗工这一个工种。

1992 年国家公布我国工种分类目录，按行业分成 46 个大类，共计 4700 多个工种，其中林业行业特有工种 99 个。在 1999 年出版的《中华人民共和国职业分类大典》中，将这些工种列入了相应的职业。

(三)林业行业岗位分类

1. 工作岗位及类别

职业的细分就是工作岗位，也叫职位，它是依据组织目标需要设置的具有一个人工作量的单元，是职权与相应责任的统一体。工作岗位是以事为中心设置的，岗位的数量取决于组织工作任务的大小、复杂程度，以及经济状况等因素，岗位不随人走，不因人而转移。各单位的绝大多数岗位都可以分类和分级。按照岗位的工作性质和特点可对岗位进行横向分类，如公务员有综合管理类、专业技术类和行政执法类等类别；事业单位有行政管理岗位、专业技术岗位、工勤技能岗位等类别；企业里有生产岗位、执行岗位、专业岗位、监管岗位、管理岗位以及决策岗位等类别。按照岗位的责任大小、技能要求、劳动强度、劳动环境等要素指标可对岗位进行纵向分级，岗位职能的层次从高到低可分为决策层、管理层、执行层、操作层，呈梯状结构。

在事业单位，担负领导职责或管理任务的管理岗位分为10个等级，从1～10级依次对应部级正职、部级副职、厅级正职、厅级副职、处级正职、处级副职、科级正职、科级副职、科员、办事员。具有相应专业技术水平和能力要求的从事专业技术工作的岗位分为13个等级，包括高级岗位(1～7级)、中级岗位(8～10级)和初级岗位(11～13级)，各类岗位对应的专业技术职务为：1～4级为正高级，5～7级为副高级，8～10级为中级，11～13级为助理级、员级。能承担技能操作和维护、后勤保障、服务等职责的工勤技能岗位分为5个等级，包括高级技师、技师、高级工、中级工、初级工，以此分别对应1～5级。

2. 职务和职称

“职务”一词对每个人来说都不陌生，它是指组织中承担相同或相似职责或工作内容的若干职位的统称，它包括了职权和职责两个方面内容，是职务所具有的头衔称谓。如行政机关中的科长、处长、局长、乡长、县长等；事业单位中的站长、主任等；企业中的总经理、厂长、总工程师等都属于职务称谓。职务与岗位有些是交叉的，如总经理室岗位，也是职务，只有在这个岗位上才能有这个职务。但并非所有岗位都是有职务的，如公司的文员岗位就没有职务。

职称最初源于职务名称，在理论上职称是指专业技术人员的专业技术水平、能力，以及成就的等级称号，反映专业技术人员的学术和技术水平、工作能力和工作成就。就学术而言，它具有学衔的性质；就专业技术水平而言，它具有岗位的性质。如林业工程系列有教授级或研究员级高级工程师、高级工程师、工程师、助理工程师、技术员等职称。职称通过申报、评审，由主管部门授予。获得相应职称资格的专业技术人员经过组织聘任后则具有相应的专业技术职务，履行相应的工作职能，享受相应的工资待遇。中职和高职（专科）毕业生就业一年后可获得技术员职称。本科毕业生就业一年后可获得助理工程师职称。

3. 岗位规范

岗位规范又称岗位标准，是对在岗人员所规定的工作要求和任职条件，是对不同岗位人员应具有素质的综合要求，是衡量职工是否具备上岗任职资格的依据。岗位规范的内容，一般包括岗位职责、岗位的工作质量和数量要求，专业知识和劳动技能要求，以及文化程度等。如原林业部制定的林业干部岗位规范的基本内容包括岗位职责、政治素质和职业道德、知识要求、工作能力、资历要求和其他要求等6个方面20项指标。岗位职责规定了本岗位应负担的工作职能和责任；政治素质和职业道德规定了本岗位应具有的马克思主义理论水平、政治水平、职业道德及工作态度；知识要求规定了本岗位应具有的政治理论知识、专业基础知识和专业知识、行政领导和管理知识、政策法规知识以及外语水平、工作经验等；工作能力规定了本岗位应具有的理解判断能力、组织协调能力、决策开拓能力、社会活动能力、语言文字表达能力和业务实施能力；资历要求规定了本岗位应具备的学历、经历及最低的技术职务任职资格要求。该规范是林业人事管理的基础。

4. 林业行业岗位分类

1993年，原林业部编制了《林业行业干部岗位规范》，将林业行业干部岗位分为专业技术类、行政管理类、经济管理类、党群类和通用类，其中专业技术类岗位290个、行政管理类岗位182个、经济管理类岗位51个（表7-4）。

表 7-4　林业行业主要岗位分类

（专业技术类、行政管理类、经济管理类）

				1. 专业技术类
1. 1				**造林营林**
	1. 1. 1			种子苗木
		1. 1. 1. 1		良种繁育推广（项目、生产、技术、引种）业务技术人员
		1. 1. 1. 2		种子生产经营（项目、生产、调度、质量鉴定）业务技术人员
		1. 1. 1. 3		苗木生产经营（计划、生产、技术）业务技术人员
	1. 1. 2			造林更新
		1. 1. 2. 1		工程造林（人工造林、飞播造林、封山育林）业务技术人员
		1. 1. 2. 2		经济林栽培业务技术人员
	1. 1. 3			森林经营
		1. 1. 3. 1		森林经营业务技术人员
		1. 1. 3. 2		森林公园（规划设计、养护、栽培、施工管理、旅游）业务技术人员
	1. 1. 4			水土保持
		1. 1. 4. 1		防护林（水土保持林、治沙工程林）业务技术人员
		1. 1. 4. 2		水利水土保持工程业务技术人员
	1. 1. 5			营造林机械运用修理业务技术人员
1. 2				**森林保护**
	1. 2. 1			森林消防
		1. 2. 1. 1		火灾预测、预报、损失调查、统计业务技术人员
		1. 2. 1. 2		火灾指挥、调度业务技术人员
		1. 2. 1. 3		消防设备、物资管理业务技术人员
		1. 2. 1. 4		航空护林、飞行观察与调度业务技术人员
	1. 2. 2			森林病虫鼠害防治
		1. 2. 2. 1		防治、测报业务技术人员
		1. 2. 2. 2		森林植物检疫业务技术人员
		1. 2. 2. 3		生物制品、林药加工业务技术人员
	1. 2. 3			森林防火和保护机械运用
1. 3				**野生动、植物和自然保护区**
	1. 3. 1			野生动物
		1. 3. 1. 1		保护管理
			1. 3. 1. 1. 1	资源调查业务技术人员

（续）

1. 专业技术类				
			1.3.1.1.2	资源监督管理业务技术人员
			1.3.1.1.3	狩猎工具业务技术人员
			1.3.1.1.4	禁猎区管理业务技术人员
			1.3.1.1.5	生产经营项目管理业务技术人员
		1.3.1.2		经营利用
			1.3.1.2.1	驯养繁殖业务技术人员
			1.3.1.2.2	产品加工业务技术人员
			1.3.1.2.3	狩猎物经营业务技术人员
			1.3.1.2.4	进出口管理业务技术人员
			1.3.1.2.5	检疫与兽医业务技术人员
	1.3.2			野生植物
		1.3.2.1		野生植物保护管理业务技术人员
	1.3.3			自然保护区
		1.3.3.1		保护区规划设计业务技术人员
		1.3.3.2		保护区资源经营管理业务技术人员
1.4				**资源与林政管理**
	1.4.1			森林资源管理
		1.4.1.1		森林采伐限额管理业务技术人员
		1.4.1.2		森林采伐管理业务技术人员
		1.4.1.3		资源档案管理业务技术人员
	1.4.2			森林资源监督
		1.4.2.1		森林资源监督管理业务技术人员
	1.4.3			林政管理
		1.4.3.1		林地林木权属管理业务技术人员
		1.4.3.2		木材经营、运输管理业务技术人员
		1.4.3.3		木材检查管理业务技术人员
		1.4.3.4		林业行政执法管理业务技术人员
	1.4.4			调查规划设计
		1.4.4.1		调查规划设计业务技术人员
		1.4.4.2		遥感图像处理业务技术人员
		1.4.4.3		计算机程序业务技术人员

（续）

1. 专业技术类				
		1.4.4.4		制图业务技术人员
		1.4.4.5		专业调查(土壤、植被、测量、测树制表等)业务技术人员
1.5				**采运工程**
	1.5.1			采伐集材
		1.5.1.1		伐区与集材作业设计业务技术人员
	1.5.2			运输
		1.5.2.1		汽运
			1.5.2.1.1	技术装备业务技术人员
			1.5.2.1.2	车辆运行业务技术人员
			1.5.2.1.3	公路工程业务技术人员
		1.5.2.2		水运水运业务技术人员
		1.5.2.3		森铁 机务、公务、车务、电务、运输、检修业务技术人员
	1.5.3			贮运管理 造材、选材、木材调拨、检验，统计、调运业务技术人员
	1.5.4			采、集、运、贮机械运用修理业务技术人员
1.6				**木材机械加工**
	1.6.1			制材 制材工艺业务技术人员
	1.6.2			人造板制造 人造板(胶合板、刨花板、纤维板等)工艺业务技术人员
	1.6.3			装饰板制造
		1.6.3.1		装饰板(塑贴板、刨切单板等)板面装饰开发与胶合成型业务技术人员
		1.6.3.2		热固性树脂层压板、人造板饰面加工与深加工业务技术人员
	1.6.4			软木
		1.6.4.1		栓皮加工【软木砖(管)、软木纸(片、垫)、软木橡胶(纸、垫)、树脂胶结软木纸(片、垫)等】工艺和深加工业务技术人员
	1.6.5			胶黏剂 胶黏剂制备业务技术人员
	1.6.6			家具木制品生产 家具木制品工艺业务技术人员
	1.6.7			人造板设备，木工机床与刀具运用修理业务技术人员

（续）

1. 专业技术类				
1.7				**林产化学加工**
	1.7.1			提炼物加工
		1.7.1.1		松脂加工工艺和深加工业务技术人员
		1.7.1.2		栲胶和单宁加工工艺和深加工业务技术人员
		1.7.1.3		紫胶加工工艺和深加工业务技术人员
	1.7.2			水解
		1.7.2.1		酵母、酒精加工工艺和深加工业务技术人员
		1.7.2.2		糠醛加工工艺和深加工业务技术人员
	1.7.3			热解
		1.7.3.1		木材干馏加工工艺和深加工业务技术人员
		1.7.3.2		活性炭加工工艺和深加工业务技术人员
	1.7.4			木材制造、造纸
		1.7.4.1		木材制浆工艺业务技术人员
		1.7.4.2		碱回收业务技术人员
		1.7.4.3		木浆造纸工艺业务技术人员
	1.7.5			林化机械设备运用修理业务技术人员
1.8				**林副特产经营**
	1.8.1			采集、引种、种植
		1.8.1.1		资源植物采集、引种、种植业务技术人员
		1.8.1.2		药用、食用真菌的引种和种植业务技术人员
	1.8.2			加工
		1.8.2.1		野生植物开发利用(食品加工、饲料加工、饮料加工、药材加工、果酒加工)业务技术人员
		1.8.2.2		野生植物产品消毒、防病、保险、检验、化验业务技术人员
	1.8.3			小木制品 纺织木配件、地板块、卫生制品业务技术人员
	1.8.4			采掘、建材、运输、商业、饮食服务业、旅游等业务技术人员
1.9				**林业机械制造与修理**
	1.9.1			高压输变电设备(工厂供电、高压测试，高压电器、输变电设备)业务技术人员
	1.9.2			机械设计(产品设计、科研与新产品开发基础件设计)业务技术人员
	1.9.3			机械冷加工(机加工工艺、工装)业务技术人员
	1.9.4			机械热加工(铸造、锻压、焊接、热处理)业务技术人员

（续）

1. 专业技术类				
	1.9.5			林业机械（营林机械、采运机械、三板成套设备、林化设备、木工机械、园林机械）业务技术人员
	1.9.6			工业电气自动化业务技术人员
	1.9.7			计算机（硬件、软件、应用）业务技术人员
	1.9.8			内燃机（柴油机、小型汽油机）业务技术人员
	1.9.9			林业机械设备维护与修理（设备、能源电力、大装修）业务技术人员
	1.9.10			安全工程（安全技术、环境保护、劳动保护）业务技术人员
	1.9.11			计量（金相物理、化学分析、长、热、力等分析）业务技术人员
1.10				**林业工程建设**
	1.10.1			林业工程勘察设计
		1.10.1.1		林业工程地质、水文地质、工程测量、岩土工程业务技术人员
		1.10.1.2		林业局、场总体工程、贮木场建设业务技术人员
		1.10.1.3		木材采运工程（林区公路、水运、森铁、桥梁、工民建）勘察设计业务技术人员
		1.10.1.4		林产工业（木材加工、人造板、造纸、林产、林机）设计业务技术人员
		1.10.1.5		辅助专业（经济、概预算、土建、结构、给排水……）业务技术人员
	1.10.2			林业工程施工安装
		1.10.2.1		建筑工程施工安装业务技术人员
		1.10.2.2		林产工业设备安装业务技术人员
		1.10.2.3		建设单位及施工管理业务技术人员
	1.10.3			基本建设管理
		1.10.3.1		林业工程技术标准、定额、造价技术经济管理人员
		1.10.3.2		林业工程质量监督管理技术人员
		1.10.3.3		基本建设计划及项目管理技术人员
		1.10.3.4		基本建设设计、施工管理技术人员
		1.10.3.5		基本建设调度、统计、情报、信息管理技术人员
2. 行政管理类				
2.1				**国有林业局**
	2.1.1			决策层
		2.1.1.1		局长
		2.1.1.2		总工程师
		2.1.1.3		总经济师

（续）

2. 行政管理类				
		2.1.1.4		总会计师
	2.1.2			职能层
		2.1.2.1		局长办公室主任
		2.1.2.2		三总师办公室主任
		2.1.2.3		企业管理科科长
		2.1.2.4		全面质量管理科科长
		2.1.2.5		生产科科长
		2.1.2.6		木材科科长
		2.1.2.7		营林科科长
		2.1.2.8		森林采伐更新调查设计队队长
		2.1.2.9		营林质量检验科科长
		2.1.2.10		资源林政科科长
		2.1.2.11		林产工业科科长
		2.1.2.12		设备动力科科长
		2.1.2.13		多种经营科(股)科(股)长
		2.1.2.14		安全(监察)科科长
		2.1.2.15		计量科科长
		2.1.2.16		基本建设科科长
		2.1.2.17		监察科科长
		2.1.2.18		审计科科长
		2.1.2.19		人事科科长
		2.1.2.20		科技科科长
		2.1.2.21		教育科科长
		2.1.2.22		成人教育科科长
		2.1.2.23		卫生科科长
		2.1.2.24		信访办公室主任
		2.1.2.25		档案科科长
		2.1.2.26		后勤科科长
		2.1.2.27		商、粮、贸、福利科科长
		2.1.2.28		老干部科科长
		2.1.2.29		保卫科(武装部)科长(部长)
		2.1.2.30		防火办公室主任

（续）

				2. 行政管理类
	2.1.3			执行层
		2.1.3.1		秘书
		2.1.3.2		文书
		2.1.3.3		档案员
		2.1.3.4		机要员
		2.1.3.5		管理员
		2.1.3.6		打字员
		2.1.3.7		收发员
		2.1.3.8		质量管理人员
		2.1.3.9		现代化管理员
		2.1.3.10		经营承包管理员
		2.1.3.11		经济活动分析员
		2.1.3.12		计量员
2.2				**林业调查规划院、队**
	2.2.1			决策层
		2.2.1.1		院长
		2.2.1.2		总工程师或主任工程师
	2.2.2			职能层
		2.2.2.1		室主任
		2.2.2.2		主任工程师
2.3				**工厂、公司(贮木场、木材加工、林产化工、木材经销企业、森林病虫生物制品、野生动植物产品加工、林药、机修厂……)**
	2.3.1			决策层
		2.3.1.1		厂长(经理)
		2.3.1.2		总工程师
		2.3.1.3		总会计师
		2.3.1.4		总经济师
	2.3.2			职能层
		2.3.2.1		科(股)长
2.4				**自然保护区管理局(处、室、站)**
	2.4.1			决策层
		2.4.1.1		局(处、站)长或主任

（续）

2. 行政管理类				
	2.4.2			职能层
		2.4.2.1		科（股）长
2.5				**野生动、植物进出口办事处**
	2.5.1			决策层
		2.5.1.1		主任
2.6				**林政资源管理处（科、股）**
	2.6.1			决策层
		2.6.1.1		处（科、股）长
	2.6.2			职能层
		2.6.2.1		科（股）长
2.7				**森林防火办公室（省、地、县级）**
	2.7.1			决策层
		2.7.1.1		主任
		2.7.1.2		总工程师或主任工程师
	2.7.2			职能层
		2.7.2.1		科（股）长
2.8				**木材运输处（汽运处、水运处、森铁处、公路管理处……）**
	2.8.1			决策层
		2.8.1.1		主任
		2.8.1.2		主任工程师
	2.8.2			职能层
		2.8.2.1		科（股）长
2.9				**场（国有林场、野生动物驯养繁殖中心、狩猎场、良种场……）**
	2.9.1			决策层
		2.9.1.1		场长（主任）
		2.9.1.2		主任工程师
	2.9.2			职能层
		2.9.2.1		科（股）长
2.10				**营林站（飞播造林工作站、林木种苗站、林业工作站、林业推广站、森林物候气象站……）**
	2.10.1			决策层
		2.10.1.1		站长

（续）

				2. 行政管理类
		2.10.1.2		总工程师或主任工程师
	2.10.2			职能层
		2.10.2.1		科（股）长
2.11				**林政站（木材检查站……）**
	2.11.1			决策层
		2.11.1.1		站长
2.12				**森林保护站（鸟类环志站、病虫害防治检疫站、动植物进出口检查站、航空护林站……）**
	2.12.1			决策层
		2.12.1.1		站长
		2.12.1.2		总工程师或主任工程师
	2.12.2			职能层
		2.12.2.1		科（股）长
2.13				**林副特产站（野生动植物产品收购站、林业收购站……）**
	2.13.1			决策层
		2.13.1.1		站长
	2.13.2			职能层
		2.13.2.1		科（股）长
2.14				**圃（苗圃、隔离检疫圃）**
	2.14.1			决策层
		2.14.1.1		主任
		2.14.1.2		总工程师或主任工程师
	2.14.2			职能层
		2.14.2.1		科（股）长
				3. 经济管理类
3.1				**经济计划**
	3.1.1			总经济师
	3.1.2			计划主管
	3.1.3			生产计划员
	3.1.4			作业计划员
	3.1.5			成本计划员
	3.1.6			综合计划员

（续）

3. 经济管理类				
	3.1.7			供应计划员
	3.1.8			销售计划员
3.2				**统计**
	3.2.1			统计主管
	3.2.2			综合统计员
	3.2.3			生产统计员
	3.2.4			物资(销售)统计员
	3.2.5			设备统计员
	3.2.6			劳动工资(安全)统计员
	3.2.7			质量统计员
	3.2.8			消耗(能源)统计员
	3.2.9			固定资产(基建、技措)统计员
	3.2.10			技术统计员
	3.2.11			车间统计员
3.3				**财会**
	3.3.1			总会计师
	3.3.2			会计主管
	3.3.3			综合分析员
	3.3.4			稽查员
	3.3.5			成本核算员
	3.3.6			材料核算员
	3.3.7			总账报表员
	3.3.8			利润核算员
	3.3.9			流动资金核算员
	3.3.10			固定资产核算员
	3.3.11			出纳员
	3.3.12			工资核算员
	3.3.13			结算员
3.4				**劳动工资**
	3.4.1			劳动人事主管
	3.4.2			生产调度主管
	3.4.3			劳动计划组织员

（续）

3. 经济管理类				
	3.4.4			人事组织员
	3.4.5			工资管理员（业务人员）
	3.4.6			劳动定额管理人员
	3.4.7			劳动保护管理人员
	3.4.8			安全技术管理人员
	3.4.9			劳动报险管理人员
3.5				**物资管理**
	3.5.1			物资供应
		3.5.1.1		物资供应主管
		3.5.1.2		物资采购员
		3.5.1.3		供应管理员
		3.5.1.4		材料仓库主任
		3.5.1.5		物资消耗定额管理人员
	3.5.2			销售
		3.5.2.1		销售主管
		3.5.2.2		合同管理员
		3.5.2.3		信息员
		3.5.2.4		产品销售员
		3.5.2.5		储运主管

三、高校毕业生就业途径

近年来，国务院坚持劳动者自主就业、市场调节就业、政府促进就业和鼓励创业的方针。现阶段我国普通高校毕业生就业坚持公开、公正、择优、自愿的原则，实行“市场导向、政府调控、学校推荐、学生与用人单位双向选择”的基本制度。高等学校毕业生可选择如下就业途径。

（一）就业市场双向选择就业

毕业生就业市场是毕业生与用人单位供需双方进行双向选择，实现供职和招聘的场所。高校毕业生就业市场的基础是各高校举办的校园内经常性就业市场和主管部门常设的公益性、示范性的省、市级高校毕业生就业市场。

主要为用人单位和应届高校毕业生(包括择业期两年内毕业生)招聘和求职提供政策咨询、就业指导、供需见面、创业培训等服务。

高校毕业生就业市场按其外在表现形式可分为有形市场和无形市场。有形市场是指具有明确、固定的场所，具体的时间和地点，特定的参与对象的开放性市场。无形市场主要指毕业生与用人单位双方的信息交流不受特定的时间、地点、场所限制，采取网上招聘。目前，无形市场主要载体是以计算机网络平台为依托的各种毕业生就业信息网络系统。

高校毕业生就业市场的基本职责是信息交流、就业服务和管理与监督。毕业生的就业市场需要通过收集和整理各种就业信息，并通过各种方式向所有毕业生公布，供毕业生了解和进行选择。这些就业信息既包括国家宏观的政治、经济形势，也包括有关的就业政策、规定，还包括各用人单位的基本情况和具体的用人需求，是各种与毕业生就业有关的信息的集合。同时，市场也要向用人单位提供各个高校的专业介绍和毕业生资源情况，提供具体的求职者的应聘信息，方便用人单位进行招聘。此外，就业市场还具有完善的用人单位准入制度、招聘与应聘信用和信息公开制度等市场监管和管理，维护毕业生和用人单位的合法权益。

市场双向选择是毕业生选择就业的主要途径。通过招聘会等形式，使用人单位和毕业生双选择实现就业。对于在毕业后两年内不能落实就业单位的，则转到其他就业市场择业或者待业。

(二)订单式培养就业

所谓订单培养，就是学校根据用人单位的标准和岗位要求，与用人单位共同确立培养目标，制订并实施教学计划，实现人才定向培养的教育模式。双方签订用人及人才培养协议，形成一种法定或近于法定的委托培养关系;明确双方职责，学校保证按需培养人才，学以致用;用人单位保证录用合格人才，用其所学。它促进了人才供需双方零距离对接，提高了毕业生就业质量和就业率，从而降低成本，减少风险，提高人才配置及利用效率。订单培养的大学生，一般直接到订单单位直接就业。

(三)考试录用就业

考试录用是目前用人单位招聘毕业生的一种重要方式，同时也是毕业生就业的一条重要途径，主要是国家机关考录公务员、事业单位选用工作人员等。考试包括面试和笔试。笔试主要考核毕业生的文字能力、知识面和综合分析能力，分为专业知识考试、心理测试、命题写作、综合考试等类型。面试主要了解应试毕业生的素质特征、能力状况、求职动机、形象气质等是否满足特定的岗位要求。

1. 机关单位招聘毕业生的要求与程序

(1)招聘要求

我国的国家机关包括各级党政机关、人大、政协、法院、检察院、群众团体机关等。现阶段，这些机关单位在招聘工作人员时基本上都是按照(或参照)公务员的招聘办法同期进行。

国家公务员一般是指政府机关工作人员，即在各级国家行政或党务机关依法行使行政权、执行国家公务的在职人员(不包括工勤人员)。按照《中华人民共和国公务员法》的有关规定，机关单位的公务员聘用实行凡录必考的录用原则：录用担任主任科员以下及其他相当职务层次的非领导职务公务员采取公开考试、严格考察、平等竞争、择优录取的办法。民族自治地方依照前款规定录用公务员时，依照法律和有关规定对少数民族报考者予以适当照顾。录用公务员，必须在规定的编制限额内，并有相应的职位空缺。

(2)招考程序

中央机关直属机构公务员的录用，由中央公务员主管部门负责组织。地方各级机关公务员的录用，由省级公务员主管部门负责组织，必要时省级公务员主管部门可以授权设区的市级公务员主管部门组织。招录国家公务员的一般程序是：

①招录机关发布招考公告，说明招聘的职位、名额、报考资格条件、报考需要提交的申请材料以及其他报考须知事项。

②招录机关根据报考资格条件对报考人员的申请和资格进行审查。

③对考察合格者公开进行笔试。考试内容根据公务员应当具备的基本能力和不同职位类别分别设置，主要有《行政职业能力测试》和《申论》两个科目。

④招录机关对考试合格者进行面试。

⑤招录机关根据笔试和面试成绩确定考察人选，并对其进行报考资格复审、考察和体检。

⑥招录机关根据考试成绩、考察情况和体检结果，提出拟录用人员名单，

并予以公示。

⑦公示期满，中央一级招录机关将拟录用人员名单报中央公务员主管部门备案；地方各级招录机关将拟录用人员名单报省级或者设区的市级公务员主管部门审批。

⑧省(自治区、直辖市)和学校毕业生就业主管部门依毕业生与招录机关单位签订的就业协议编制就业方案，按有关规定，办理毕业生派遣手续。

按照法律规定，录用特殊职位的公务员，经省级以上公务员主管部门批准，可以简化程序或者采用其他测评办法。同时，对于新录用的公务员实行一年的试用期。试用期满合格的，予以任职；不合格的，将取消录用。

2. 事业单位招聘毕业生的要求与程序

事业单位，一般是国家在政府机构之外设置的带有一定公益性质的机构，以增进社会福利，满足社会文化、教育、科学、卫生等方面需要，提供各种社会服务为直接目的的社会组织。事业单位是国家机构的分支，是相对于企业单位而言的，不以盈利为直接目的，通常包括教育、科研、文化艺术、广播电视新闻、医疗卫生、体育、农林水利、综合技术服务和社会福利等单位。事业单位大多是以脑力劳动为主体的知识密集型组织，其主要职能是利用科技文化知识为社会各方面提供服务，因此专业技术人员是事业单位的主要构成人员，此外还有部分管理人员和工勤人员。

(1)事业单位的招聘要求

按照人事部制定的《事业单位公开招聘人员暂行规定》的有关要求，除了参照公务员制度进行管理和转为企业的事业单位外，事业单位招聘专业技术人员、管理人员和工勤人员，主要采取公开招聘的方式，由用人单位根据招聘岗位的任职条件及要求，采取考试、考核的方法进行。考试内容主要是招聘岗位所必需的专业知识、业务能力和工作技能。考试科目与方式根据具体的行业、专业及岗位特点来确定。考试可采取笔试、面试等多种形式。对于应聘工勤岗位的人员，还可根据需要重点进行实际操作能力测试。

(2)招聘程序

①制订招聘计划；

②发布招聘信息；

③受理应聘人员的申请，对资格条件进行审查；

④考试、考核；
⑤身体检查；
⑥根据考试、考核结果，确定拟聘人员；
⑦公示招聘结果；
⑧签订聘用合同，办理聘用手续。

（四）基层就业、项目就业

基层就业是指到城乡基层工作。一般来讲，“基层”既包括广大农村，也包括城镇街道社区；既涵盖县级以下党政机关、企事业单位，也包括社会团体、非公有制组织和中小企业；既包括自主创业、自谋职业，也包括艰苦行业和艰苦岗位工作。近年来，国家有关部门组织实施的高校毕业生到基层就业的项目主要包括：“大学生自愿服务西部计划”；高校毕业生“三支一扶”（支教、支农、支医和扶贫）计划；“农村义务教育阶段学校教师特设岗位计划”；“选聘高校毕业生到村任职工作”等。

1. 大学生志愿服务西部计划

大学生志愿服务西部计划由共青团中央牵头，教育部、财政部、人力资源和社会保障部共同组织实施。从2003年开始，每年招募一定数量的普通高等学校应届毕业生，到西部贫困县的乡镇从事为期1~2年的教育、卫生、农技、扶贫以及青年中心建设和管理等方面的志愿服务工作。

2014年西部计划全国项目继续实施基础教育、农业科技、医疗卫生、基层青年工作、服务新疆、服务西藏、基层社会管理等7个专项，稳步推进服务新疆、服务西藏2个专项。

服务省可直接接收在外省就读的本省生源毕业生报名，服务新疆专项接收非对口招募省的高校毕业生报名。有意愿志愿服务西部计划的应届普通高校毕业生，可于当年4~5月在大学生志愿服务西部计划官方网站（http：//xibu. youth. cn/）查询相关政策和规定，填写报名表并下载打印，交所在高校项目办（设在团委）审核后报团省委，然后由团省委单独或会同、指导报名学生所在高校组织开展情况审核、笔试、面试、心理测试或集中选拔等工作。并对入选志愿者集中体检及公示等工作，与服务省沟通协调后完成招募任务。

2. “三支一扶”计划

“三支一扶”计划是人力资源和社会保障部牵头，中组部、教育部、财政部、农业部、卫生部、扶贫办、共青团中央共同组织开展的高校毕业生到农村基层从事支教、支农、支医和扶贫工作的简称。从2006年开始，每年招募2万名高校毕业生，主要安排到乡镇从事支教、支农、支医和扶贫工作。招募方式为每年5月底前，各地根据下达的招募计划，采取考核或考试的方式进行公开招募；每年7月底前，派遣“三支一扶”大学生到服务单位报到。服务期限为2～3年。招募的高校应届毕业生服务期间的身份是“三支一扶”志愿者。

2011年，中组部、人力资源和社会保障部、教育部、财政部、农业部、卫生部、国务院扶贫办公室、共青团中央联合下发《关于继续做好高校毕业生“三支一扶”计划实施工作的通知》（人社部发〔2011〕27号），决定继续组织开展高校毕业生“三支一扶”计划，从2011年起，每年选拔2万名，五年内选拔10万名高校毕业生到基层从事“三支一扶”工作。

3. 农村义务教育阶段学校教师特设岗位计划

2006年，教育部、财政部、原人事部、中央编办联合下发了《关于实施农村义务教育阶段学校教师特设岗位计划的通知》，决定自2006年起，用5年时间在西部地区实施“农村义务教育阶段学校教师特设岗位计划”。计划的主要内容是对西部地区“两基”攻坚县农村中小学，在不改变教师管理事权的前提下，在现有教师编制内设立特别岗位，由国家公开招募高校毕业生担任特别岗位教师，聘期3年。所需资金由中央和地方共同负担，以中央为主。

（1）实施的地区范围

2006—2008年“特岗计划”的实施范围以国家西部地区“两基”攻坚县为主（含新疆生产建设兵团的部分团场），包括纳入国家西部开发计划的部分中部省份的少数民族自治州，适当兼顾西部地区一些有特殊困难的边境县、少数民族自治县和少小民族县。2009年，实施范围扩大到中西部地区国家扶贫开发重点县。

（2）招聘对象和条件

以高等师范院校和其他全日制普通高校应届本科毕业生为主，可招少量应届师范类专业专科毕业生。

取得教师资格，具有一定教育教学实践经验，年龄在30岁以下的全日制普通高校往届本科毕业生。

参加过“大学生志愿服务西部计划”、有从教经历的志愿者和参加过半年以上实习支教的师范院校毕业生同等条件下优先。报名者应同时符合教师资格条件要求和招聘岗位要求。

4. 选聘高校毕业生到村任职

2008年，中组部、教育部、财政部、人力资源和社会保障部出台了《关于印发〈关于选聘高校毕业生到村任职工作的意见（试行）〉的通知》，用5年时间选聘10万名高校毕业生到农村担任村委会主任助理、村党支部书记助理或团支部书记、副书记等职务。选聘的高校毕业生在村工作期限一般为2～3年。

（1）选聘对象和条件

选聘对象为30岁以下应届和往届毕业的全日制普通高校专科以上学历的毕业生，重点是应届毕业和毕业1～2年的本科生、研究生，原则上为中共党员（含预备党员），非中共党员的优秀团干部、优秀学生干部也可以选聘。

选聘的基本条件是：

①思想政治素质好，作风踏实，吃苦耐劳，组织纪律观念强；
②学习成绩良好，具备一定的组织协调能力；
③自愿到农村基层工作；
④身体健康。

参加人力资源和社会保障部、团中央等部门组织的到农村基层服务的“三支一扶”“志愿服务西部计划”等活动期满的高校毕业生，本人自愿且具备选聘条件的，经组织推荐可作为选聘对象。对于各省（自治区、直辖市）此前已经选聘到村任职的高校毕业生，本人自愿，通过组织考察推荐，可转为选聘对象。

（2）选聘程序

选聘工作一般通过个人报名、资格审查、组织考察、体检、公示、决定聘用、培训上岗等程序进行。

5. 应征入伍义务兵役就业

征集高校应届毕业生入伍，是适应军队信息化建设发展，从源头上提高兵源质量，改善部队兵源结构，深化征集对象主体调整改革的一项重要内容，是适应我国高等教育快速发展形势，也是依托国民教育培养军事人才，从高起点上加强士官队伍建设以及军官队伍建设，推进人才战略工程的重要措施。高校大学生入伍服义务兵役，是实现就业的一条重要途径。

(1)应征对象

应征入伍服义务兵役的大学生是指根据国家有关规定批准设立、实施高等学历教育的全日制公办普通高等学校、民办普通高等学校和独立学院，按照国家招生规定录取的全日制普通本科、专科(含高职)、研究生、第二学士学位的应(往)届毕业生、在校生和已被普通高校录取但未报到入学的学生。

(2)大学生应征入伍的条件

①政治条件：征集服现役的公民必须热爱中国共产党，热爱社会主义祖国，热爱人民军队，遵纪守法，品德优良，决心为抵抗侵略、保卫祖国、保卫人民的和平劳动而英勇奋斗。征兵政治审查的内容包括：应征公民的年龄、户籍、职业、政治面貌、宗教信仰、文化程度、现实表现以及家庭主要成员和主要社会关系成员的政治情况等。

②基本身体条件：公民应征入伍要符合国防部颁布的《应征公民体格检查标准》和有关规定。其中，有几项基本条件：

身高：男性162厘米以上，女性160厘米以上。

体重：男性：不超过标准体重的25%，不低于标准体重的15%。

女性：不超过标准体重的15%，不低于标准体重的15%。

标准体重=(身高-110)千克。

视力：大学生右眼裸眼视力不低于4.6，左眼裸眼视力不低于4.5。屈光不正，准分子激光手术后半年以上，无并发症，视力达到相应标准的，合格。

内科：乙型肝炎表面抗原呈阴性。

③年龄条件：男性普通高等学校在校生为年满18~22周岁，高职(专科)毕业生可放宽到23周岁，本科及以上学历毕业生可放宽到24周岁。女性普通高等学校在校生为年满18~20周岁，应届毕业生放宽到22周岁。

(3)应征入伍服务兵役的程序

①网上报名预征：有应征意向的高校毕业生可在夏秋季征兵开始之前登录"大学生应征入伍网上报名平台"(网址为http://zbbm.chsi.com.cn或http://zbbm.chsi.cn，下同)进行报名，填写、打印《应届毕业生预征对象登记表》和《高校毕业生应征入伍学费补偿国家助学贷款代偿申请表》(以下分别简称《登记表》《申请表》)，交所在高校征兵工作管理部门。

②初审、初检：毕业生离校前，在高校参加身体初检、政治初审，符合条件者确定为预征对象，高校协助兵役机关将《登记表》和《申请表》审核盖章发给毕业生本人，并完成网上信息确认。初审、初检工作最晚在7月15日前完成。

③实地应征：高校应届毕业生可在学校所在地应征入伍，也可在入学前户籍所在地应征入伍。

组织高校应届毕业生在学校所在地征集的，结合初审、初检工作同步进行体格检查和政治审查，在毕业生离校前完成预定兵，9月初学校所在地县（市、区）人民政府征兵办公室为其办理批准入伍手续。政治审查以本人现实表现为主，由其就读学校所在地的县（市、区）公安部门负责，学校分管部门具体承办，原则上不再对其入学前和就读返乡期间的现实表现情况进行调查。

在入学前户籍所在地应征入伍的，高校应届毕业生应在7月30日前将户籍迁回入学前户籍地，持《登记表》和《申请表》到当地县级兵役机关参加实地应征，经体格检查、政治审查合格的，9月初由当地县（市、区）人民政府征兵办公室办理批准入伍手续。

（4）应征入伍服义务兵役的优惠政策

高校毕业生应征入伍服义务兵役，除享有优先报名应征、优先体检政审、优先审批定兵、优先安排使用"四个优先"政策，家庭按规定享受军属待遇外，还享受优先选拔使用、学费补偿和国家助学贷款代偿、退役后考学升学就业优惠、就业服务等优惠政策。

高校毕业生预征对象参军入伍享受"四优先"政策：

①优先报名应征。报名由县级兵役机关直接办理。夏秋季征兵报名前，县级兵役机关通知预征对象报名时间、地点、注意事项等。确定为预征对象的高校毕业生本人持《应届高校毕业生预征对象登记表》到户籍所在地县级兵役机关报名应征。

②优先体检政策。体检由县级兵役机关直接办理。夏秋季征兵体检前，县级兵役机关通知预征对象体检时间、地点、注意事项等。确定为预征对象的高校毕业生，未能在规定时间内在校参加体检的，本人持《应届高校毕业生预征对象登记表》，可在征兵体检时间内报名直接参加体检。

③优先审批定兵。审批定兵时，优先批准体检、政审合格的应届高校毕业生入伍。高职（专科）以上文化程度的合格青年未被批准入伍前，不得批准

高中文化程度的青年入伍。

④优先安排使用。在安排兵员去向时，根据高校毕业生的学历、专业和个人特长，优先安排到军兵种或专业技术要求高的部队服役；部队对征集入伍的高校毕业生，优先安排到适合的岗位，充分发挥其专长。

大学生士兵退役后就业安置或就学的优惠政策：

①按照国家规定发给退役金，由安置地的县级以上地方人民政府接收，根据当地的实际情况，可以发给经济补助；

②安置地的县级以上地方人民政府应当组织其免费参加职业教育、技能培训，经考试考核合格的，发给相应的学历证书、职业资格证书并推荐就业；

③报考公务员、应聘事业单位职位的，在军队服现役经历视为基层工作经历，同等条件下应当优先录用或者聘用；

④国有企业在新招录职工时，应拿出一定数量的工作岗位择优招录大学生退役士兵；

⑤基层专职武装干部重点招录退役大学生士兵；

⑥参加户籍所在地省级毕业生就业指导机构、原毕业高校就业招聘会，享受重点推荐、就业指导等就业服务。

我国现行义务兵役制度服务年限为两年。士兵退役后就学享受以下优惠政策：退役后报考政法干警招录培养体制改革试点招生时，教育考试笔试成绩总分加 10 分；具有高职（高专）学历的，退役后免试入读成人本科，或经过一定考核入读普通本科；普通高校应届毕业生应征入伍服义务兵役，退役后三年内参加全国硕士研究生招生考试的，初试总分加 10 分，立二等功及以上的免试（指初试）攻读硕士研究生。

（五）灵活就业

灵活就业是指在劳动时间、收入报酬、工作场所、保险福利、劳动关系等方面不同于建立在工业化和现代工厂制度基础上的传统主流就业方式的各种就业形式的总称。随着社会发展和分工细化，职业模式日益灵活多样，就业涵盖的领域日趋广泛：既有在劳动标准、生产的组织和管理以及就业稳定性方面有别于正式职工的各类灵活就业人员，如临时工、季节工、承包工、劳务工、小时工等；又有由于科技和新兴产业的发展、现代企业的组织管理和经营方式的变革引起就业方式的变革而产生的非全日制就业、阶段性就业、远程就业、兼职就业，如产品直销员、保险推销员等；还有个体经营和合伙经营者、自顾型就业，律师、作家、自由撰稿人、中介服务工作者等自由职业者和独立服务型就业等。这些职业自由度大，限制少，既满足了社会的需要，又在很大程度上符合大学生的就业需求。

(六)自主创业就业

大学生自主创业属于狭义上的"创业"，可以定义为："包括创造价值在内的，创建并经营一家新的营利性企业(公司、中介服务机构、创意产业等)的过程。大学毕业生创业者发现机会(商机)、整合资源、开办企业这类个人色彩较浓、个体(团队)要素和行为较强，最终实现自己的创业目的的一系列创业活动。"自主创业是毕业生一种新的就业途径。毕业生通过科技创新、社会服务或发挥在某一方面的特长，利用所学的知识，自己或与他人合伙创办公司不仅可以解决自身的就业问题，而且也可以为他人创造就业机会。国家和地方政府都在积极支持和鼓励毕业生自主创业，现已出台了一系列的扶持政策，为毕业生的自主创业创造条件。

(七)延缓就业

一些毕业生因正在办理出国的相关手续，或是暂时未能找到满意的工作单位，主动不就业，待找到理想工作时再就业，这部分毕业生往往会选择暂缓就业或者先回家庭所在地再择业就业。也有的毕业生采取先办理就业代理或人事代理，解决户籍、档案等后顾之忧再继续择业的做法。延缓就业和暂时的待业是一种正常的社会现象，对社会、个人和市场是一种调节，但待就业时间不宜太长。毕业生对此也应该有充分的思想准备。

四、促进高校毕业生就业的主要优惠政策

(一)高校毕业生到基层就业的优惠政策

第一，到农村基层和城市社区从事社会管理和公共服务工作的毕业生，符合公益性岗位就业条件并在公益性岗位就业的，按照国家现行促进就业政策的规定，给予社会保险补贴和公益性岗位补贴。

第二，到农村基层和城市社区其他社会管理和公共服务岗位就业的，给予薪酬或生活补贴，同时按规定参加有关保险。

第三，到中西部地区和艰苦边远地区县以下基层单位就业、并履行一定服务期限的毕业生，以及应征入伍服义务兵役的毕业生，按规定实施相应的学费补偿和国家助学贷款代偿。

（二）基层就业项目服务期满的高校毕业生享受的优惠政策

参加中央组织实施的“三支一扶”“选聘高校毕业生到村任职”“大学生志愿服务西部计划”“农村义务教育阶段学校教师特设岗位计划”服务期满的毕业生，享受以下优惠政策：

①公务员招录优惠：地（市）级以上党政机关录用公务员，要明确录用具有2年以上基层工作经历的人员比例；县及乡镇机关要拿出一定职位，专门招考到村任职等基层就业项目的大学生。

②事业单位招聘优惠：鼓励在项目结束后留在当地就业，各基层就业项目相对应的自然减员空岗，全部聘用服务期满的高校毕业生。从2009年起，到乡镇事业单位服务的高校毕业生服务满1年后，在现岗位空缺情况下，经考核合格，即可与所在单位签订不少于3年的聘用合同。同时，各省（自治区、直辖市）县及县以上相关的事业单位公开招聘工作人员，应拿出不低于40%的比例，聘用各基层就业项目服务期满具考核合格的毕业生。

③考学升学优惠：服务期满后3年内报考硕士研究生初试总分加10分；同等条件下优先录取；高职（高专）学生可免试入读成人本科。

④国家补偿学费和代偿助学贷款政策：参加各基层就业项目的毕业生，符合规定条件的，可享受相应的学费补偿和助学贷款代偿政策。

⑤服务期满自主创业的，可享受行政事业性收费减免、小额贷款担保和贴息等有关政策。

各基层就业项目服务年限计算工龄。服务期满到企业就业的，按照规定转接社会保险关系。

（三）学费补偿和助学贷款代偿政策

中央部门所属高校应届毕业生（全日制本科生、专科生、高职生、研究生、第二学位毕业生）到中西部地区和艰苦边远地区基层单位就业、服务期在

3年以上(含3年)的，其学费由国家实行补偿。在校学习期间获得国家助学贷款(含高校国家助学贷款和生源地信用助学贷款，下同)的，补偿的学费优先用于偿还国家助学贷款本金及其全部偿还之前产生的利息。定向、委培以及在校期间已享受免除全部学费的学生除外。

学生每年补偿学费和代偿国家助学贷款的金额最高不超过6000元。在校学习期间每年实际缴纳的学费或获得的国家助学贷款本息低于6000元的，按照实际缴纳的学费或获得的国家助学贷款金额实行补偿或代偿。每学年实际缴纳的学费高于6000元的，按照每年6000元的金额实行补偿或代偿。

本科、高职(高专)、研究生和第二学士学位毕业生补偿学费或代偿国家助学贷款的年限，分别按照国家规定的相应学制计算。在校学习的时间低于相应学制规定年限的，按照实际学习时间计算补偿学费或代偿助学贷款年限。在校学习时间高于相应学制年限的，按照学制规定年限计算。每年代偿学费或国家助学贷款总额的1/3，3年代偿完毕。

(四)承担重大科研项目的高校毕业生的有关政策规定

国家和地方重大科研项目包括：由高校、科研机构和企业所承担的民口科技重大专项、973计划、863计划、科技支撑计划项目以及国家自然科学基金会的重大重点项目等。这些项目可以聘用高校毕业生作为研究助理或辅助人员参与研究工作，此外的其他项目，承担研究的单位也可聘用。

国家规定：高校毕业生在参与项目研究期间，享受劳务性费用和有关社会保险补助，户口、档案可存放在项目承担单位所在地或入学前家庭所在地人才交流中心。聘用期满，根据工作需要可以续聘或到其他岗位就业，就业后工龄与参与研究期间的工作时间合并计算，社会保险缴费年限连续计算。

(五)鼓励大学生自主创业政策

支持高校毕业生创办各类市场主体，对高校毕业生申请从事《国民经济行业分类》没有列入的经营项目，可以灵活核定能体现行业和经营特点的经营范围。

鼓励高校毕业生依法以知识产权等非货币形式评估作价出资，支持以不需要办理权属登记的自由技术作为公司股东的首次出资。

对自主创业高校毕业生进一步放宽转入条件，降低注册门槛，初创企业时，允许按行业特点放宽资金、人员准入条件，注册资金可分期到位。

按照相关规定可将家庭住所、租借房、临时商业用房等作为注册地点及创业经营场所。高校毕业生创业无法提交住所(经营场所)产权证明的，可以提交市场开办者、各类园区管委会出具的同意在该场所从事经营活动的相关证明，办理工商注册登记。

对符合条件的高校毕业生自主创业的，可在创业地按规定申请小额担保贷款；从事微利项目的，可享受不超过10万元贷款额度的财政贴息扶持；合伙经营和组织起来就业的，可根据实际需要适当提高贷款额度。

视当地情况，可申请“大学生创业资金”。

毕业2年以内从事个体经营时，自在工商部门首次注册登记之日起3年内，可免交管理类、登记类和证照类等有关行政事业性收费。

持《就业失业登记证》(注明“自主创业税收政策”或附着《高校毕业生自主创业证》)的高校毕业生在毕业年度内(指毕业所在自然年，即1月1日至12月31日)从事个体经营的，3年内按每户每年8000元为限额享受有关税收优惠，依次扣减其当年实际应缴纳的营业税、城市维护建设税、教育费附加和个人所得税。2014年又规定，限额标准可上浮20%，最高减税9600元。

对高校毕业生在整个毕业学年(即从毕业前一年7月1日起的12个月)内参加创业培训的，根据其获得创业培训合格证书或就业、创业情况，按规定给予培训补贴。

进入“高校学生科技创业实习基地”创办企业，可以享受减免12个月的房租、专业技术服务与咨询、相应的公共设施以及公共信息平台服务等。

在办理自主创业行政审批事项时，可以通过“绿色通道”享受联合审批、一站式服务、限时办结和承诺服务等。

各城市应取消高校毕业生落户限制，允许包括专科生在内的高校毕业生在创业地办理落户手续(直辖市按有关规定执行)。

自主创业申报灵活就业的高校毕业生，各级公共就业和人才服务机构按规定提供人事、劳动保障代理服务，做好社会保险关系接续工作。

(六)2014年国家鼓励高校毕业生就业创业新政策

1. 鼓励高校毕业生到城乡基层就业的政策

各地区要结合城镇化进程和公共服务均等化要求，充分挖掘教育、劳动就业、社会保障、医疗卫生、住房保障、社会工作、文化体育及残疾人服务、农技推广等基层公共管理和服务领域的就业潜力，吸纳高校毕业生就业。

各地区要结合推进农业科技创新、健全农业社会化服务体系等，引导更多高校毕业生投身现代农业。

继续统筹实施好大学生村官、“三支一扶”等各类基层服务项目，健全鼓励高校毕业生到基层工作的服务保障机制。高校毕业生到中西部地区和艰苦边远地区县以下基层单位就业的，实行学费补偿和助学贷款代偿政策。

高校毕业生在中西部地区和艰苦边远地区县以下基层单位从事专业技术工作，申报相应职称时，可不参加职称外语考试或放宽外语成绩要求。

充分挖掘社会组织吸纳高校毕业生就业潜力，对到省会及省会以下城市的社会团体、基金会、民办非企业单位就业的高校毕业生，所在地的公共就业人才服务机构要协助办理落户手续，在专业技术职称评定方面享受与国有企事业单位同类人员同等待遇。

2. 鼓励小型微型企业吸纳高校毕业生就业的政策

各地区、各有关部门要认真落实《国务院关于进一步支持小型微型企业健康发展的意见》（国发〔2012〕14 号），为小型微型企业发展创造良好环境，推动小型微型企业在转型升级过程中创造更多岗位吸纳高校毕业生就业。

对小型微型企业新招用毕业年度高校毕业生，签订 1 年以上劳动合同并按时足额缴纳社会保险费的，给予 1 年的社会保险补贴，政策执行期限截至 2015 年年底。

科技型小型微型企业招收毕业年度高校毕业生达到一定比例的，可申请最高不超过 200 万元的小额担保贷款，并享受财政贴息。

对小型微型企业新招用高校毕业生按规定开展岗前培训的，要求各地根据当地物价水平，适当提高培训费补贴标准。

3. 激励高校毕业生自主创业的政策

2014—2017 年，在全国范围内实施大学生创业引领计划。通过提供创业服务，落实创业扶持政策，提升创业能力，帮助和扶持更多高校毕业生自主创业，逐步提高高校毕业生创业比例。

各地要采取措施，确保符合条件的高校毕业生都能得到创业指导、创业培训、工商登记、融资服务、税收优惠、场地扶持等各项服务和政策优惠。

各高校要广泛开展创新创业教育，将创业教育课程纳入学分管理，有关部门要研发适合高校毕业生特点的创业培训课程，根据需求开展创业培训，提升高校毕业生创业意识和创业能力。

各地公共就业人才服务机构要为自主创业的高校毕业生做好人事代理、档案保管、社会保险办理和接续、职称评定、权益保障等服务。

各地区、各有关部门要进一步落实和完善工商登记、场地支持、税费减免等各项创业扶持政策。拓宽高校毕业生创办企业出资方式，简化工商注册登记手续。

鼓励各地充分利用现有资源建设大学生创业园、创业孵化基地和小企业创业基地，为高校毕业生提供创业经营场所支持。

对高校毕业生创办的小型微型企业，按规定落实好减半征收企业所得税、月销售额不超过2万元的暂免征收增值税和营业税等税收优惠政策。

对从事个体经营的高校毕业生和毕业年度内的高校毕业生，按规定享受相关税收优惠政策。

留学回国的高校毕业生自主创业，符合条件的，可享受现行高校毕业生创业扶持政策。

各银行业金融机构要积极探索和创新符合高校毕业生创业实际需求特点的金融产品和服务方式，本着风险可控和方便高校毕业生享受政策的原则，降低贷款门槛，优化贷款审批流程，提升贷款审批效率。通过进一步完善抵押、质押、联保、保证和信用贷款等多种方式，多途径为高校毕业生解决反担保难问题，切实落实银行贷款和财政贴息。

在电子商务网络平台开办"网店"的高校毕业生，可享受小额担保贷款和贴息政策。

充分发挥中小企业发展专项资金的积极作用，推动改善创业环境。鼓励企业、行业协会、群团组织、大使投资人等以多种方式向自主创业大学生提供资金支持，设立重点面向扶持高校毕业生创业的天使投资和创业投资基金。对支持创业早期企业的投资，符合条件的，可享受创业投资企业相关企业所得税优惠政策。

4. 促进离校未就业高校毕业生就业的政策

各地区要将离校未就业高校毕业生全部纳入公共就业人才服务范围，采取有效措施，力争使每一名有就业意愿的未就业高校毕业生在毕业半年内都能实现就业或参加到就业准备活动中。

有关部门、各高校要密切协作，做好未就业高校毕业生离校前后信息衔接和服务接续，切实保证服务不断线。教育部门要将有就业意愿的离校未就业高校毕业生的实名信息及时提供给人力资源社会保障部门。人力资源社会保障部门要建立离校未就业高校毕业生实名信息数据库，全面实行实名制就业服务。

各级公共就业人才服务机构和基层就业服务平台要及时主动与实名登记的未就业高校毕业生联系，摸清就业需求，提供有针对性的就业服务。教育部门和高校要加强对离校未就业高校毕业生的跟踪服务，为有就业意愿的高校毕业生持续提供岗位信息和求职指导。

各地区要结合本地产业发展需要和高校毕业生就业见习意愿及需求，扩大就业见习规模，提升就业见习质量，确保凡有见习需求的高校毕业生都能得到见习机会。要根据当地物价水平，适当提高见习人员见习期间基本生活补助标准。高校毕业生见习期间参加职业培训的，按现行政策享受职业培训补贴。

各地区要继续推动离校未就业高校毕业生技能就业专项行动，结合当地产业发展和高校毕业生需求，创新职业培训课程，提高职业培训的针对性和实效性。在高校毕业生集中的城市，要提升改造一批适应高校毕业生特点的职业技能公共实训基地。国家级重点技工院校和培训实力雄厚的职业培训机构，要选择一批适合高校毕业生的培训项目，及时向社会公布。

5. 加强就业指导和服务的政策

各地区、各有关部门、各高校要根据高校毕业生特点和求职需求，创新服务方式，改进服务措施，提高服务质量，促进更多的高校毕业生通过市场实现就业。

加强网络信息服务，建立健全全国公共就业信息服务平台，加快招聘信息全国联网，更多开展网络招聘，为用人单位招聘和高校毕业生求职提供高效便捷的就业信息服务。

积极开展公共就业人才服务进校园活动，为高校毕业生送政策、送指导、送信息，特别是要拓展让高校毕业生知晓获取就业政策和岗位信息的渠道。

精心组织民营企业招聘周、高校毕业生就业服务月、就业服务周、部分大中城市联合招聘高校毕业生专场活动和每季度的全国高校毕业生网络招聘月等专项服务活动，搭建供需信息平台，积极促进对接。

高校要加强就业指导课程和学科建设，积极聘请专家学者、企业人力资源经理、优秀校友担任就业指导导师。

各地区、各高校要将零就业家庭、优抚对象家庭、农村贫困户、城乡低保家庭以及残疾等就业困难的高校毕业生列为重点对象实施重点帮扶。

要在高校毕业生离校前，将享受城乡居民最低生活保障家庭的毕业年度内高校毕业生的求职补贴全部发放到位，求职补贴标准较低的要适当调高标准。

鼓励各地结合本地实际将高校残疾毕业生纳入享受求职补贴对象范围。党政机关、事业单位、国有企业要带头招录高校残疾毕业生。

离校未就业高校毕业生实现灵活就业的，在公共就业人才服务机构办理实名登记并按规定缴纳社会保险费的，给予一定数额的社会保险补贴，补贴数额原则上不超过其实际缴费的2/3，最长不超过2年，所需资金从就业专项资金中列支。

6. 创造公平就业环境的政策

各地区、各有关部门要积极采取措施，促进就业公平。用人单位招聘不得设置民族、种族、性别、宗教信仰等歧视性条件，不得将院校作为限制性条件。省会及以下城市用人单位招聘应届毕业生不得将户籍作为限制性条件。

国有企业招聘应届高校毕业生，除涉密等特殊岗位外，要实行公开招聘，招聘应届高校毕业生信息要在政府网站公开发布，报名时间不少于7天；对拟聘人员应进行公示，明确监督渠道，公示期不少于7天。

各地区、各有关部门要严厉打击非法中介和虚假招聘，依法纠正性别、民族等就业歧视现象。加大对企业用工行为的监督检查力度，对企业招用高校毕业生不签订劳动合同、不按时足额缴纳社会保险费、不按时支付工资等违法行为，及时予以查处，切实维护高校毕业生的合法权益。

各地区、各有关部门要消除高校毕业生在不同地区、不同类型单位之间流动就业的制度性障碍。省会及以下城市要放开对吸收高校毕业生落户的限制，简化有关手续，应届毕业生凭《普通高等学校毕业证书》《全国普通高等学校毕业生就业报到证》、与用人单位签订的《就业协议书》或劳动（聘用）合同办理落户手续；非应届毕业生凭与用人单位签订的劳动（聘用）合同和《普通高等学校毕业证书》办理落户手续。

高校毕业生到小型微型企业就业、自主创业的，其档案可由当地市、县一级的公共就业人才服务机构免费保管。办理高校毕业生档案转递手续，转正定级表、调整改派手续不再作为接收审核档案的必备材料。

五、如何选择就业单位和职业

（一）毕业生在择业过程中的权利

1. 获取信息权

就业信息是毕业生择业成功的前提和关键，只有在充分占有信息的基础上，才能结合自身情况选择适合自身发展的用人单位。毕业生获取信息权，应包括三方面含义：

①信息公开，即所有用人信息向全体毕业生公开；

②信息及时，也就是毕业生获取的信息必须及时、有效，而不能将过时无利用价值的信息传递给毕业生；

③信息全面，毕业生有权获得准确、全面的就业信息，以便对用人单位有全面的了解，从而做出符合自身要求的选择。

2. 接受就业指导权

高等学校、政府职能部门应建立就业指导培训和服务机制，为毕业生提供无偿的就业指导和服务。毕业生有权获得政府和学校专门机构的就业指导，提高自己的就业素质和就业能力。

3. 被推荐权

毕业生享有被推荐权包含以下几方面内容：

（1）如实推荐

即高校在对毕业生进行推荐时，应实事求是，根据毕业生本人的实际情况向用人单位进行介绍、推荐。不能故意贬低或随意捧高对毕业生在校表现的评价。

（2）公正推荐

学校对毕业生进行推荐应做到公平、公正，应给每一位毕业生以就业推荐的机会，不能厚此薄彼。公正推荐是学校的基本责任，也是毕业生享有的最基本的权益。

（3）择优推荐

学校根据毕业生的在校表现，在公正、公开的基础上，还应择优推荐，用人单位录用毕业生也应坚持择优标准。真正体现优生优用、人尽其才，这样才能调动广大毕业生和在校生学习的积极性。毕业生在就业过程中只能凭自身综合素质的提高来取胜。

4. 选择权

根据国家有关规定，实行招生并轨改革的高校毕业生在国家就业方针、政策指导下自主择业。毕业生只要符合国家的就业方针和政策，可以自主地选择用人单位，学校、其他单位和个人均不得干涉。任何将个人意志强加给毕业生，强令毕业生到某单位的行为是侵犯毕业生选择权行为。毕业生可结合自身情况自主与用人单位协商，要求学校予以推荐，直至签订就业协议。

5. 公平待遇权

用人单位在录用毕业生的过程中，也应公正、公平，一视同仁。但在当前，毕业生的公平待遇权受到很大的冲击，也最为毕业生所担忧。由于各项配套措施滞后，完全开放公平的就业市场尚未真正形成，用人单位录用毕业生还不同程度存在不公平、不公正的现象，如女生就业难仍然是困扰女毕业生就业的一大问题。公平受录用权是毕业生最为迫切需要得到维护的权益。

6. 违约及求偿权

毕业生、用人单位签订协议后，任何一方不得擅自毁约。如用人单位无故要求解约，毕业生有权要求对方严格履行就业协议，否则用人单位应对毕业生承担违约责任，支付违约金，毕业生有权利要求用人单位进行补偿。

(二)树立正确的择业观

正确的择业观能促使自己对自身进行准确定位，对工作单位和职业岗位正确评价，从而找到较理想的工作。不正确的择业观则使自己择业期望值过高或过低，愿望和现实相差很大，影响其最终的选择。

1. 树立正确的择业观念

目前，我国每年毕业的大学生达700多万，就业压力十分巨大，就业市场存在激烈竞争。竞争意识是当代人优秀的个性品质之一。择业素质中的竞争实力和能力既表现在毕业生的综合素质能力上，如毕业生的思想、品格、成长阅历、工作能力、学业成绩、专业水平、身心条件等，也表现在择业活动能力上，如获得信息能力、自荐能力、应答礼仪等。因此，学生自进校园起就要注重自身素质和能力的培养和塑造。在毕业择业时要保持自己的人格尊严，诚实守信，凭自身实力并运用恰当的竞争技巧去赢得用人单位的青睐。在竞争中遇到挫折和失败，要保持良好的竞争心态，重新调整心态和择业目标，争取新的就业机会。

2. 树立发展的择业观念

在市场经济条件下，为每个人发展提供了广阔的空间，社会不再有从一而终的职业。在目前就业十分困难的形式下，要树立“先就业、后择业、再创业”的不断进取的发展择业观念，先求生存，后求发展，在现有岗位中发现机会、抓住机会、把握机会。

3. 树立发挥专长、不苛求专业对口、注重综合素质的观念

在择业时首先要考虑所学专业与职业要求相匹配，发挥专业优势，不能因为追求热门职业、留在大城市而盲目放弃专业特长，在某些专业，如果改行一两年后再重想回流到本专业重操旧业是很困难的，想放弃专业优势时要权衡利弊。

有些专业供过于求，有些专业因就业范围过窄难以就业，这种情况下不要死守专业对口的信条，否则会丧失就业良机，要根据自己的综合素质和能力，选择适合自己的单位和职业。

（三）分析自身职业个性所适合的职业

职业个性是指一个人在其职业中经常表现出来的、比较稳定的、带有一定倾向性的个体心理特征的总和，它由个性倾向和个性特征两部分组成。个性倾向包括需要、兴趣、价值观等；个性特征包括气质、性格、能力等方面。在进行职业选择时，只有正确分析自己的职业个性特点，处理好个性与职业选择的关系，才能找到人与职业的最佳结合点，从而使人与职业相匹配，提高自己的职业适应性。择业时重点考虑的职业个性是职业兴趣、职业性格和职业能力。

1. 职业兴趣与职业适应性

职业兴趣是劳动者对某种类型的工作或活动由关切或被吸引而能够专心致志的倾向，是职业实践成功的动力。一般把职业兴趣划分为 10 种类型，每种类型适应的职业见表 7-5。

表 7-5 兴趣与职业适应类型表

职业兴趣类型	特点	适应职业
愿与事物打交道	喜欢与具体事物打交道，不愿与人打交道	制图、勘测、工程技术、建筑、机械制造、出纳、会计等
愿与人相接触	喜欢交往、采访、传递消息、销售等	记者、推销员、服务员、教师、行政管理等
愿于有规律的工作	喜欢有条不紊，习惯于常规，愿在安排好的程序中工作	邮递、图书管理、档案管理、办公室、打字、统计等
愿从事社会福利和助人工作	有爱心、乐于助人	律师、咨询、技术推广、医生、护士等
领导和组织工作	喜欢具体掌握一些事情，希望受人尊重和获得声望	行政人员、企业管理、学校辅导员等
愿研究人的工作	对人的行为举止、心理状态感兴趣	心理、政治、社会方面的研究工作和教育、管理工作等
愿从事科技工作	喜欢理论分析、独立思考	生物、化学、工程、物理、地质等方面工作
愿从事抽象的创造性工作	喜欢思考、探求周围世界，善于抽象	社会调查、经济分析、新产品开发、科学研究、实验室工作等
愿从事操作机器的技术工作	喜欢使用工具、产品制造	飞行员、驾驶员、机械制造、建筑、石油、原材料开采等
愿从事具体工作	希望经常看到劳动成果，喜欢看得见、摸得着的工作	装饰、园林、美容、手工制作、机械维修、厨师等

2. 职业性格与职业适应性

职业性格是指人们在长期特定的职业生活中所形成的与职业相联系的、稳定的心理特征，是职业实践成功的保障。性格影响着一个人对职业的适应性，一定的性格适合于从事一定的职业，同时不同的职业对人有不同的要求。职业性格类型及特点见表 7-6。

表 7-6 职业性格类型与职业性格特点对照表

职业性格类型	职业性格特点
变化型	能够在新的或意外的工作情境中感到愉快，喜欢工作内容经常有些变化，在有压力的情况下工作得很出色，追求并且能够适应多样化的工作环境，善于将注意力从一件事转移到另一件事情上去
重复型	适合并喜欢连续不断地从事同一种工作，喜欢按照一个固定的模式或别人安排好的计划工作，爱好重复的、有规则的、有标准的职务
服从型	喜欢配合别人或按照别人的指示去办事，不愿意自己担负责任，不愿意自己独立作出决策，愿意让别人对自己的工作负责
独立型	喜欢计划自己的活动并指导别人的活动，会从独立的、负有责任的工作中获得快感，喜欢对将要发生的事情作出决定
协作型	会对与人协同工作感到愉快，善于引导别人按客观规律办事，希望自己能得到同事的喜欢
机智型	在紧张、危险的情况下能很好地执行任务，在意外的情况下，能够自我控制、镇定自若、工作出色。在出差错时不会惊慌
好表现型	喜欢注重表现自己的爱好和个性的工作

根据职业教育的专业类别，结合 9 种类型职业性格，列出部分职业群所需要的职业性格类型(表 7-7)，供择业参考。

表 7-7 部分职业群所需要的职业性格类型表

序号	职业群	所需职业性格类型
1	农业技术人员	独立型，变化型，机智型
2	林业技术人员	变化型，独立型，机智型
3	畜牧业劳动者	重复型，独立型，机智型
4	工艺美术设计人员	变化型，独立型，自我表现型
5	商业经营管理人员	变化型，独立型，劝服型
6	销售员	变化型，协作型，劝服型
7	园林绿化工作者	重复型，独立型，协作型
8	导游员	变化型，独立型，自我表现型
9	会计、审计、统计人员	严谨型，重复型，服从型
10	图书管理员	重复型，独立型，严谨型
11	计算机服务人员	重复型，服从型，严谨型
12	秘书	服务型，协作型，严谨型
13	警察	机智型，独立型，变化型

3. 职业能力与职业适应性

职业能力是在学习活动和职业活动中发展起来的，直接影响职业活动效率，使职业活动得以完成的个性心理特征，是职业实践成功的条件。职业能力可分为一般职业能力和特殊职业能力。一般职业能力是指人们从事不同职业活动所必需的共有职业能力，包括观察力、记忆力、想象力、注意力和思维能力，通常表现为学习能力、文学与语言运用能力、数学运算能力、空间判断能力、形体知识能力、颜色分辨能力、手的灵巧度、手眼协同能力、交往与合作能力、适应变化能力、抗挫折能力、收集处理信息能力、审美能力、创新能力等。特殊职业能力又称专门职业能力，是指从事某一特定职业所必须具备的特殊或较强的能力。

各种职业的工作性质、社会责任、工作内容、工作方式、服务对象和服务手段不同，决定了它对从业者能力有不同要求。研究表明，现实生活中有6种职业类型，即实用型、研究型、艺术型、社会型、企业型和事务型。这些类型除具有一般的职业能力外，还要有相应特殊职业能力，才能完成职业工作（表7-8），因此择业时要考虑与职业类型相适应的职业。

表7-8　不同职业类型对从业者职业能力及倾向的要求

形态	职业能力及倾向
实用型	能够切实可行地解决工作及其他方面问题的能力。重视实际利益，如金钱、权利、地位等
研究型	科学研究方面的才能。重视客观的数据等科学方面的问题
艺术型	创意及自觉、不墨守成规处理事务的能力。重视对美的追求
社会型	了解别人、教导别人的能力。重视社会问题及人际关系
企业型	领导与表达能力；社交及说服能力。重视权力与成就
事务型	文书及教学能力。重视商业与经济上的成就

（四）确立正确的择业标准

1. 择业应考虑的因素

大学生选择职业时应从以下几方面考虑：①工资收入水平；②个人兴趣和爱好；③就业单位的地理位置；④就业单位的性质；⑤就业单位的发展前景；⑥继续深造的条件和机会；⑦个人的发展机会。

2. 确立择业标准应注意的问题

(1)权衡利弊，分清主次因素

在就业选择过程中，考虑择业标准诸多因素时要分清主次。比如，单位性质、工作地点、工作条件、生活待遇、使用意图、发展方向等诸多方面，不可能设想都能满足其心愿，重要的是在择业时怎样权衡利弊，分清主次。在目前社会条件下，很少有单位是十全十美的。应从是否有利于自己才智的发挥，是否符合社会的需要出发，作出抉择。切不可因一味求全，急功近利，好高骛远而失去良机。

(2)注重用人单位的发展前景

毕业生在择业时不能只看眼前实惠，不看企业发展前景；不能只看暂时困难，而不看企业的未来；不能只图生活安逸，而不顾事业的追求等。要着眼长远，放开视野，理清思路，找到自己的最佳位置，牢牢地把握职业选择的主动权。

(3)正确把握自己的择业期望值

一个人的职业期望能否变成现实，主要看其是否建立在合理的基础上。任何一个职业的选择，都要受到社会需求、自身素质以及其他社会因素的制约。同时，人的职业期望又是发展变化的，它随着社会生产力的发展而发展，随着社会职业结构的变化而变化。因此，在职业选择过程中，应实事求是地对自己的职业期望有一个客观科学的分析，分清哪些是合理的，是能够实现的，对此应努力追求；哪些是不合理的，是实现不了的，对此应放弃。高校毕业生，应以自己的专业所长、个人素质优势以及客观的社会需求为基础，确立自己合理的职业期望。

六、就业信息的收集与筛选

(一)就业信息的收集

就业信息是指用人单位发布的、择业者未知的、经过加工处理后对择业者具有一定价值、客观存在的就业资料和情报。一般通过招聘会、互联网、报纸杂志、电视广播及学校和用人单位的书面通知函件等形式发布。毕业生在毕业前一个学期就要开始注意收集信息。信息收集的渠道主要有以下六种。

1. 从本校毕业生就业指导机构收集信息

学校每年都向用人单位输送毕业生，与社会各有关单位保持着广泛而密切的联系，并在与用人部门长期合作中，建立了稳定的工作关系。从学校就业部门获取的需求信息，针对性强，可信度高，是大中专毕业生获取就业信息的主要渠道。

2. 通过社会就业服务部门收集信息

省(自治区、直辖市)、市、县、区的人才交流中心和毕业生就业服务指导中心等社会就业服务部门，是沟通用人单位与求职毕业生的桥梁和纽带，是为毕业生提供就业服务的专业机构。他们经常举办定期或不定期的人才交流洽谈会、供需见面会等活动。还有些省、市组织人才招聘团分赴各省(自治区、直辖市)、市高校集中地区招聘，使毕业生能够直接与用人单位面谈。通过这些渠道获取求职信息，可信度较高。

3. 从社会传播媒介收集信息

各用人单位常常通过报纸、杂志、广播、电视等大众传媒介绍本单位的现状、发展前景和人才需求信息。互联网上的人才市场汇集了各联网单位的信息，具有方便、快捷、数量大、时效性强、涉及面广、信息及时等特点。各用人单位可以通过它们介绍企业现状、发展前景及人才需求状况，是高职生收集信息的重要信息源。

4. 利用家庭和各种社会关系收集信息

从父母、亲友以及他们的社会关系中也可以获得需求信息。这种信息针对性更强，通常具有毕业生所希望的行业或地区的定向性，对用人单位可以进行更具体的了解，易于双向沟通，因而就业成功率较高。

5. 主动与用人单位联系收集信息

毕业生通过电话咨询、登门求访、信函询问等方式，或者在实习、参加社会服务等实践活动中，对有关单位的人才需求情况进行了解，也可以获取所需要的就业信息。

到用人单位了解招聘信息，最直接、准确、及时、具体。但是，有时用人单位往往不接待未经约见的来访者。如果在用人单位有熟人、同学、同乡、亲戚、朋友，则可以通过他们引见，直接到用人单位去了解有关资料、缺员情况、人员补充计划等，也可以采取发函、电话咨询等方式，询问用人单位人事部门近期有无招聘信息。在发函时附上一枚回函邮票更好。毕业生还可以通过假期社会实践对用人单位人才需求数量及素质要求的标准进行了解，对其地理位置、发展前景、管理手段、人际关系、工作待遇等进行全面的了解。

6. 从社会实践活动中收集信息

学校开展的各种实践活动，能够接触到各种不同类型的用人单位，它是毕业生与用人单位相互了解的绝好机会。特别是社会实习、毕业设计等实践活动，专业对口、机遇较多。毕业生可以通过这些实践活动给用人单位留下良好印象，争取被用人单位录用。

（二）建立就业信息库

通过各种信息渠道收集的就业信息非常庞杂，为了不错过择业机会和选择到较理想的职业要建立信息库，以便筛选。

一是建立个人就业信息管理库，栏目包括信息收集时间、招聘单位名称、所有制性质、招聘专业、招聘人数、单位所在地、网址、联系部门和联系人、联系电话、E-mail 等。

二是建立供需见面会（招聘会）信息管理库，栏目可设举办时间、会议名称、主办单位、举办地点、联系人、联系电话等。

三是建立用人单位基本情况数据库，栏目包括单位名称、所有制性质、单位所在地、单位隶属关系、单位规模、历史沿革、业务范围、经济状况、单位发展前景、工资福利待遇、用人性质与数量及岗位、岗位条件及职责等。

（三）就业信息的筛选方法

以本人对某个就业岗位的满意程度（即对一项就业评价的高低）为纵坐标；以某个就业岗位获得的难易程度（即本人得到该就业需付出努力的程度）为横坐标作图，得到 4 个象限区（图 7-1）。

在四个象限中，A 区：既是理想的工作，又容易得到；B 区：工作不错，但竞争者众多，或要求很高，本人需要付出极大的努力，或者说得到这个工作的可能性很小；C 区：工作不太理想，但比较容易得到；D 区：不是自己理想中的工作，但容易得到。

一般来说，在毕业生收集到的信息中，幸运地落在 A 区间的机会极少；而位于 C 区的信息却是占大部分的，且多数人最后的就业也是落在 C 区。但

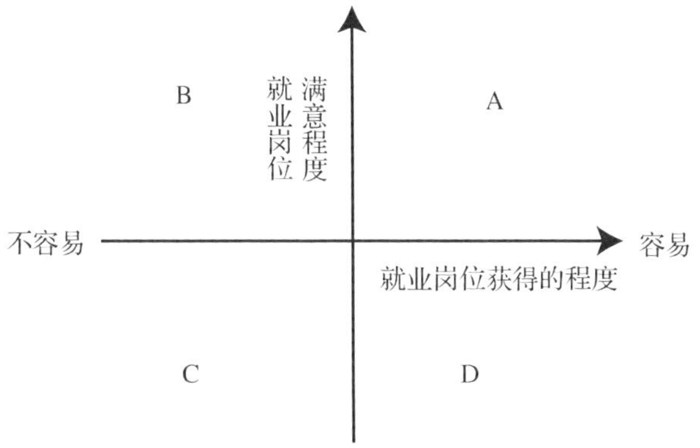

图 7-1　毕业生就业信息归类分析图

在求职过程中，毕业生对这一区间的就业机会往往先不考虑，总企盼着有更好的单位出现而犹豫、观望。那么，一开始我们不妨首先全力去争取处于 B 区间的工作。B 区的工作岗位既符合自己的理想，又充满挑战性，正可表现当代大学生敢于竞争、敢于冒险的个性，也是人生的一次宝贵体验。因此，毕业生对待 B 区信息，一是要倾注时间和精力，认真分析研究，并精心准备应对之策；二是要充满自信，充分展现自己的能力，努力争取成功。当然，能在 B 区获得成功的人毕竟只是少数，因此，毕业生对 C 区的信息不能漠然视之，应将之视为备选方案。对待 A 区的信息，毕业生要持审慎的态度，既不能放过“捡漏”的机会，也要防止这类信息中诱人的陷阱。D 区的信息对毕业生的价值不大，可以将其排除在外。

根据这一方法，毕业生在得到就业信息时，先要分析、归类，按其 A、B、C、D 四种类型，分别处理，以保证充分、高效地利用好收集到的信息。

单元 8

求职与就业

在职业选择意向确定后，就要面临用人单位的选择。本单元将告诉你如何推荐自己，如何应对面试，如何签订就业协议。离校时，如何办理报到手续，在签订劳动合同中涉及的劳动者权益和待遇，怎样在新的单位开好头起好步，赢得人气，塑造新形象。

一、自荐材料准备

自荐即自我推荐，是毕业生在求职择业过程中的基本环节，只有自荐成功，才能获得进一步考核的机会。因此，毕业生要认真准备自荐材料。自荐材料是毕业生用来和用人单位取得联系，介绍自己基本情况，全方面展现自己风采的各种说明性和证明性材料，内容包括学校推荐表、求职信、个人简历、附件(证书复印件)等。它的形式既可以是纸质的，也可以是网络电子版本。自荐材料如为纸质的，要用A4纸装订成册，封面设计要美观、大方、醒目、简洁，要写上“自荐材料”字样、学校名称(可附上学校的标志性图案)、院系及专业名称、个人姓名、联系方式(通讯地址、联系电话、手机号码、电子邮箱等)。为了不显单调，封面右下角可设计一个简单的图案。

(一)学校推荐表

学校推荐表是学校对毕业生本人基本情况和在校表现的认证，具有权威性，在自荐材料中占有举足轻重的地位，用人单位对此有高度的信任度。

推荐表由学校毕业生就业管理部门统一印制，其栏目包括姓名、性别、出生日期、民族、政治面貌、学校地址、专业、学历、学制、培养类型、外语水平、健康状况、奖惩情况、在校表现、院系推荐意见等。填写推荐表要真实、认真、不得涂改。为避免重复签协议，毕业生只能用推荐表原件和就业协议书原件与一个单位签订协议。

(二)求职信

1. 求职信的内容和体例

求职信是求职者以个人名义写给用人单位介绍自身情况和能力，表述求职意向以求录用的专用文书，又称为自荐信，是毕业生求职的重要手段之一。格式包括标题、称谓、正文、落款、附件等几部分。其中，正文包括开头、主体和结尾，开头写求职的理由以及所求的职位；主体是求职信的重点，主要说明自己的自然情况，重点写自己的学习经历、社会实践经历、个人的能力、兴趣、性格和爱好，并从自己的专业知识、社会经验、专业技术、性格、特长、能力等方面突出自己的特点，向用人单位表明能胜任所应聘的岗位，符合招聘条件；结尾写表达愿望和致敬语作结语。落款写求职人的姓名、联系电话、地址和日期。附件包括个人简历、学历证明、近期照片、外语及计算机等级证书、获奖证书等复印件。

2. 撰写求职信的要求

①语言尽量简短；②开头要有吸引力；③中心部分突出重点；④要用合适的语言来表达；⑤朴实诚恳，以情动人；⑥要给人规范、整洁的印象。

3. 求职信举例

求职信

尊敬的领导：

您好！

我是福建林业职业技术学院园林系园林技术专业的一名2014年应届毕业生。通过对贵公司招聘需求的了解，其中的职位和我的意向很接近，本人有意加盟贵公司，为公司尽一份力。为便于公司对我的了解，现自我简介如下：

我就读的园林系园林技术专业是国家骨干职业院校重点建设专业、福建省级精品专业、省级示范性重点建设专业。本专业拥有设备齐全的现代化实验实训基地，有一支由省级职业院校教学名师、资深园林高级工程师引领的省级教学团队。大学三年，我本着学好本专业，努力扩大知识面，大量汲取知识财富，锻炼自己的各种能力的愿望，努力学习掌握扎实的基础知识和专业知识，学习成绩在班级名列前茅，曾获得国家奖学金、国家励志奖学金，获得过“三好学生”和“优秀学生干部”的称号；曾担任过学生会生活部部长、团委组织部部长；爱好写作和书法，在省、市、院级比赛中获得过荣誉证书。

通过学习，本人系统掌握生态学、园林植物、园林规划设计、园林建筑工程等领域的基本理论和基础知识；接受了园林植物认知方法、栽培养护技术、育种技术、种植设计方法、插花技法、绘画技法、制图方法、园林规划设计表现技法等方面的综合训练。具有园林植物的繁殖、栽培、养护、管理及应用的基本能力；具有运用生态学理论、植物学理论、艺术理论及设计理论进行规划设计艺术创作及表达的基本能力；具有城市园林绿化施工与组织管理方面的基本能力。能成为在中小城镇及居民小区园林规划设计、园林植物栽培养护、园林植物生产、园林工程施工、园林工程招投标与概预算、园林工程监理、插花与花艺设计等职业岗位工作的技术人才。

此外，我还利用课余时间多次参加各种文体活动，锻炼了自己的交际能力。参加各种兴趣小组并将所学用于实践，进一步强化了自己的动手能力。因出色的表现，在一年级就参加了学院党校学习，并以优异的成绩结业。同时，我不仅获得国家计算机等级证、国家英语等级证、国家职业资格证(园林景观设计、园林工程施工、园林工程造价、园林绿化)等相关技能证书，还根据自己的兴趣选修美育、会计学等多门人文、管理课程，使自己不仅成为一个合格的专业人才，而且努力成为一个知识全面、涉猎广泛的全方位人才。

“宽以待人、洁身自好”是我的处世原则；“精益求精、勇于进取”是我的精神信念；“兢兢业业、不断创新”是我的工作方式。我相信我的能力和热情使我能胜任贵公司的技术开发及其他有关方面的工作。我期待着能有机会和贵公司一起奋斗、拼搏，在公司和领导的培养下不断成长。祝贵公司在今后的发展中蒸蒸日上！祝领导身体健康，工作顺利！

此致

敬礼！

应聘人：××

联系电话：×× ×× ××

××××年××月

(三)个人简历

简历是毕业生个人生活、学习、工作、经历、成绩的概括集锦，主要侧重展示自己的资历，对自荐信提到的求职条件做更详尽的描述，它是自荐信的附件，是自己情况的补充和佐证材料。

1. 简历的主要内容

个人简历的主要内容包括本人基本情况、个人履历、能力和专长、求职意向、联系方式等基本要素。

(1)本人基本情况

本人基本情况包括姓名、年龄(出生年月)、性别、籍贯、民族、学历、学位、政治面貌、学校、专业、身高、毕业时间等。

(2)个人履历

主要是个人从高中阶段至就业前所获最高学历阶段之间的经历，要求前后年、月相衔接。①学习经历：主要列出在大中专院校学习阶段的主修、辅修与选修课科目成绩，尤其是要体现与你所谋求的职位有关的教育科目、专业知识。不必面面俱到，但要突出重点，有针对性，使你的学历、知识结构让用人单位感到与其招聘条件相吻合。②实践与工作经历：主要突出在大中专院校学习阶段所担任的社会工作、职务以及在各种实习项目当中担当的工作，特别是对于参加过顶岗实习的，应突出自己在所顶岗位上的业绩是非常重要的。

(3)能力与性格评价

个人的能力与性格评价要恰如其分，应尽可能使你的专长、兴趣、性格与你所谋求的职业特点、要求相吻合。事实上，“本人的学习经历”“本人的实践、工作经历”同样在印证个人的能力、性格，因此，前后一定要相互照应。

(4)求职意向

个人的求职意向要简短清晰，主要表明本人对哪些岗位、行业感兴趣及相关要求。

(5)联系方式与备注

联系方式要与简历封面所要突出的内容一样，一定要清楚地表明怎样才能找到你，区号、电话号码、手机号、E-mail 地址要准确。

2. 撰写简历的要求

①言简意赅；②强调成功经验；③坦率真诚；④重点突出；⑤准确使用词语；⑥适当引用专业术语；⑦扬长避短；⑧篇幅最好 1 页，最多 2 页。

3. 个人简历举例

个人简历

基本信息

姓名：林木森　性别：男　出生年月：1993年5月
身高：178厘米　民族：汉　政治面貌：共青团员
学历：统招大专　毕业院校：福建林业职业技术学院
专业：园林工程技术
毕业时间：2014年6月
籍贯：福建省南平市

照片

▪个人履历

▪学习经历

2008年9月—2011年6月，就读于南平市第一中学。

2011年9月—2014年6月，就读于福建林业职业技术学院。

▪工作经历

2012年7~8月，在森源公司勤工助学活动，培养自己的社会实践能力；

2012年10月—2013年6月，加入实践营销协会，多次参加协会的各项活动；

2013年12月，参加武夷山写生认识实习，建瓯植物园认识实习；

2014年1~4月，参加芙蓉古城、成都植物园、活水公园实习。

▪能力和评价

▪获奖情况

2013年5月，获得“国家励志奖学金”；
2013年5月，获得“青年志愿者先进个人”荣誉称号；
2013年9月，获得学院一等奖学金；
2013年10月，获得“自立自强先进个人”荣誉称号。

▪技能资格证书

计算机图形图像处理(Photoshop)职业资格证书；
高级园艺师职业资格证；
高级绿化工职业资格证；
国家普通话二级。

▪计算机能力

熟练操作Autocad、Photoshop、Sketchup等软件，获得全国计算机等级考试二级合格证书。

▪外语能力

获得大学英语四级、英语六级证书、英语口语熟练

▪自我评价

性格自信开朗，善于与人沟通交流，待人诚恳友善，能吃苦，有较强的责任心和上进心，具有良好的身体素质，团队意识强，专业知识扎实，成绩优异，对园林有着浓厚兴趣。

▪求职意向

城镇规划、园林景观设计、园林施工技术、园林绿化维护与管理、园林设计施工单位的设计，城镇政府绿化管理和建设单位、城乡规划设计院、园林绿化设计和施工企业等单位工作（服从调剂）。

联系方式

电子邮箱:ss@58.com
联系电话:××××××××××××
联系地址:福建省南平市金山路140号

相信您的信任与我的实力将为我们带来共同的成功！希望我能为贵公司贡献自己的力量！

二、面试

面试是用人单位招聘人才时通常采用的考核方式，是通过当面交流问答对应试者进行的考核。它不仅能考核应聘者的业务水平，而且还可以面对面观察应聘者的背景、智商、情商、仪表、气质、口才及应变能力等。

（一）面试的种类

面试的方式很多，概括起来有以下几种：

1. 模式化面试

由主考官根据预先准备好的询问题目和有关细节，逐一发问。其目的是为了获得有关应试者全面、真实的材料，观察应试者的仪表、谈吐、行为以及沟通能力等。

2. 问题式面试

由主考官对应试者提出一个问题或一项计划，请应试者予以完成解决。其目的是为了观察应试者在特殊情况中的表现，以判断其解决问题的能力。

3. 自由式面试

即主考官海阔天空地与应试者交谈，让应试者自由地发表议论，尽量活跃气氛，在闲聊中观察应试者的能力、知识、谈吐和风度。

4. 压力式面试

由主考官有意识地对应试者施加压力，针对某一问题做一连串的发问，不仅详细，而且追根问底，直至无法回答。甚至有意识刺激应试者，看应试者在突如其来的压力下能否做出恰当的反应，以观察其机智程度和应变能力。

5. 综合式面试

由主考官通过多种方式综合考察应试者多方面的才能。如用外语同应试者会话以考察其外语水平，让应试者抄写一段文字以考察其书法，让应试者操作一下计算机等，考察电脑应用等各方面能力。

6. 情景式面试

情景式面试是指由招聘者事先设定一个情景，提出一个问题或一项计划，请求职者进入角色模拟完成，通过完成的效果来考察应聘者在分析问题、解决问题以及应变能力等方面的综合表现。这项面试不仅要求应聘者有丰富的专业知识，而且要具备良好的综合素质。

7. 隐蔽式面试

这是一种特殊形式的面试，主考官主要通过从暗中观察求职者的言行举止来评价应试者。这种方式因其隐蔽性可以使观察者获得应试者在自然状态下的真实表现，故收到一些用人单位的欢迎。而毕业生则常常因为其隐蔽性而放松警惕，有的甚至在这种面试中失败了也懵然不知。

(二)面试准备

招聘单位对应聘者的自荐材料进行审核并通过后，通知应聘人的面试时间和地点，应聘者应做的面试准备，包括了解用人单位基本情况资料，模拟面试时可能提出的问题，个人衣着形象设计等。

衣着仪表是一个人内在素养的外在表现，面试的着装要大方得体，符合时代、季节、场所、身份，与应聘职业相协调，还要体现自己的气质。化妆要淡雅、干净、明朗。面试前保证充足睡眠和愉快心情，使合适的衣着仪表与自己的精神状态相一致。

(三)面试基本礼仪

1. 较强的时间观念

提前到达面试地点，既表示了诚意，又可调整自己的心态。

2. 出入场要有礼貌

应试者应先敲门，在得到允许后才可以进入面试现场。应向用人单位问好致意，并做自我介绍，此时可以顺手递一份自荐材料，然后在用人单位许可后入座。坐姿要端正，不要有小动作，离去时应说“再见”，这些都是基本面试时的礼仪要求。

3. 在交谈过程中要认真聆听

不要左顾右盼，不要随意走动，不要未经允许随便翻阅用人单位的资料，有手机的要关掉，不要因为自己的不注意而影响面试时间和效果。举止要文雅大方，谈吐谦虚谨慎，态度积极热情。既能体现出你的个人修养，也会因为这些面试时的礼仪而加分。

4. 着装要得体

要求求职者装扮要大方得体，运动装、球鞋、背囊之类的都绝不适宜。勿穿新衣，勿浓妆艳抹，不要标新立异。整洁最重要，头发和指甲要干净、衣服要整齐、皮鞋要干净。

5. 握手应有技巧

注意姿势、伸手的顺序、握手的力度。

6. 恰当运用肢体语言

在面试时的礼仪中，用词内容占 7%，肢体语言占 55%，剩下的 38% 来自语音语调。因此，在面试中与面试官对视时，切忌目光躲闪、仔细聆听、面带微笑、措词严谨、回答简洁明了、精神风貌乐观积极。这些丰富的肢体语言和恰当的语音语调，势必会使你的面试锦上添花、事半功倍！

(四)面试时常见的经典发问

面试的发问不外乎两种类型：一是了解性提问，即了解你的基本情况、学习表现、应聘动机以及你对用人单位的认同情况等；二是测试提问，即测试你的专业知识、各种能力，如思维判断、应变、表达能力等。应聘者回答问题要有谦虚诚实的态度，要机智应变，要善于把自己引入有利形势，又要善于把自己从尴尬境地引开。据专家统计，面试时经常提出的问题大约 300 个，现列举 20 个经典发问。

- 谈谈你自己及家庭情况。
- 你有何特长和爱好？
- 谈谈你的主要优缺点。
- 你准备专升本(升学)吗？
- 你对你的学习成绩满意吗？为什么？
- 你为什么应聘我们单位，你的优势是什么？
- 我们单位不是最好的，你为什么还来应聘？
- 你找工作首要考虑的要素是什么？
- 你期望的薪资是多少？
- 你认为你适合什么工作岗位？

- 我们单位研究生、本科生较多，你作为高职生有何想法或打算?
- 我们录用这批员工计划安排在生产一线，你有何想法?
- 如果你看好的岗位不能录用你，是否同意调换其他岗位?
- 若不能录用你，你有何想法?
- 你的学习成绩为什么不太好?
- 你对工作地点有什么特殊要求吗?
- 我们单位不在大城市，你有何想法?
- 你的短期目标是什么?
- 你是如何评价成功的?
- 在校期间你参加过哪些社会实践，有什么收获和体会?

关于面试的内容可参阅就业指导方面专门书籍。

三、就业协议书签订

毕业生应聘成功后，要与用人单位签订由教育部统一制定的《全国普通高等学校毕业生就业协议书》(一式四份)，并经学校、政府毕业生就业主管部门签证审核后，编入当年的毕业生就业建议方案。

(一)毕业生就业协议书的作用

所谓协议，是指当事人之间确立、变更、终止民事权利和义务关系的法律行为。现行的毕业生就业协议书是教育部统一制订、由省教育厅印制的具有法律效力的书面文本，也是明确毕业生、用人单位、学校三方在毕业生就业工作中权利和义务关系的书面表现形式。就业协议书是高校毕业生与用人单位确立劳动关系的基本依据，对毕业生本人、用人单位、培养高校均有约束力，也是学校落实、汇总、上报毕业生就业建议方案的唯一依据。毕业生参加各种招聘会、就业市场等应聘活动，凡被用人单位录用的均需签订由教育部统一制订、由省教育厅印制的就业协议书。

(二)签订毕业生就业协议书的要求

签约双方必须遵守国家的有关法律、法规和教育部的有关规定，坚持公开、公平、公正的原则，提倡诚实守信。

毕业生应按国家和省毕业生就业政策规定就业，向用人单位如实介绍自己的情况，了解单位的用工意图，表明自己的就业意向，对用人单位的要求，可在“毕业生对用人单位约定”一栏注明。

用人单位要如实介绍本单位的情况，明确对毕业生的要求及使用意图，做好各项接收工作。凡取得毕业资格的毕业生，用人单位不得以学习成绩为由提出违约，未取得毕业资格的结业生若与用人单位签订本协议，用人单位应同时出具同意接收结业生的证明。用人单位如对毕业生有其他要求可在“用人单位对毕业生约定”一栏注明。

学校要如实向用人单位介绍毕业生的情况，做好推荐工作，用人单位签订协议后，由学校审核汇总并报省毕业生就业主管部门鉴定或国家教育部批准，列入就业方案下达执行，学校负责到省毕业生就业主管部门办理派遣手续。

学校应在学生毕业前安排体检，不合格者不派遣，本协议自行取消，由学校通知用人单位。如用人单位对毕业生身体条件有特殊要求，原则上应在签订协议前进行单独体检，否则，以学校体检为准。

协议书经各方签字、盖章后生效。三方都应严格履行本协议，若有一方提出变更协议，须征得另两方同意，由违约方承担违约责任。

协议书一式四份，毕业生、用人单位、学校、省毕业生就业主管部门各执一份，复印无效。此协议经鉴定后方可纳入就业方案，予以派遣。

(三)毕业生就业协议书的签订步骤

1. 要约

毕业生参加各地招聘会或向用人单位寄发书面材料，用人单位收到毕业生材料，对毕业生进行考察后，表示同意接收并将回执寄到高校毕业生就业工作部门或毕业生本人，即为要约。

2. 承诺

毕业生收到用人单位回执或通过其他方式得到用人单位答复后，从中做出选择，与用人单位签订协议，即为承诺。

由于毕业生就业工作比较繁琐，比较具体，很难具体分清要约和承诺两个步骤。例如，有的毕业生参加公务员考试，达到面试线后，到用人单位参加面试、体检，用人单位也对毕业生进行政审阅档，表示同意接收，在这种情况下，毕业生应与用人单位签订就业协议，而不应该再选择其他单位。再比如，用人单位到学校挑选毕业生，毕业生自己主动报名，经学校积极推荐，用人单位也表示同意接收，但要回到单位后再正式发函签订协议，在这种情况下，毕业生应该安心等待与用人单位签约，而不能以未正式签约为由，再选择其他单位。

（四）签订毕业生就业协议应注意的问题

1. 全面了解就业政策规定

要认真地了解和掌握国家和地方政府的就业政策和学校的就业规定。政策和规定是指引毕业生择业的方向，规定毕业生择业的行为，毕业生从中可了解其可以做什么，不可以做什么，或者怎样去做。毕业生首先应该清楚自己是哪种培养方式的毕业生，这样才能明确自己择业的方向。在实践中，有些毕业生只要单位好，不管政策是否允许，就签订了，结果学校在办理协议书鉴定时未通过。

2. 深入理解条款内容，手续要完备

就业协议书是毕业生就业主管部门制订就业方案的主要依据，要求其手续必须完备。毕业生在与用人单位签订就业协议书前，要认真阅读协议书中的全部条款，特别是要清楚用人单位提出的附加条款，并了解清楚条款的内容和含义，同时还要学会运用条款和掌握签订就业协议书的步骤。特别要了解用人单位有无独立的用人权，以及用人单位的上级主管单位和部门是谁。如果用人单位没有独立的用人权，除了用人单位盖章外，还必须有其上级主管部门的公章。否则，由于用人单位的上级主管单位或主管部门不认可，就不能纳入就业方案，所签协议书不能生效。

3. 注意所约定条款的合理性和可接受性

目前高校毕业生使用的就业协议书是由教育部统一印制的，由于地区不同、用人单位之间存在着差异和各自情况的不同，协议书中不可能规定得很全面、详细，许多内容要靠毕业生与用人单位约定。但是，毕业生在与用人单位进行约定的时候要注意：约定的条件是否合理；约定的条款毕业生本人能否承受（例如，对于违约问题，有的用人单位为了惩罚违约的毕业生，约定的违约金数额过高，使学生难以承受）；毕业生与用人单位约定的备注条款，必须有毕业生和用人单位双方的签字，否则当发生争议时，备注条款很难发生作用。

4. 毕业生只能与一个用人单位签订就业协议书

学校毕业生就业主管部门在毕业生签订就业协议书过程中实行其监督和管理职责，并依据国家和省的有关政策对毕业生就业流向实施必要的调控，所以毕业生签订就业协议书必须在有关政策和规定范围内进行。

5. 注意劳动合同的衔接

一般到用人单位报到后毕业生要和用人单位签订劳动合同，因此在签约前了解劳动合同的内容十分必要，尤其重要的是合同书的工作年限、试用期和待遇等关键问题。注意就业协议书中双方约定的内容与未来劳动合同内容的衔接。最好是将违约责任、服务期限、试用期、工资待遇、有关社会保险等内容以补充条款形式约定，以免报到后发生纠纷，遭受不必要的损失。

6. 试用期和见习期的时间

外企、合资企业、私企一般采用试用期，根据合同的长度，可以是 1～3 个月不等，通常试用期为 3 个月，不得超过 6 个月。国家机关、高校、研究所一般采用见习期，通常为 1 年。试用期和见习期只取其中之一。

7. 对于切身利益的说明

如是否允许考研，工作合同期限，转正后的报酬，是否按国家规定为自己缴纳有关保险等。

8. 履行学校审核程序

在与用人单位签约后，一定要将协议书交学校审核，并由学校在相应栏目中签署意见后方能纳入学校的建议就业方案，毕业生与用人单位的协议因无校方的意见、签章而不具备法律效力。

9. 弄清招聘委托机构资质

有许多用人单位委托派遣服务中介公司招收员工，毕业生在与派遣服务中介公司签订《就业协议书》时，首先要弄清楚其资质，避免陷入签约陷阱。

四、报到手续办理

学校上报的毕业生就业建议方案经省级毕业生就业主管部门审定后，打印《就业报到证》，毕业生领取报到证后，在规定的期限内到就业单位报到。用人单位凭《就业报到证》按当地有关要求和规定办理档案接收手续和户口关系。

（一）报到证及其作用

《全国普通高等学校本专科毕业生就业报到证》（以下简称《报到证》，见图8-1）由国家教育部印制，并由教育部授权各省（自治区、直辖市）主管普通高等学校毕业生就业调配部门审核签发（报到证分上下两联，上联为蓝色交毕业生本人报到使用，下联为白色也叫通知书由学校装入毕业生档案），是只有列入国家或省毕业生就业方案的普通高校毕业生才能持有的有效报到证件。

经过国家普通高等学校统一招生考试而被录取的，在校期间成绩合格准予毕业的毕业生，与用人单位签订《就业协议书》（或回生源地就业）的毕业生经学校毕业生就业主管部门汇总、审核后，纳入省高校毕业生就业方案，由省毕业生就业主管部门签发《报到证》，毕业生持《报到证》到接收单位或生源地毕业生就业主管部门报到并办理有关手续。在择业期两年内，符合上述条件的毕业生均可申请办理《报到证》。

报到证的作用：到接收单位报到的凭证；证明持证毕业生是纳入国家普通高等学校统一招生考试而被录取的学生；凭就业报到证及其他有关材料办理迁移毕业生人事档案、户口关系（入学时没有办理户口迁移关系的毕业生如在异地就业，持《报到证》办理户口迁移手续）；毕业生报到后，持《报到证》及接收单位有关证明到当地公安部门办理落户手续；持《报到证》到有关部门办理自主创业手续及减免有关税费；待就业毕业生可凭《报到证》到毕业生就业主管部门或人才服务机构办理就业代理手续。毕业生到接收单位报到后，《报到证》由单位人事部门存档。工作以后如发生工作变动，《报到证》是新单位接收的重要依据之一。

《报到证》也是毕业生办理调整改派手续的重要材料。《报到证》如不慎遗失，可持本人申请、毕业证、身份证原件，到省教育厅毕业生主管部门，补办《报到证》或遗失证明。

注意事项

一、本证由中华人民共和国教育部及省、自治区、直辖市高校毕业生调配部门签发，毕业生凭证到工作单位报到，其他证件无效。

二、毕业生应妥善保管本证，如有遗失，应立即向发证部门申请补发新证。

三、毕业生报到后，持本证及接收单位有关证明到当地公安部门报户口，本证交工作单位留存。

四、本证涂改无效。

全国普通高等学校本专科毕业生就业

报 到 证

中华人民共和国教育部印制

MMIV 0763882

全国普通高等学校本专科毕业生就业报到证________________

__________：

按照国家制定的　　　年高等学校毕业生就业方案，现有

　　　　　（校）毕业生

性别　　　　　　到你处报到

高校毕业生调配部门章

年　　月　　日

专　业			
学　历		修业年限	
报到地址			
档案材料			
报到期限	自　　年　　月　　日 至　　年　　月　　日		
备　注			
（　　　　）毕字第（　　　）号			

图 8-1　全国普通高等学校本专科毕业生就业报到证

（二）落户手续办理

（1）高校毕业生在毕业两年内凭毕业生就业主管部门签发的《全国普通高等学校毕业生就业报到证》《毕业生就业派遣介绍信》《落户介绍信》及毕业生

户口迁移证明即可办理落户手续；两年后凭用人单位录(聘)用手续、劳动合同、《普通高等学校毕业证书》和毕业生户口迁移证明办理落户手续。

(2)对毕业离校时尚未落实就业单位的高校毕业生，本人要求人事档案保留在学校的，学校要按规定免费保管两年。两年后仍未落实就业单位的，可将毕业生档案转回入学前户籍所在地，由公安部门办理落户手续。

毕业生报到要及时办理落户手续，毕业生持《户口迁移证》不落户，无法办理居民身份证。如居民身份证丢失，将无法办理银行卡挂失等手续。另外，目前国家很多社会行政管理政策都与户口有密切关系，如政治权利、计划生育、民政、劳动和社会保障、教育、邮政、金融、通信、交通等方面。如未在规定时间落户，个人权益得不到保障。出国出境、结婚登记都将受到影响。

《户口迁移证》丢失的毕业生，应先到《户口迁移证》写明的迁入地的公安机关，办理未在该地落户的《未落户证明》，然后持《未落户证明》到原《户口迁移证》签发地的公安机关补发《户口迁移证》。

(三)毕业生档案管理与转递

1. 毕业生档案内容与作用

毕业生档案是学生在校期间各方面表现的记录，是学校对学生进行管理考察的重要依据。毕业生档案内容包括：

①高等学校毕业生登记表；
②《全国普通高校本专科毕业生就业通知书》；
③学生成绩单(学籍表)；
④高考材料(考生正卷、副卷)；
⑤党团材料；
⑥身体检查表；
⑦奖惩材料；
⑧实习鉴定表、社会实践记录、毕业论文、实习总结报告等。

档案的作用主要体现在为用人单位人力资源部门选聘和调配使用人员提供重要依据。档案是个人经历、思想品德、学习业务能力和工作表现的历史记录，通过档案可以清楚地了解一个人过去的各方面表现。档案也是毕业生享受相关人事、劳动、社会保障服务(如办理社会保险、失业保险)等的重要凭证。另外，个人档案记录的工龄、工资、福利待遇、担任职务及社保参保年限等对每个人来说都至关重要。有的毕业生误以为既然国家相关政策规定，毕业生暂时找不到就业单位的，其档案可以由学校保存两年，就无须再到人才代理机构托管档案了。其实，学校保存的只是你的“学籍档案”，而真正发挥作用的恰是你的“人事档案”，你以后的转正定级、职称评定等相关事宜都是由学籍档案转换成人事档案后才能进行的。而按国家政策规定，大中专毕业生毕业(以报到证上人事部门签署日期为准)一年后，即可由所在单位人事部门或委托的人才市场批准进行转正定级；本科毕业生毕业工作一年(以报到日期计)、大中专毕业生毕业工作满三年可申报初级职称，由所在单位人事部门或委托的人才市场负责办理。由此可见，学校保存的学籍档案只是“存放”，起不到任何作用。所以毕业生对档案的托管、使用不能忽视。

2. 毕业生档案转递

对已落实就业单位，并且单位有档案管理资格的高校毕业生，可将档案直接转移到接收单位；对已落实就业单位，单位没有档案管理资格的毕业生，可将档案转移至单位所在地的市人才服务机构或就业服务中心；对考取研究生、升入本科学校的应届毕业生，可将档案直接转移到录取学校；对未就业且申请回生源地的高校毕业生，可将其档案转移回所在省或地级市的高校毕业生就业主管部门；对参加项目就业的毕业生，按照相关组织实施单位的有关要求，转接档案；对参加人事或就业单位代理的高校毕业生，要将其档案转移到人事或就业代理机构。

高校毕业生就业于个体、民营等无档案管理资格和不需要毕业生个人档案的企、事业单位，或者选择个人创业、出国留学和移民等，无法落实档案关系。为了避免发生档案滞留、自带或弃用等现象，毕业生可向省高校毕业生就业创业服务中心提出就业代理申请。由省高校毕业生就业创业服务中心为毕业生提供相关服务。根据申请，协助办理转正定级、职称评定等，解决毕业生无法落实档案关系的后顾之忧。

为保证档案转移的安全和保密，档案转递方式一般为机要传递或管档机构专人提取，不可邮寄或个人携带。为了保证档案转移的准确和有序，应有档案去向记录，包括毕业生个人信息、毕业去向、档案去向及办理人签名等内容。毕业生档案接收机构必须具有人事档案管理资格，不可随意将毕业生档案转递至无管理档案资格的单位、机构或交由学生本人自带。

(四)党员关系的接转

1. 学习或工作单位已经落实的毕业生党员

凡党员所去单位已建立党组织的，应当将党员组织关系转移到单位党组织；单位未建立党组织的，应当将党员组织关系转移到单位所在地或其居住地党组织，也可以转移到行业主管部门党组织，或县以上政府人事(劳动)部门所属的人才(劳动)服务机构党组织。

2. 尚未落实就业单位的毕业生党员

尚未落实工作单位的党员，应将党员组织关系转移到本人或父母居住地的街道、乡镇党组织、父母工作单位党组织或随同档案转移到县以上政府人事(劳动)部门所属的人才(劳动)服务机构党组织。但在转移组织关系前必须与转入单位联系协商，经同意后方可转入。

(五)毕业生就业调整改派

1. 调整改派条件

毕业生改派的受理对象是派遣时未落实具体就业单位的或用人单位违约的毕业生。到用人单位报到的毕业生，学校原则上一律不予调整改派。已拿到报到证而未报到的毕业生如果要申请就业调整，必须先办理好违约手续，学校才可能受理其就业调整改派事宜。在省内回本市就业，在本市市属用人单位之间调整的毕业生，由省或各市毕业生就业主管部门办理改派手续；跨省内各地级市、跨部委、跨省(自治区、直辖市)调整的，由学校所在地区省级毕业生就业主管部门办理改派手续；按照国家规定，毕业生派遣及调整改派须在规定时间(毕业后两年)内办理，逾期不再办理调整改派手续。

2. 调整改派提供的材料

(1)毕业时已落实就业单位，又申请改派回生源地[人社局或教育局(师范专业)]的，须持以下材料：

①《报到证》原件；
②退函，由原接收单位(报到证上打印的单位)说明辞退毕业生的原因；
③原毕业院校毕业生就业主管部门出具的意见。

(2)毕业时已落实就业单位，又申请改派至其他就业单位的，须持以下材料：

①《报到证》原件；
②退函，由原接收单位(报到证上打印的单位)说明辞退毕业生的原因；
③毕业生与新的就业单位签订的《就业协议书》；
④原毕业院校毕业生就业主管部门出具的意见。

(3)毕业生未落实就业单位，派至人事代理机构或派回生源地[人社局或教育局(师范专业)]，申请改派至其他就业单位的，须持以下材料：

①《报到证》原件；
②人事代理机构或生源地毕业生就业主管部门[人社局或教育局(师范专业)]出具的同意改派的意见；
③毕业生与新的就业单位签订的《就业协议书》。

(六)见习期和转正定级

见习期一般指行政、事业单位对刚刚接收的毕业生有计划、有组织、有目的地进行考察，进而在思想、业务等方面给予指导和帮助，使毕业生尽快适应工作需要的制度。见习期为一年。毕业生到单位报到之日起满一年后，见习合格后，所在单位给予办理转正定级手续，归入个人档案。

对入学前已从事一年以上有关专业实际工作的，经所在单位批准，可免去见习期。如果见习期满，达不到见习要求的，可延长见习期半年到一年，或者降低工资标准；表现特别不好的，可予以辞退，由学校重新分配。从性质上看，见习期也是一种试用期。企业招聘录用高校毕业生不得约定见习期。

国家规定，对见习期满，经考核合格的毕业生，可根据其学历，直接确定相应的专业技术职务，不受指标的限制。大、中专毕业生确定专业技术职务的具体规定是：

①中专毕业，见习期满，可聘任为“员”级专业技术职务；
②大专毕业，见习期满，再从事本专业技术工作两年，可聘任为“助师”级专业技术职务；
③大学本科毕业，见习期满，可聘任为“助师”级专业技术职务；

④硕士学位获得者，从事本专业技术工作三年，可聘任为中级专业技术职务；

⑤博士学位获得者，可聘任为中级专业技术职务。

对于档案放在人事代理机构的毕业生，自报到证签发之日起工作满一年后可在档案所在地领取《高等院校毕业生转正定级审批表》，申请办理转正定级。这样才能得到全国各地人才服务机构的互认，这不仅是考公务员或进入事业单位核定工资标准的主要依据，也是办理异地调动手续的必备条件。此外，到外地工作要将档案挂靠在公用就业服务机构，这样既不影响在当地工作，也不影响职称"晋级"，工龄还能持续计算，一旦有更好的就业机会，可以顺畅地完成衔接。

(七)人事代理

1. 人事代理服务内容

人事代理是指由政府批准的人事档案管理机构(各类人才服务机构)，按照国家有关人事、劳动等政策法规要求，接受单位和个人委托，为多种所有制经济尤其是非公有制经济单位及各类人才办理：

①人事档案管理；
②因私出国政审；
③在规定的范围内申报或组织评审专业技术职务任职资格；
④转正定级和工龄核定；
⑤大中专毕业生接收手续；
⑥其他需经授权的人事代理事项。

2. 人事代理方式

人事代理方式可由单位集体委托代理，也可由个人委托代理；可多项委托代理，也可单项委托代理；可单位全员委托代理，也可部分人员委托代理。

对于离校时已落实工作单位的高校毕业生，其人事代理由毕业生的接收单位统一负责委托管理；对于离校时未就业、自主创业或灵活就业的高校毕业生，可以个人委托政府批准的人事代理机构办理委托管理。

3. 就业人事代理办理程序

毕业生毕业后因灵活就业、自主择业、到落户受限制地区就业、出国、考研等，暂时无法解决个人档案、户籍的保管或接转，可以选择参加就业(人事)代理。

省内院校毕业生离校前，根据毕业生本人意愿，可由毕业院校同意组织办理就业(人事)代理手续。参加就业(人事)代理的毕业生，需与提供代理服务的机构签订代理协议。

在离校后毕业生个人办理就业(人事)代理，可到经人力资源与社会保障部门批准的各级代理机构办理，并签订代理协议。

五、劳动合同签订

(一)签订劳动合同的必要性

劳动合同是劳动者与用人单位确立劳动关系、明确双方权利和义务的协议，与其他合同相比，劳动合同有着特定的主体，一方是劳动者，一方是用人单位。劳动合同的内容明确了双方在劳动关系中的权利和义务。签订劳动合同有利于劳动者保护自己的合法权益，有利于建立和谐稳定的劳动关系，有利于劳动力的合理流动。毕业生到用人单位报到后，就业协议书即失效，应尽快与用人单位签订劳动合同。劳动合同是受《中华人民共和国劳动法》(以下简称《劳动法》)和《中华人民共和国劳动合同法》(以下简称《劳动合同法》)的限定和保护，由用人单位和毕业生个人所签订的双方合同。《劳动合同法》规定：建立劳动关系，应订立书面劳动合同，已建立劳动关系，未同时订立书面合同的，应当自用工之日起一个月内订立书面劳动合同。毕业生在签订劳动合同时，要关注下列条款：工作(劳动合同)期限、工作岗位和工作内容、劳动保护和工作条件、工资报酬和福利待遇、违反劳动合同的责任及各种保险等，以防用人单位通过有意的“疏漏”侵犯毕业生的合法权益。

(二)签订劳动合同内容及要求

1. 劳动合同具备的条款内容

根据《劳动合同法》规定，劳动合同应当具备以下条款：

①用人单位的名称、住所和法定代表人或者主要负责人；
②劳动者的姓名、住址和居民身份证或者其他有效身份证件号码；
③劳动合同期限；
④工作内容和工作地点；
⑤工作时间和休息休假；
⑥劳动报酬；
⑦社会保险；
⑧劳动保护、劳动条件和职业危害防护；
⑨法律、法规规定应当纳入劳动合同的其他事项。

2. 劳动合同订立要求

《劳动合同法》第三条规定："订立劳动合同，应当遵循合法、公平、平等自愿、协商一致、诚实信用的原则。"依法订立的劳动合同具有约束力，用人单位与劳动者应当履行劳动合同约定的义务。劳动合同由用人单位与劳动者协商一致，并经用人单位与劳动者在劳动合同文本上签字或者盖章生效。劳动合同文本由用人单位和劳动者各执一份。

3. 劳动合同范本举例

编号______________
姓名______________

云南省劳动合同书
云南省劳动和社会保障厅印制

签订劳动合同须知

一、本劳动合同样本依据《中华人民共和国劳动法》《中华人民共和国劳动合同法》及劳动和社会保障部、云南省的有关规定制定。

二、订立劳动合同应当遵循合法、公平、平等自愿、协商一致、诚实信用的原则。

三、劳动合同应当用钢笔或毛笔认真填写。有约定事项的，经审查备案编号，双方签字盖章，以活页形式插入。劳动合同内容不得涂改。未经合法授权代签无效。

四、劳动合同依法订立后具有约束力，用人单位与劳动者应当按照劳动合同的约定，全面履行各自的义务。

五、劳动合同期限内合同条款发生变更或者劳动合同期满需续订的，应将签订的相关“协议书”附后。

甲方（用人单位）简明情况

<table>
<tr><td>名称</td><td colspan="3"></td></tr>
<tr><td>地址</td><td colspan="3"></td></tr>
<tr><td>所有制性质</td><td></td><td>法定代表人</td><td></td></tr>
<tr><td>备注</td><td colspan="3"></td></tr>
</table>

乙方（劳动者）简明情况

<table>
<tr><td>姓名</td><td></td><td>性别</td><td></td><td>出生年月</td><td></td><td rowspan="4">照片</td></tr>
<tr><td>民族</td><td></td><td>文化程度</td><td></td><td>籍贯</td><td></td></tr>
<tr><td colspan="2">居民身份证号码</td><td colspan="4"></td></tr>
<tr><td colspan="2">职称或技术等级</td><td></td><td>技术专长</td><td colspan="2"></td></tr>
<tr><td>住址</td><td colspan="6"></td></tr>
<tr><td rowspan="7">本人简历（包括主要学历）</td><td colspan="3">年　月至　年　月</td><td colspan="3">在何处任何职（工种）</td></tr>
<tr><td colspan="3"></td><td colspan="3"></td></tr>
<tr><td colspan="3"></td><td colspan="3"></td></tr>
<tr><td colspan="3"></td><td colspan="3"></td></tr>
<tr><td colspan="3"></td><td colspan="3"></td></tr>
<tr><td colspan="3"></td><td colspan="3"></td></tr>
<tr><td colspan="3"></td><td colspan="3"></td></tr>
</table>

一、劳动合同期限

第一条　固定期限：本合同期限自____年____月____日起至____年____月____日止。其中，试用期自______年____月____日起至______年____月____日止。

无固定期限：本合同期限自____年____月____日起。其中，试用期自______年____月____日起至____年____月____日止。

以完成______________________________等工作任务为期限：本合同自

______年____月____日起，预计至____年____月____日止。工作任务完成经甲方验收后，则本合同即行终止。

二、工作内容和工作地点

第二条 甲方安排乙方的工作岗位(工种)为________________________________，工作地点为________________________________，因生产工作需要，甲乙双方协商一致，可以变更岗位(工种)以及工作地点。

三、劳动保护、劳动条件和职业危害防护

第三条 甲方应当遵守国家法律法规，依法建立和完善劳动规章制度，保障乙方享有劳动权利、履行劳动义务。乙方应当自觉维护国家利益和甲方的合法权益，遵守甲方依照国家法律法规制定的各项规章制度，在本岗位的职责范围内，服从甲方的工作安排。

第四条 甲方依法为乙方提供符合国家规定的劳动安全卫生条件和必要的劳动防护用品。对从事有职业危害作业的，按国家规定进行定期健康检查。乙方应当认真履行工作职责，爱护生产工具和设备，按时、按质、按量地完成甲方规定的工作任务或劳动定额。

第五条 甲方对乙方进行安全教育，为乙方提供本职工作所必需的职业技能培训。

第六条 乙方应当保守甲方的商业秘密。对违反保密义务给甲方造成损失的，要承担经济赔偿责任。

四、工作时间和休息休假

第七条 甲方安排乙方执行________________工作制。

执行定时工作制的，甲方安排乙方每日工作时间不超过8小时，平均每周不超过40小时。甲方保证乙方每周至少休息一日。甲方由于工作需要，经与工会和乙方协商后可以延长工作时间，一般每日不得超过1小时，因特殊原因需要延长工作时间的，在保障乙方身体健康的条件下延长工作时间每日不得超过3小时，每月不得超过36小时。

执行综合计算工时工作制的，平均日和平均周工作时间不超过法定标准工作时间。

执行不定时工作制的，在保证完成甲方工作任务情况下，工作和休息休假由乙方自行安排。

第八条 甲方执行《中华人民共和国劳动法》第四章及国家关于休息休假

的相关规定，保障乙方的休息休假权利。

五、劳动报酬

第九条　乙方在法定工作时间内为甲方提供了正常劳动后，甲方以货币形式按时支付不低于省人民政府规定的最低工资标准的工资。在履行合同期间，甲方支付给乙方的工资为：________。其中，试用期工资为：______。

第十条　非乙方原因造成的待岗，在待岗期间，甲方支付给乙方基本生活费，其标准为：______________。

第十一条　履行劳动合同期间，甲方视生产经营情况和乙方的工作实绩，按甲方的有关规定调整乙方的劳动报酬。

六、社会保险和福利待遇

第十二条　甲方依法为乙方缴纳各种社会保险，属乙方个人缴纳部分，由甲方从乙方工资中代为扣缴，甲方接受乙方对缴纳情况的查询。

第十三条　乙方履行合同期间，患病、负伤、因工伤残、患职业病、退休、死亡以及女职工生育等社会保险及福利待遇，按照国家法律法规及甲方依法制定的劳动规章制度执行。

七、劳动合同的解除、终止和续订

第十四条　履行合同期间，甲乙双方若需解除或者终止劳动合同，应当按《中华人民共和国劳动合同法》第四章的有关条款执行。

第十五条　符合《中华人民共和国劳动合同法》第四十六条规定情形的，甲方应当向乙方支付经济补偿。经济补偿在双方当事人办理工作交接时支付。

第十六条　固定期限的劳动合同期满前30日，甲方应将终止或续订劳动合同的意向通知乙方。届时办理终止或续订手续。

第十七条　甲方在解除或者终止劳动合同时为乙方出具解除或者终止劳动合同的证明，并在15日内为劳动者办理档案和社会保险关系转移手续。乙方应当按照双方约定办理工作交接。

八、约定事项

第十八条　经双方协商一致，约定以下款项：(选择打“√”)

(一)见插入的活页(略)　　　　　　(二)　无

九、其他

第十九条　甲乙双方履行本合同期间如发生劳动争议，应当平等协商解决，协商无效时，可按法定程序申请调解、仲裁、提起诉讼。

第二十条　合同期内，所定条款与国家颁布的劳动法律法规不符的，甲乙双方均应按新规定执行。

第二十一条　本劳动合同一式三份，甲乙双方各执一份，存乙方档案一份，自签订之日起生效。

甲方：(盖章)　　　　　　　　　　　乙方：(签字)

法定代表人(委托代理人)：(签章)

合同签订日期：

劳动用工登记机关盖章：

劳动用工登记日期：

六、劳动者权益保护

根据《劳动法》和《劳动合同法》及有关法规，现列举一些保护劳动者权益相关的内容。

(一)劳动者的权利与义务

劳动者享有平等就业和选择职业的权利、取得劳动报酬的权利、休息休假的权利、获得劳动安全卫生保护的权利、接受职业技能培训的权利、享受社会保险和福利的权利、提请劳动争议处理的权利以及法律规定的其他劳动权利。

劳动者应当完成劳动任务，提高职业技能，执行劳动安全卫生规程，遵守劳动纪律和职业道德。

(二)劳动者权益保护常见问题

1. 关于订立劳动合同

鉴于用人单位不予劳动者签订书面劳动合同的情况较为普遍，毕业生的权益极易受到侵害，《劳动合同法》规定“建立劳动关系，应当订立书面劳动合同”。大学毕业生求职就业要特别注意这一环节。《劳动合同法》强调了用人单位在订立书面劳动合同方面的义务，并将这些义务具体化。

第一，劳动合同应当在建立劳动关系的一个月内订立；第二，用人单位自用工之日起超过一个月不满一年未与劳动者订立书面劳动合同的，应当向劳动者每月支付两倍的工资；第三，用人单位自用工之日起满一年不与劳动者订立书面劳动合同的，视为用人单位与劳动者已订立无固定期限劳动合同；第四，用人单位未在用工的同时订立书面劳动合同，与劳动者约定的劳动报酬不明确的，新招用的劳动者的劳动报酬按照集体合同规定的标准执行，没有集体合同或者集体合同未规定的，实行同工同酬；第五，劳动合同由用人单位与劳动者协商一致，并经用人单位与劳动者在劳动合同文本上签字或者盖章生效。

劳动合同文本由用人单位和劳动者各执一份。如果用人单位提供的劳动合同文本未载明必备条款，或者用人单位未将劳动合同文本交付劳动者的，由劳动行政部门责令改正；给劳动者造成损害的，应当承担赔偿责任。

2. 关于拒绝录用毕业生

人力资源和社会保障部颁布的《就业服务与就业管理规定》第十六条规定：“用人单位在招用人员时，除国家规定的不适合妇女从事的工种或者岗位外，不得以性别为由拒绝录用妇女或者提高对妇女的录用标准。用人单位录用女职工，不得在劳动合同中规定限制女职工结婚、生育的内容。”

另外，如果用人单位强查乙肝血清学指标将要承担法律责任。也就是说，用人单位违反《就业服务与就业管理规定》第十九条第二款规定，在国家法律、行政法规和国务院卫生行政部门规定禁止乙肝病原携带者从事的工作岗位以外招用人员时，将乙肝病毒血清学指标作为体检标准的，由劳动保障行政部门责令改正，并可处以1000元以下的罚款；对当事人造成损害的，应当承担赔偿责任。

3. 关于试用期

试用期是用人单位与毕业生在劳动合同中约定的相互适应的时间阶段。试用期的开始也是劳动关系的开始。试用人员在试用期，应该与用人单位本着平等自愿、协商一致的原则签订合同加以约定。《劳动合同法》第十九条规定：“劳动合同期限三个月以上不满一年的，试用期不得超过一个月；劳动合同期限一年以上不满三年的，试用期不得超过二个月；三年以上固定期限和无固定期限的劳动合同，试用期不得超过六个月。同一用人单位与同一劳动者只能约定一次试用期。以完成一定工作任务为期限的劳动合同或者劳动合同期限不满三个月的，不得约定试用期。试用期包含在劳动合同期限内。劳动合同仅约定试用期的，试用期不成立，该期限为劳动合同期限。”

有些不良用人单位在试用期内常会设下陷阱，一般主要有以下几种。

(1)试用期不签订劳动合同

试用期原本是用人单位与劳动者为相互了解对方而约定的考察期，然而却成了很多用人单位降低人工成本、使用廉价劳动力的一个堂而皇之的借口。部分用人单位在试用期不与毕业生签订劳动合同，在试用期满后以各种理由辞退应聘者。这使应聘的毕业生白白付出大量的时间和精力，也错过最佳就业期，造成很大损失。

(2)试用期内随意解除劳动合同

劳动者勤勤恳恳地在用人单位工作三个月，眼看试用期将满，没有收到转正通知，却得到因不符合录用条件而被辞退的消息。这种情况在毕业生就业时也十分多见，也是用人单位不合法的用工方式。

根据《劳动合同法》规定，劳动者在试用期间被证明不符合录用条件的，用人单位可以解除劳动合同，但这并不意味着用人单位可以在试用期内随意辞退劳动者。用人单位可解除劳动合同的条件是必须举证证明劳动者在试用期间不符合录用条件，如果用人单位没有证据证明劳动者在试用期间不符合录用条件，就不能解除劳动合同。否则，需承担因违法解除劳动合同所带来的一切法律后果。

(3)“试用期”等于“白用期”

以前很多毕业生对劳动法律法规不了解，以为试用期就应该拿低工资或者没有劳动报酬，这是一种误解。基于劳动关系的劳动应当得到相应的劳动报酬，《劳动合同法》第二十条对此明确规定：“劳动者在试用期的工资不得低于本单位相同岗位最低档工资或者劳动合同约定工资的百分之八十，并不得低于用人单位所在地的最低工资标准。”这意味着，今后用人单位不能再让应届毕业生做廉价劳动力；而毕业生也可以依法维护自己在试用期应得的劳动报酬。

4. 关于约定违约金

用人单位利用其优势地位，常常预先在劳动合同中设定高额违约金，限制劳动者在职业上的自由流动，也侵害了劳动者的择业自主权，并由此引发大量劳动争议。《劳动合同法》对违约金条款给予了严格的限制，明确规定只有两类劳动者可以在劳动合同中约定违约金。

(1)用人单位为劳动者提供专项培训费用，对其进行专业技术培训的，可以与该劳动者订立协议，约定服务期。如果劳动者违反服务期约定的，应当按照约定向用人单位支付违约金。但违约金的数额不得超过用人单位提供的培训费用。

(2)对负有保守商业秘密和知识产权义务的高级管理人员、高级技术人员和其他负有保密义务的人员，用人单位可以与之约定竞业限制，如劳动者违反竞业限制的约定，应当按照约定支付违约金。

除这两类劳动者外，用人单位不得与劳动者约定由劳动者承担违约金。

5. 关于求职时提供担保或收取财物问题

少数用人单位为谋取钱财，采用招聘途径，通过向求职者收取招聘费、培训费、押金或服装费等，获取不当收益。一些毕业生求职时会遇到这种情况，参加面试时，公司告知要参加培训，考试合格后方能录用，培训费自付。但当培训结束后，用人单位会以条件不符、考试不合格等原因而不予录用。或者用人单位称会给予毕业生职位，但须缴纳抵押金。大学毕业生急于得到工作，轻易地交出钱财。而当劳动者提出辞职时，用人单位却拒绝退还抵押金。

《劳动合同法》第九条规定：“用人单位招用劳动者，不得扣押劳动者的居民身份证和其他证件，不得要求劳动者提供担保或者以其他名义向劳动者收取财物。”该法加大了对扣押劳动者的居民身份证和收取押金等行为的处罚力度。

《劳动合同法》第八十四条规定，扣押劳动者居民身份证等证件的，由劳动行政部门责令限期退还劳动者本人，并依照有关法律规定给予处罚。用人单位以担保或者其他名义向劳动者收取财物的，由劳动行政部门责令限期退还劳动者本人，并以每人500元以上2000元以下的标准处以罚款；给劳动者造成损害的，应当承担赔偿责任。

6. 关于工作加班的工资报酬

《劳动法》第四十四条规定：有下列情形之一的，用人单位应当按照下列标准支付高于劳动者正常工作时间工资的工资报酬：

①安排劳动者延长工作时间的，支付不低于工资的150%的工资报酬；

②休息日安排劳动者工作又不能安排补休的，支付不低于工资的200%的工资报酬；

③法定休假日安排劳动者工作的，支付不低于工资的300%的工资报酬。

7. 关于解除劳动合同

《劳动法》第三十一条规定：“劳动者解除劳动合同，应当提前30日以书面形式通知用人单位。”

第三十二条规定有下列情形之一的，劳动者可以随时通知用人单位解除劳动合同：

①在试用期内的；
②用人单位以暴力、威胁或者非法限制人身自由的手段强迫劳动的；
③用人单位未按照劳动合同约定支付劳动报酬或者提供劳动条件的。

8. 关于劳动争议

(1)劳动争议的种类

劳动争议是劳动关系当事人之间因劳动的权利与义务发生分歧而引起的争议，又称劳动纠纷。根据《劳动法》和《企业劳动争议处理条例》规定，主要包括下列争议：

①因企业开除、除名、辞退职工和职工辞职、自动离职发生的争议；
②因执行国家有关工资、保险、福利、培训、劳动保护的规定发生的争议；
③因履行劳动合同发生的争议；
④法律法规规定应当受理的其他劳动争议。

其中，“辞退职工”既包括因违纪被企业辞退的职工，也包括国家和地方劳动法规规定的因其他原因予以辞退的职工。“工资”是指按照国家统计局规定应统计在职工工资总额中的各种劳动报酬，包括标准工资、有规定标准的各种奖金、津贴和补贴。“保险”是指社会保险，包括工伤保险、医疗保险、生育保险、失业保险、养老保险和病假待遇、死亡丧葬抚恤等社会保险待遇。“福利”是指用人单位用于补助职工及其家属和举办集体福利事业的费用，包括集体福利费、职工上下班交通补助费、探亲路费、取暖补贴、生活困难补助费等。“培训”是指职工在职期间(含转岗)的职业技术培训，包括在各类专业学校(职业技术学校、职工学校、技工学校、高等院校等)和各种职业技术训练班、进修班的培训及与其相关的培训合同、培训费用等。“劳动保护”是指为保障劳动者在劳动过程中获得适宜的劳动条件而采取的各项保护措施，包括工作时间和休息时间、休假制度的规定，各项保障劳动安全与卫生的措施，女职工的劳动保护规定，未成年人的劳动保护规定等。“因履行劳动合同发生的争议”包括因执行、变更、解除、终止劳动合同发生的争议。

(2)劳动争议解决途径

根据《劳动法》和《企业劳动争议处理条例》，职工与用人单位发生劳动争议后，可以依法申请调解、仲裁、提起诉讼，也可以协商解决，也就是说，职工可以通过协商、调解、仲裁、诉讼4种方式解决自己与用人单位之间发生的劳动争议。发生劳动争议后，职工既可以找本单位行政部门直接进行协商，也可以向本单位劳动争议调解委员会申请调解；调解不成的，可以向劳动争议仲裁委员会申请仲裁。职工也可以在发生劳动争议后直接向劳动争议仲裁委员会申请仲裁。劳动争议仲裁委员会不予受理或者当事人对仲裁裁决不服的，还可以向人民法院提起诉讼。

七、社会保险与住房公积金

(一)社会保险

社会保险是指国家通过立法强制实行的，由劳动者、企业(雇主)或社区、国家三方共同筹资，建立保险基金，对劳动者因年老、工伤、疾病、生育、残废、失业、死亡等原因丧失劳动能力或暂时失去工作时，给予劳动者本人或供养直系亲属物质帮助的一种社会保障制度。社会保险包括养老保险、医疗保险、失业保险、工伤保险和生育保险(即人们所说的“五险”)。其中，养老保险、医疗保险和失业保险这三种险是由用人单位和个人共同缴纳保费，工伤保险和生育险完全是由用人单位承担的，个人不需要缴纳。

高校毕业生一定要关心自己社会保险关系的建立、转移和接续。大学生毕业后就业，有用人单位的，其所在用人单位应按规定为其办理参保缴费手续，建立社会保险关系；灵活就业的，本人应到当地社会保险经办机构办理参保缴费手续。用人单位和个人应按规定按时足额缴纳社会保险费。与单位解除劳动合同关系后，要按当地政府的规定，到社会保险经办机构办理社会保险关系的中断或转出等事宜。毕业生在与新单位重新确立劳动合同关系后，社会保险经办机构应为毕业生办理社会保险关系的转移和接续手续。

1. 基本养老保险

基本养老保险(亦称国家基本养老保险)，它是国家和社会根据一定的法律和法规，为解决劳动者在达到国家的解除劳动义务的劳动年龄界限，或因年老丧失劳动能力退出劳动岗位后的基本生活而建立的一种社会保险制度。基本养老保险以保障离退休人员的基本生活为原则，它具有强制性、互济性和社会性。它的强制性体现在由国家立法并强制实行，企业和个人都必须参加而不得违背；互济性体现在养老保险费用来源，一般由国家、企业和个人三方共同负担，统一使用、支付，使企业职工得到生活保障并实现广泛的社会互济；社会性体现在养老保险影响很大，享受人多且时间较长，费用支出庞大。

被保险人只有满足以下两个条件，即：达到国家规定的退休条件已办理相关手续；按规定缴纳基本养老保险费累计缴费年限满 15 年的，经劳动保障行政部门核准后的次月起，方可按月领取基本养老金及丧葬补助费等。

基本养老保险费由企业和被保险人按不同缴费比例共同缴纳。以北京市养老保险缴费比例为例：企业每月按照其缴费总基数的 20% 缴纳，职工按照本人工资的 8% 缴纳。其中城镇个体工商户和灵活就业人员以本市上一年度职工月平均工资作为缴费基数，按照 20% 的比例缴纳基本养老保险费，其中 8% 计入个人账户。

2. 企业补充养老保险

由国家宏观调控、企业内部决策执行的企业补充养老保险，又称企业年金，它是指由企业根据自身经济承受能力，在参加基本养老保险基础上，企业为提高职工的养老保险待遇水平而自愿为本企业职工所建立的一种辅助性的养老保险。企业补充养老保险是一种企业行为，效益好的企业可以多投保，效益差的、亏损企业可以不投保。实行企业年金，可以使年老退出劳动岗位的职工在领取基本养老金水平上再提高一步，有利于稳定职工队伍，发展企业生产。

3. 失业保险

失业保险是指国家通过立法，对于劳动者因受本人所不能控制是社会或经济原因影响失业时的基本生活需要，给予经济帮助的一种社会保险。失业保险的目的是保障失业者维持基本生活，使其重新就业。

在我国，失业人员在满足：非本人意愿中断就业；已办理失业登记，并有求职要求；按照规定参加失业保险、所在单位和本人已按照规定履行缴费义务满 1 年 3 个条件后，方可享受失业待遇。待遇内容主要涉及以下几个方面：

①按月领取的失业保险金，即失业保险经办机构按照规定支付给符合条件的失业人员的基本生活费用；

②领取失业保险金期间的医疗补助金，即支付给失业人员领取失业保险金期间发生的医疗费用的补助；

③失业人员在领取失业保险金期间死亡的丧葬补助金和供养其配偶直系亲属的抚恤金；

④为失业人员在领取失业保险金期间开展职业培训、介绍的机构或接受职业培训、介绍的本人给予补偿，帮助其再就业。

根据《失业保险条例》(国务院令第258号)对失业保险费缴纳的规定，城镇企业事业单位应按照本单位工资总额的2%缴纳失业保险费。单位职工按照本人工资的1%缴纳失业保险费。城镇企业事业单位招用的农民合同制工人本人不缴纳失业保险费。

4. 医疗保险

医疗保险是国家根据一定的法律法规，为向保险范围内的劳动者提供患病时基本医疗需求保障而建立的社会保障制度。其目的在于保障劳动者因疾病而暂时或永久丧失劳动能力的基本生活需要，给予经济帮助，从而使劳动者患病后能尽快得到医治，恢复劳动能力。

基本医疗保险费应由用人单位和职工按时足额缴纳。不按时足额缴纳的，不计个人账户，基本医疗保险统筹基金不予支付其医疗费用。以北京市医疗保险缴费比例为例：用人单位每月按照其缴费总基数的10%缴纳，职工按照本人工资的2% +3元钱的大病统筹缴纳。

5. 工伤险

工伤保险，又称职业伤害保险。工伤险是通过社会统筹的办法，集中用人单位缴纳的工伤保险费，建立工伤保险基金，对劳动者在生产经营活动中遭受意外伤害或职业病，并由此造成死亡、暂时或永久丧失劳动能力时，给予劳动者及其实用性法定的医疗救治以及必要的经济补偿的一种社会保障制度。这种补偿既包括医疗、康复所需费用，也包括保障基本生活的费用。根据《工伤保险条例》的规定，工伤保险的适用范围是中华人民共和国境内的企业、事业单位、社会团体、民办非企业单位、基金会、律师事务所、会计师事务所等组织和有雇工的个体工商户。公务员和参照公务员法管理的事业单位、社会团体的工作人员因工作遭受事故伤害或者患职业病的，由所在单位支付费用。具体办法由国务院社会保险行政部门会同国务院财政部门规定。劳动者因工负伤或职业病暂时失去劳动能力，工伤不管什么原因，责任在个人或者企业，都享有社会保险待遇，即补偿不究过失原则。

工伤保险基金的征集比例根据各行工伤风险类别和工伤事故及职业病的发生频率实行行业差别费率和浮动费率，按用人单位工资总额的一定比例征集，标准为工资总额的0.3%～2.5%。

6. 生育保险

生育保险是国家为了保障女性同胞在生育期及流产期的基本权益而出台的社会政策，具有社会保障意义，是国家和社会对妇女在特殊时期给予支持和爱护的具体体现。

生育保险费的提取比例由当地人民政府根据计划内生育人数和生育津贴，并可根据费用支出情况适时调整，但最高不得超过企业职工工资总额的1%。企业缴纳的生育保险费作为期间费用处理，列入企业管理费用。职工个人不缴纳生育保险费。生育保险根据“以支定收，收支基本平衡”的原则筹集资金，由企业按照其工资总额的一定比例向社会保险经办机构缴纳生育保险费，建立生育保险基金。

女职工生育按照法律、法规的规定享受产假。产假期间的生育津贴按照本企业上年度职工月平均工资计发，由生育保险基金支付。

女职工生育出院后，因生育引起疾病的医疗费，由生育保险基金支付；其他疾病的医疗费，按照医疗保险待遇的规定办理。女职工假期满后，因病需要休息治疗的，按照有关病假待遇和医疗保险待遇规定办理。

（二）住房公积金

住房公积金是指国家机关、国有企业、城镇集体企业、外商投资企业、城镇私营企业及其他城镇企业、事业单位、民办非企业单位、社会团体及其在职职工缴存的长期住房储金。

住房公积金的定义包含以下五个方面的含义：

①住房公积金只在城镇建立，农村不建立住房公积金制度。

②只有在职职工才建立住房公积金制度。无工作的城镇居民不实行住房

公积金制度，离退休职工也不实行住房公积金制度。

③住房公积金由两部分组成，一部分由职工所在单位缴存，另一部分由职工个人缴存，职工个人缴存部分由单位代扣后，连同单位缴存部分一并缴存到住房公积金个人账户内。

④住房公积金缴存的长期性。住房公积金制度一经建立，职工自参加工作之日起至退休或者终止劳动关系这一段在职期间必须不间断地按规定缴存，除职工离退休或发生《住房公积金管理条例》规定的其他情形外，不得中止和中断。

⑤住房公积金是职工按规定存储起来的专项用于住房消费支出的个人住房储金，个人购买住房时使用公积金贷款利率低于商业性贷款。

职工离休、退休，或完全丧失劳动能力，并与单位终止劳动关系，户口迁出或出境定居等，缴存的住房公积金将返还职工个人。

职工和单位住房公积金的缴存比例均不得低于职工上一年度月平均工资的5%；有条件的城市，可以适当提高缴存比例。具体缴存比例由住房公积金管理委员会拟订，经本级人民政府审核后，报省、自治区、直辖市人民政府批准。城镇个体工商户、自由职业人员住房公积金的月缴存基数原则上按照缴存人上一年度月平均纳税收入计算。

八、职业岗位的适应

(一)角色转变与岗位适应

就业标志着一个新的人生阶段的开始。一个青年学生从步入社会，期间正经历一个由学生角色向社会角色转变的过程，也就是通常所说的探索社会的过程。所谓角色转换，是当一个人进入一个新环境时，人的行为、自我形象将随着生活环境和生活内容的变化而变化。经过这个角色转变过程，青年人将从单纯走向成熟，社会责任、社会规范和社会权利都会发生变化。能够圆满地完成这个转变，并尽可能地缩短这个转变的过程，是适应职业环境的一个关键。

1. 调整心理状态转换角色

毕业生在跨出校门之前，对未来都充满无限憧憬。初出校门的大学生不能适应新环境，大多与其事先对新岗位估计不足、不切实际有关。当大家按照这个过高的目标接触现实环境时，往往会产生一种失落感，感受到处处不如意、事事不顺心。因此，在踏上新的工作岗位后，要能够根据现实的环境调整自己的期望值和目标。明确自己的目标，以及在职场中自己该扮演的角色，才能顺利地度过职场的不同时期。

职业适应期是人生之旅的必经一步，也是人生旅途的又一个转折期。这期间一般要经历兴奋期→冲突期→协调期→稳定期几个阶段。要走好涉世第一步，关键在于针对各种心理不适和心理障碍，进行积极有效的心理调适。

有关专家调查和研究指出：大学生的职业适应和角色转化期大约需要三年时间。他们告诫学生：你们毕业后的一两年也是一生中最痛苦、变化最大，对人生体会和感悟最多的时期。这时，具备良好的心理承受能力是第一位的。

从职场的角度来说，职场对员工的判断有两个要求：一个是潜力，看你未来成长的空间；另一个是贡献，看你的加入对这个团队能够产生什么样的影响。当成为一个职业人时，应首先考虑自己能为单位带来什么，能为企业创造什么？而不应该首先去考虑这家企业应该给我什么样的回报。要抱着谦虚好学的态度，从基础做起，逐步争取领导和同事的认可，这才是成功的开始。

除此之外，增强抗压能力也很重要。现在的工作压力都很大，没有好的抗压能力就难以完成上级领导交给的工作任务。当遇到压力和挫折时，不能轻言放弃，要用冷静的态度，客观地分析失败的原因，进行正确的受挫归因。学会笑对压力和挫折，从而锻炼自己的意志品质。

2. 熟悉就职单位基本情况

许多毕业生在就业时，对用人单位情况并不是非常了解，造成入职以后对自己本职工作很陌生，不能很快进入工作状态。要通过单位的网站、招聘简章、公司简介和同事面谈等形式了解单位名称、位置、注册时间、注册资金、经营内容、所有制形式、业务范围、业务类型、业务区域、业绩等。

3. 熟悉承担的岗位职责

岗位职责指一个岗位所要求的需要去完成的工作内容以及应当承担的责任范围。岗位，是组织为完成某项任务而确立的，由工种、职务、职称和等级内容组成；职责，是职务与责任的统一，由授权范围和相应的责任两部分组成。

要想尽快适应工作的要求，必须充分地了解和熟悉工作环境的情况，了解和熟悉工作对象的特点和规律，从而对新的工作有个比较全面的认识和把握。因此，应注意收集有关自己岗位的相关信息。比如，本职业的传统和现状，本单位的历史和前景等。应当安排一定的时间，和一些老员工多交流；也可以在工作中随时进行工作资料的记录和整理。

4. 调节生活节奏

当毕业生到达一个新的环境工作，结束了宿舍—教室—图书馆三点一线的学校生活，来到了一个生活节奏全然不同的新环境，只有主动调整自己的生活节奏，才能尽快适应新环境。首先，作息时间的变化要适应。其次，由于南北方生活习惯、饮食结构、风土人情等差别，还要学会调整原来的生活习惯，培养新的生活习惯，顺利度过异地生活关。再者，要学会安排自己的业余生活。在学校里课余有作业，晚间有自习，周末有丰富的文化活动。参加工作以后，业余时间的学习和文化生活，主要靠自己来支配、安排，不善于支配自己的业余生活，同样很难适应新的环境。

（二）树立良好的第一印象

1. 第一印象的重要性

“印象”是一个人的某些特征在他人头脑中留下的印象。而“第一印象”，是指你在与人第一次接触时给对方留下的形象特征，心理学上称为“首因效应”。第一印象在人际交往中所具备的定势效应有很大的稳定性，一个人留给他人的第一印象就是深刻的烙印，很难改变。第一印象良好，人们就容易对其产生信任，下面的事情就好办了；第一印象不好，则容易使人产生厌恶感，从而使你要做的事情受到阻碍。所以我们要警惕首因效应的影响，设法给对方留下一个良好的第一印象。

大学生毕业走向工作岗位以后，各方面都应该给用人单位产生良好第一印象，良好第一印象的形成有助于大学生就业的成功和事业发展。

2. 树立良好第一印象的要求

毕业生在参加工作的适应期里，要对自己的形象进行主动控制与管理，通过自己的设计给别人一个好印象。这种设计简单地可以通过衣着、打扮、化妆实现；其次则通过言谈、举止、礼貌、礼节等给人留下好印象；最高层次的设计则是通过目标、价值、人生追求的规划。

(1)穿着打扮要讲究

不同性质的单位，服饰有着不同的审美标准和习惯。比如，政府机关、学校要求穿着打扮要端庄大方，过于新潮的服装、发式会与这些部门的工作环境不协调，而文艺等部门则相对开放。因而，无论从事何种工作，还是以整洁、大方、顺应潮流为好，过分新奇时髦或不修边幅都有损自身形象。

(2)言谈举止要得体

刚到一个新单位，日常的待人接物、言谈举止都会给人留下深刻的印象。得体的言谈举止应该表现得亲切、热情、有礼貌、有理智、讲道德、讲信用。待人接物中，一方面要切忌“傲气”，自以为是，目中无人，夸夸其谈；另一方面，要切忌“谦卑”，缺乏自信，过分腼腆、唯唯诺诺，手足无措。还应注意不要过于随便，坐在办公桌上会客，用电话聊天，这些举止都有损于自己的形象。

(3)上下班要守时

刚刚上班，早点来，晚点走，主动干一些诸如打水、扫地、整理内务的活，这是每个新上岗的人员都应做的事情。迟到早退，行为懒散，往往会给同事留下不好的印象。

(4)工作要紧张有序、有条有理

工作刚开始，往往由于工作量不大，干起来不入门，会出现不知如何打发时光的窘状。这时，不能坐在那里发呆，要设法使自己忙碌起来。比如翻阅一些与员工有关的文件、档案资料，搜集整理一些有关的资料等。至于领导交办的工作，自然应尽心尽力，力争高效、高质量地完成。这对你能否留下良好的第一印象至关重要。另外，办公桌要保持光亮整洁，文件摆放要做到井井有条。如果把你的办公桌弄得乱七八糟，显然会给人留下不好的印象。

(三)建立良好的人际关系

1. 建立良好人际关系的意义

人际交往是指人们为了互相传递信息、交换意见、沟通情感而运用语言、行为等方式进行的互动过程。在现实生活中，人际关系的建立与发展决定于双方之间社会需要满足的程度。只有双方在相互交往中都获得了各自的社会需要的满足，相互之间才能产生并保持接近的心理关系、友好的情感。

影响人际关系的因素包括空间距离、相似或互补、外貌和人格吸引等。

空间距离是制约人际关系的一个重要因素。空间距离的接近可以增加人际吸引。一方面距离的接近，可以增加交往的频率从而使关系更亲切，所以有“远亲不如近邻”一说；另一方面距离的接近也可增加冲突的机会，从而使关系破裂，又有“远香近臭”之说。

相似或互补都可能成为人际吸引的因素。相似性可以增加共同语言，产生情投意合、幸遇知音的感觉。互补可以满足控制和相互依赖的需要，使人际关系更加稳定。但太熟悉可能降低吸引力，如人们所说的“审美疲劳”和“爱情疲劳”。互补型的交往应该警惕可能产生的不平等感，注重沟通与交流。

外貌是人际关系中非常重要的一个砝码，对人际交往将产生明显的晕轮效应，即将外貌泛化，忽视许多其他方面的特征，如以貌取人。漂亮的外表对任何人都有不可抗拒的吸引力，也都会对人际交往产生实实在在的影响。重要的不是回避这种影响，而是应警惕因外貌而产生的晕轮效应。

人的性格、气质、能力等人格品质对人际关系的建立与维护产生持久的影响。具有热情、开朗、真诚、自信等性格特征的人容易受人欢迎。而冷漠、封闭、虚伪、自卑的人容易被人疏远。因此，严于律己，加强修养，增强自己人格的魅力是建立良好人际关系的重要因素。

对于刚刚走上工作岗位的毕业生来说，建立良好的人际关系具有很重要的意义。有了良好的人际关系，领导会指点你处理难题，委以重任。周围的同事会乐于和你合作，他们会热情地指导你尽快熟悉业务，当你陷入困境时，大家会伸出友谊之手助你一臂之力。

良好的人际关系是彼此坦诚相处、专心致志投入工作的前提；可以尽快消除陌生感，适应人际环境，顺利度过试用期；可以使人心情舒畅，心理健康，能够充分发挥职业能力；可以建立友谊，增进团结，利于合作，使工作高效而愉悦。

2. 建立良好人际关系的要求

(1)要处理好个人与组织的关系

到了用人单位以后首先要了解单位的组织结构，了解自己在单位中的定位，同时主动了解其他部门和其他人的定位，由此，更好地处理自己和组织的关系，个人要服从组织安排。

在企业中，一个组织结构一般有四层，即总经理、部门经理、主管和员工。总经理的职责是决策；部门经理的职责是管理；主管的职责是监督；员工的职责是在生产一线具体地实施。越往下层执行的职能越多，越往上层管理的职责越多。

(2)要处理好与上级主管的关系

了解主管的工作风格。一般情况下，主管有三种基本的管理风格：自由放任式、民主式、专制式。每个主管的管理风格都有自己的特点，也许主管可能具有不止一种管理风格，或者在不同的环境中表现出不同的管理风格，但是总有一种管理风格处于主导地位。自由放任式是“让人们随心所欲做自己的事情”，这种领导一般希望员工有能力自己完成工作，而不必进行大量的指导和详细的控制，只是进行宏观的指导。民主式主管则会鼓励员工参加管理的过程，征求员工的观点、思想和解决办法。这样的领导对员工采取中度控制，让大家集思广益，参与决策。专制式主管却是一种控制型的人，他独自制定政策和规章、界定和指派任务，而且通常要监督工作完成情况。作为员工认真地听从指令以及严格地遵守组织的规定、规则和政策，以适应这种环境。

与主管建立开放的沟通渠道也是与主管建立良好的关系所必要的。通过沟通你会知道主管期望什么，他想知道什么，而且也能明白如何反馈这些信息。通过这种方式，你可以及时得到主管的帮助，也能使自己的工作得到主管的认同。在沟通中，要注意无论什么时候主管对你的工作提出建议，你都应该诚恳地接受，并真诚而努力地进行改正。而且，你也要感谢主管领导对自己顺利工作所付出的关心和帮助。

另外，要尊重领导，不在背后评价领导，不要越级汇报。

(3)处理好与同事之间关系

与同事友好相处的关键：一是学会合作。合作包括自己的努力和给他人提供必要的帮助。合作不仅表现在两个人之间，也包括与整个单位的合作。二是讲究礼貌。礼貌可以显示出你对别人的真诚和重视，使你显得友善和行为举止得体，由此可以塑造出一种良好的工作环境。三是必须杜绝一些不应有的行为。比如，怨恨别人、工作急躁、嫉妒和猜疑、过度自怜等。

注重对同事的尊重与诚实，谦虚谨慎。在领导面前不说同事的不是，不搬弄是非，尤其是不能靠打击同事来抬高自己，和同事闲谈不聊所谓的“热门话题”，不靠议论别人的缺点和不足来获得同事的亲近。注意言行一致，诚实无欺。生活中，不拉帮结派，不虚情假意，处处维护领导的威信和同事的尊严，通过对同事的尊重获得大家的信任，避免产生猜疑。

参考文献

柳晓夫，汤守宏. 2008. 高职大学生就业指导[M]. 北京：中华书局.

王琳，刘香菊. 2009. 大学生就业指导[M]. 天津：天津科学技术出版社.

孙权，王滨有. 2004. 就业指导[M]. 北京：北京邮电大学出版社.

柴福洪，陈年友. 2012. 高等职业教育名词研究[M]. 北京：高等教育出版社.

王宏，熊丙奇，王群. 1998. 步入大学[M]. 上海：上海交通大学出版社.

肖薇. 2011. 职业素养与礼仪[M]. 北京：北京理工大学出版社.

冯拾松，等. 2005. 高职生入学导读[M]. 上海：上海交通大学出版社.

董险峰，等. 2005. 大学生活导航[M]. 北京：北京大学出版社.

刘春生，徐长发. 2002. 职业教育学[M]. 北京：教育科学出版社.

唐凯麟，等. 2001. 职业道德与职业指导[M]. 北京：高等教育出版社.

教育部关于印发《高等学校学生学籍学历电子注册办法》的通知. 教学[2014]11 号.

教育部关于做好 2015 年全国普通高等学校学生毕业生就业创业工作的通知. 教学[2014]15 号.

普通高等学校学生管理规定. 教育部令第 21 号.

教育部高校学生司《普通高等学校学生管理规定》解读.

教育部关于普通高等学校学生学年电子注册的通知. 教学[2014]11 号.

教育部关于印发《高等学校学生行为准则》的通知. 教学[2005]5 号.

教育部关于做好 2014 年全国普通高等学校毕业生就业工作的通知. 教学[2013]14 号.

教育部关于印发《学生志愿服务管理暂行办法》的通知. 教思政[2015]1 号.

教育部关于印发《中等职业学校学生学籍管理办法》的通知. 教职成[2010]7 号.

教育部关于印发《国家学生体质健康标准(2014 年修订)》的通知. 教体艺[2014]5 号.

辽宁省高校毕业生就业创业服务中心. 2014. 2015 年高校毕业生就业创业政策咨询实用手册(内部资料).

中华人民共和国财政部教科文司，等. 2014. 高等学校学生资助政策简介(内部资料).

1	2
3	4
5	

1 新生入学

2 课堂教学

3 自主学习

4 实习实训

5 顶岗实习

1	2
3	4

1 学生考试

2 技能鉴定

3 技能大赛

4 第二课堂

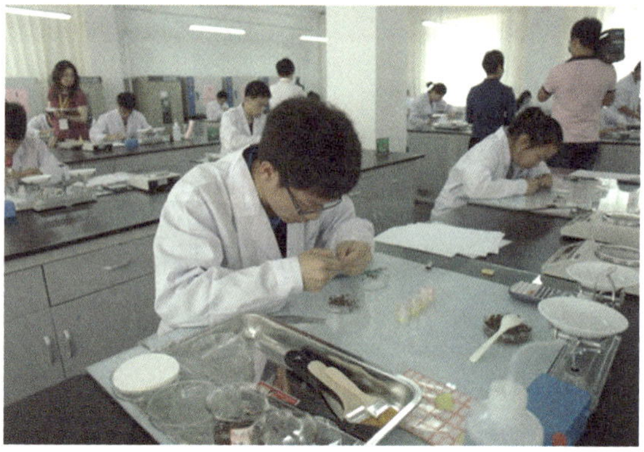

1	2
3	4

1 主题班会

2 学代会

3 团代会

4 业余党校

1

2

3

1 社团活动

2 社会实践

3 志愿服务

1

2

3

1 业余健身

2 军事训练

3 运动会

1	2
3	4

1 文艺晚会
2 消防培训
3 食堂就餐
4 宿舍生活

1	2
3	4

1 领奖学金
2 助学贷款
3 医保就医
4 订单培养

1	2
3	4

1 应征入伍

2 校园招聘

3 自主创业

4 毕业典礼